이태백 시집 6

이 책은 (재)한국연구재단의 지원으로 학고방출판사에서 출간, 유통합니다.

한국연구재단 학술번역총서 동양편 *614*

이태백 시집 ❻

이 백 지음 | 이영주·임도현·신하윤 역주

學古房

|일러두기|

1. 이 책의 저본은 청나라 왕기王琦가 주석을 붙인 ≪李太白全集≫으로 1991년 북경의 中華書局에서 출판된 것을 사용하였다. 시의 제목과 원문은 이 저본을 따랐으며 문맥이 통하지 않는 경우 다른 판본의 글자로 대체하고 주석에서 밝혔다. 왕기의 ≪李太白全集≫에는 권2~권25에 987수가 수록되어 있으며, 권30의 시문습유詩文拾遺에 57수가 수록되어 있다. 이 책에서는 이러한 작품 외에 다른 주석서와 참고자료에 수록된 일시와 단구 33수를 포함하여 모두 1072수를 수록하였다. 수록 순서는 대체로 왕기의 ≪李太白全集≫을 따랐다.
2. 시 원문에서 환운하는 곳과 마지막에는 」 표시를 하였다.
3. 작시시기에 대해서는 여러 주석서를 참고하였으며 유력한 설만 소개하였다.
4. 시의 해석에 대한 설이 다양한 경우 가장 적절한 것을 국문 번역에서 채택하고 의미 있는 이설은 주석에서 밝혔다.
5. 주석에서 전고를 설명할 때는 관련된 핵심 내용만 요약하여 제시하고 출전을 밝혔다.
6. 이백이 생존했던 시기의 연호인 개원開元, 천보天寶, 지덕至德, 건원乾元, 상원上元 등은 국문으로만 표기하였다.
7. 중국 지명과 중국인 인명은 모두 한국한자음으로 표기하였다.

머리말

　대표적인 중국 고전시가 시인들의 작품이 우리나라에서 아직 완역되지 않았다는 사실을 알고서 중국 시사에서 최정상의 자리를 차지하는 이백과 두보의 시라도 우선 완역해야겠다고 마음먹은 지 오래다. 그래서 이십여 년 전에 뜻을 함께하는 중문학 전공 교수 몇 사람과 함께 두보 시 독해 모임을 만들고 매주 한 번 서울대에 있는 나의 연구실에 모여 두보의 시를 독해하고 창작시기별로 그 결과물을 책으로 출간해 왔다. 이 작업은 두보 시 전체를 역해할 때까지 앞으로도 지속될 것이다.

　두보 시에 이어 1997년에 여러 대학원생과 함께 왕기王琦가 집주輯注한 ≪이태백전집(李太白全集)≫을 독해하는 모임을 만들었다. 여러 해 동안 총 24권 중 16권을 읽고 원문과 주석을 번역했지만, 학위 과정 중에 있는 대학원생이 지속적으로 참여하는 것이 어려웠고 나 또한 다른 일로 바빠서 모임이 중단되었다. 이를 아쉬워하면서 언젠가는 이백 시 역해 작업을 완성해야겠다고 다짐하고 있었는데 마침 2011년 한국연구재단에서 명저번역사업의 일환으로 이백 시 완역이 공모 과제로 제시되어 나는 내심 좋은 기회라 생각하고 응모하기로 마음먹었다.

　내가 연구책임자 일을 맡고 임도현 박사와 신하윤 교수 두 사람에게 공동연구자로 참여할 것을 권하였다. 임도현 박사는 나의 지도 아래 서울대에서 이백 시 연구로 박사학위를 받았고 신하윤 교수는 북경대에서 이백 시 연구로 박사학위를 받아 두 사람 모두 이백 시에 대한 이해가 깊고 연구 과정 중에 이미 상당수의 시를 역해한 원고를 가지고 있어서 적임자라고 생각했기 때문이다. 두 사람은 나의 제의를 흔쾌히 받아들였고 다행히도 연구재단에서 우리를 선정해 주어, 나의 오랜 숙원이던 이백 시 완역 작업을 본격적으로 할 수 있게 되었다.

　우선 임도현 박사가 세 사람이 가지고 있던 원고를 취합하여 말투와 체제를 통일시킨 초고를 만드는 일을 담당하였다. 사실 이 일이 품이 가장 많이 드는 일이었으니, 본 작업이 완성된 데에 임박사의 공이 가장 컸다고 해야 할 것이다. 그리고 나는 삼 년 내내 여러 대학원생과 함께 초고를 읽고 토론을 하면서 내용을 수정 보완하였다. 이 과정 중에 역대 주석가의 기존 주해는 물론 중국, 대만, 일본의 현대어 번역본도 모두 검토하였다. 이렇게 하여 완성된 수정본을 다시 한 번 더 검토하는 과정을 거쳐 최종적으로 원고를 확정하였다.

　이백 시에 대한 역대 주석가의 주해는 많지만 첨영詹鍈이 주편主編한 ≪이백전집교주휘석집평(李白全集校注彙釋集評)≫(천진天津, 백화문예출판사百花文藝出版社, 1997)에 청나라 이전의 주해가 거의 망라되었을 뿐만 아니라 근인의 성과도 일부 수록되어 있어서 큰 도움을 받았다. 그리고 첨복서詹福瑞, 유숭덕劉崇德, 갈경춘葛景春 외 4인이 공동 역해한 ≪이백시전역(李白詩全譯)≫(석가장石家莊, 하북인민출판사河北人民出版社, 1997), 욱현호郁賢皓가 역해한 ≪신역이백시전집(新譯李白詩全集)≫(대북

臺北, 삼민서국三民書局, 2012), 구보천수久保天隨가 역해한 ≪이백전시집(李白全詩集)≫(동경東京, 일본도서센타日本圖書センター, 1978) 등도 정밀하게 살펴보았다. 우리나라에는 아직 이백 시를 완역한 역해집이 없었으며 몇 종류 있는 선역집도 그 내용이 소략하고 역해가 정밀하지 않아 아쉬웠다. 그 중 진옥경과 노경희가 함께 역해한 ≪이백시의 정화, 고풍 악부 가음≫(역락출판사, 2014)은 이백 시 중 고풍古風, 악부樂府, 가음歌吟 부분을 완역하였을 뿐만 아니라 주해가 상세하고 역문이 정치하여 적지 않은 도움을 받았다.

역대 주해가와 역해자의 기존 성과로부터 많은 도움을 받았음에도 불구하고 그 중 어떤 것도 완벽한 역해라고 할 수는 없었다. 따라서 다양한 성과를 참고하였으되 최종적인 역해는 결국 우리가 독자적으로 해야만 했다. 그동안 완벽한 역해서가 나오지 못한 것이 결코 역대 주해자와 역해자들의 능력과 공이 미흡했던 때문은 아니다. 이백 시가 가지고 있는 모호한 맥락 때문에 그 누가 하더라도 아마 완벽하게 역해하기는 힘들었을 것이다. 이백 시를 읽어 보면 매 구절의 뜻이 난해한 것이 그다지 많지 않아 일견 쉽다는 느낌을 받지만, 이백 시의 전체 맥락을 정확하게 파악하는 것은 결코 쉽지 않다. 여기에는 몇 가지 이유가 있다.

첫째, 이백 시는 상당수가 언제 어디에서 지은 것인지 분명하지 않다. 시의 내용을 분명하게 이해하고 시구 사이의 맥락을 정확하게 파악하기 위해서는 작자의 창작 동기를 아는 것이 선행되어야 하는데, 이백의 경우 다수의 시가 지은 시기와 장소, 창작 동기가 불분명하다. 이는 이백의 행적 중 많은 부분이 아직도 정확히 알려져 있지 않은 것과도 관계가 있다. 지금도 많은 연구자들이 이백의 생애 가운데 불분명한 행적을 밝혀내려고 노력하고 있으니, 향후 새로운 사실이 밝혀지면 그 행적과 연관된 시는 기존 해석이 수정되기도 할 것이다.

둘째, 이백은 시를 지을 때 장법章法에 치중하지 않았다. 시인이 시를 지을 때 장법을 중시하여 시상의 전개 과정을 분명하게 보여주거나 시의 맥락을 알려주는 표지가 되는 시어를 적절하게 사용하면 독자도 이를 따라 정확하게 시를 해석할 수 있다. 하지만 이백은 즉흥적이고 자유롭게 시를 짓는 경향이 있어서 시의 맥락이 쉽게 드러나지 않는 경우가 많다. 때로는 시상의 단절이나 비약으로 인해 시의 완성도가 떨어진다거나 시상이 난삽하고 저열하다는 평가를 받기도 하는데 이는 이백 시의 진위에 대해 많은 논쟁거리를 제공하였다. 심지어 역대 주석가 중 어떤 이는 이백 시 중 200여 수 이상을 후인이 이백의 이름을 빌려 지은 위작이나 다른 사람이 지은 것이 잘못 들어간 것으로 간주하기도 하였다.

셋째, 이백은 가리키는 바가 모호한 표현을 하는 경우가 간혹 있다. 예컨대 자신의 상황에 대한 기술인지 아니면 다른 사람에 대한 언급인지가 불분명하거나, 또는 과거의 일인지 장래의 일인지 판단하기 어려운 경우가 있다. 때로는 문법적으로 다양하게 해석될 여지가 있는 시구가 있기도 하여, 어느 한 쪽을 선택함에 따라 시의 전체적인 내용이 사뭇 달라진다.

이상의 이유로 인해 이백의 시에는 다양한 해석이 가능한 시구가 많은데, 번역할 때는 어느 한 가지 해석만을 선택해야 하는 어려움이 있었다. 이런 경우 가장 합당하다고 생각하는 것을 선택하여 번역에 반영하고 기타 가능한 해석은 주석에서 소개하는 방식으로 문제를 해결할 수밖에 없었다.

앞에서 언급하였듯이 현전하는 이백 시 중에는 진위가 불분명한 시가 많다. 그러나 우리는 그것에 대해서 함부로 판단하는 것이 위험하다고 생각하여 일단 이백 시라고 알려진 시는 모두 역해하였다, 뿐만 아니라 시 전체가 전해지지 않고 일부 구절만 전해지는 것도 다루어 총 1072수를 수록하였으니 향후 이백 연구자나 독자에게 도움이 되리라 기대한다.

어떤 일이든 마찬가지겠지만 서둘다 보면 하자가 생기게 마련인데, 연구재단의 지원을 받다보니 주어진 기간 안에 작업을 끝내야 했다. 천 수가 넘는 많은 시의 역해를 삼 년이라는 길지 않은 시간 안에 서둘러 끝내고 나니, 오류가 적지 않을 것 같아 마음이 무겁다. 나름대로 최선을 다했고 가능한 한 많은 사람의 검토를 거치려고 애썼다는 것으로 스스로를 위안한다.

이백은 시 외에도 부賦, 표表, 서序, 기記, 송찬頌贊, 비명碑銘, 제문祭文 등 수십 편의 글을 남겼는데, 향후 이 글도 모두 역해하려고 한다. 이 책을 읽는 독자들이 귀중한 지적을 해 주기를 바라며, 이백전집의 역해집을 낼 때 그 지적을 반영하여 좀 더 나은 역해가 되도록 할 것을 약속한다.

연구를 지원해 준 한국연구재단, 출간을 맡아 준 학고방출판사에 감사드린다. 초고를 검토하고 수정 보완하는 일에 참여한 서울대 중문과의 이욱진, 엽취화, 국문과의 이준영 외 여러 대학원생에게도 감사의 뜻을 전한다.

을미해 대보름날에 이영주가 쓰다.

목차

머리말 ·· v

8 등람 登覽 ··· 1

692. 금성 산화루에 오르다 登錦城散花樓 ······················ 3
693. 아미산에 오르다 登峨眉山 ······································· 5
694. 대정고 大庭庫 ··· 8
695. 도 선보현위의 반월대에 오르다 登單父陶少府半月臺 ······ 11
696. 천태산에서 새벽에 바라보다 天台曉望 ··················· 13
697. 아침에 바다 노을을 바라보다 早望海霞邊 ·············· 16
698. 초산에서 송료산을 바라보다 焦山望松寥山 ············ 18
699. 두릉 절구 杜陵絶句 ··· 20
700. 태백봉에 오르다 登太白峰 ······································· 22
701. 한단 홍파대에 올라 술을 차려놓고 출병하는
     것을 보다 登邯鄲洪波臺置酒觀發兵 ················ 24
702. 신평의 누대에 오르다 登新平樓 ······························ 27
703. 노자의 사당에 배알하다 謁老君廟 ·························· 29
704. 가을날 양주 서령사의 탑에 오르다
     秋日登揚州西靈塔 ··· 31

x

705. 금릉 야성 북서쪽 사안의 돈대에 오르다
     登金陵冶城西北謝安墩 ····················· 34
706. 와관각에 오르다 登瓦官閣 ····················· 41
707. 매강에 올라 금릉을 바라보며 문중 조카인 고좌사의
     중부 스님에게 주다
     登梅崗望金陵, 贈族姪高座寺僧中孚 ············· 45
708. 금릉 봉황대에 오르다 登金陵鳳凰臺 ············· 50
709. 여산 폭포를 바라보다 2수 제1수
     望廬山瀑布 二首 其一 ····················· 52
710. 여산 폭포를 바라보다 2수 제2수
     望廬山瀑布 二首 其二 ····················· 56
711. 여산 오로봉에 오르다 登廬山五老峰 ············· 57
712. 강가에서 환공산을 바라보다 江上望皖公山 ········· 59
713. 황학산을 바라보다 望黃鶴山 ····················· 61
714. 앵무주 鸚鵡洲 ····················· 64
715. 중양절 파릉에 올라 술을 차려놓고 동정호의 수군을
     바라보다 九日登巴陵置酒, 望洞庭水軍 ············· 66
716. 가을에 파릉산에 올라 동정호를 바라보다
     秋登巴陵望洞庭 ····················· 70
717. 하씨와 함께 악양루에 오르다 與夏十二登岳陽樓 ····· 74
718. 파릉 개원사 서쪽 누각에 올라 형산의 방외 스님에게
     주다 登巴陵開元寺西閣, 贈衡岳僧方外 ············· 76
719. 가지 사인과 함께 용흥사에서 오동나무 가지를
     치고 옹호를 바라보다
     與賈至舍人於龍興寺剪落梧桐枝望灉湖 ············· 79
720. 배를 띄워 강위에서 달뜨기를 기다리다 감회가
     생기다 挂席江上待月有懷 ····················· 81
721. 금릉에서 한강을 바라보다 金陵望漢江 ············· 83
722. 가을에 선성 사조의 북루에 오르다

秋登宣城謝朓北樓 ················· 86
723. 천문산을 바라보다 望天門山 ················· 88
724. 모과산을 바라보다 望木瓜山 ················· 90
725. 경정산 북쪽 이소산을 올랐는데, 나는 당시 나그네
　　　신세로 최성보 시어를 만나 함께 이곳을 올랐다
　　　　登敬亭北二小山, 余時客逢崔侍御, 並登此地 ······ 91
726. 최씨 어른의 물가 정자를 들르다 過崔八丈水亭 ······ 93
727. 광무산의 옛 전쟁터에 올라 옛일을 회상하다
　　　　登廣武古戰場懷古 ················· 95

9　행역 行役 ································· 101

728. 안주 응성 옥녀탕에서 짓다 安州應城玉女湯作 ······ 103
729. 광릉으로 가다가 상씨의 남곽 거처에 묵다
　　　　之廣陵宿常二南郭幽居 ················· 108
730. 밤에 정로정에 머물다 夜下征虜亭 ·············· 110
731. 길을 내려가 석문의 옛집으로 돌아가다
　　　　下途歸石門舊居 ······················ 111
732. 나그네 길에서 짓다 客中作 ···················· 119
733. 태원의 이른 가을 太原早秋 ····················· 121
734. 도망가는 도중에 쓴 5수 제1수 奔亡道中五首 其一 ······ 123
735. 도망가는 도중에 쓴 5수 제2수 奔亡道中五首 其二 ······ 125
736. 도망가는 도중에 쓴 5수 제3수 奔亡道中五首 其三 ······ 127
737. 도망가는 도중에 쓴 5수 제4수 奔亡道中五首 其四 ······ 129
738. 도망가는 도중에 쓴 5수 제5수 奔亡道中五首 其五 ······ 131
739. 영문에서 가을날 감회를 쓰다 郢門秋懷 ··············· 133
740. 압란역에 이르러 백마기에 올라 배 시어에게 주다
　　　　至鴨欄驛上白馬磯贈裴侍御 ················· 137

xii

741. 형문산에서 배를 띄우고 촉강을 바라보다
　　　荊門浮舟望蜀江 ································· 139
742. 삼협을 거슬러 올라가다 上三峽 ··············· 142
743. 맹파동에서 배를 타고 구당협을 지나다가 무산
　　　최고봉에 오르고 저녁에 돌아오며 벽에 쓰다
　　　自巴東舟行經瞿唐峽, 登巫山最高峰晚還題壁 ········ 144
744. 아침에 백제성을 떠나다 早發白帝城 ············· 149
745. 가을에 형문을 내려가다 秋下荊門 ··············· 151
746. 강을 가면서 멀리 부치다 江行寄遠 ·············· 153
747. 오송산 아래 순씨 할머니의 집에서 묵다
　　　宿五松山下荀媼家 ······························ 155
748. 경현 능양계를 타고 내려가 삽탄에 이르다
　　　下涇縣陵陽溪至澀灘 ····························· 157
749. 능양산을 내려와 고계의 삼문산 육자탄을 따라가다
　　　下陵陽沿高溪三門六刺灘 ························· 159
750. 밤에 황산에서 머물다 은씨가 부르는 오 땅의
　　　노래를 듣다 夜泊黃山聞殷十四吳吟 ············· 161
751. 하호에 묵다 宿鰕湖 ······························ 163

10 회고 懷古 ································· 167

752. 서시 西施 ·· 169
753. 왕희지 王右軍 ··································· 172
754. 상원부인 上元夫人 ······························ 174
755. 고소대에서 옛 유적을 둘러보다 蘇臺覽古 ····· 176
756. 월중에서 옛 유적을 둘러보다 越中覽古 ······· 178
757. 상산사호 商山四皓 ······························ 179
758. 상산사호의 묘에 들르다 過四皓墓 ············· 183

759. 현산에서 옛 일을 생각하다 峴山懷古 ················· 186
760. 소무 蘇武 ································· 188
761. 하비의 이교를 지나면서 장자방을 생각하다
　　　經下邳圯橋懷張子房 ······················ 191
762. 금릉 3수 제1수 金陵三首 其一 ················· 194
763. 금릉 3수 제2수 金陵三首 其二 ················· 196
764. 금릉 3수 제3수 金陵三首 其三 ················· 198
765. 가을밤 판교포에서 배 띄워 달구경하며 혼자 술
　　　마시다가 사조를 생각하다
　　　秋夜板橋浦泛月獨酌懷謝朓 ················ 200
766. 팽려호를 지나다 過彭蠡湖 ···················· 202
767. 팽려호로 들어가 송문산을 지나다가 석경을 보고
　　　사영운이 그리워서 시를 지어 유람하는 뜻을 적다
　　　入彭蠡經松門觀石鏡, 緬懷謝康樂題詩書遊覽之志 ······ 205
768. 여강의 주인집 부인 廬江主人婦 ················ 209
769. 송약사 중승을 모시고 무창에서 밤에 술을 마시다가
　　　옛 일을 회상하다 陪宋中丞武昌夜飮懷古 ········· 211
770. 앵무주를 바라보며 예형을 생각하다 望鸚鵡洲懷禰衡 ····· 213
771. 무산 아래에서 머물다 宿巫山下 ················· 217
772. 금릉 백양로의 십자 골목 金陵白楊十字巷 ·········· 220
773. 사공정 謝公亭 ···························· 222
774. 남릉의 일을 적어 오송산에 쓰다 紀南陵題五松山 ······ 224
775. 밤에 우저에서 머물며 옛 일을 생각하다
　　　夜泊牛渚懷古 ························· 229
776. 고숙의 열 가지 경치를 읊다 - 고숙계
　　　姑孰十詠 姑孰溪 ······················· 231
777. 고숙의 열 가지 경치를 읊다 - 단양호
　　　姑孰十詠 丹陽湖 ······················· 233
778. 고숙의 열 가지 경치를 읊다 - 사공택

　　　　姑孰十詠 謝公宅 ·········· 235
779. 고숙의 열 가지 경치를 읊다 - 능효대
　　　　姑孰十詠 凌歊臺 ·········· 237
780. 고숙의 열 가지 경치를 읊다 - 환공정
　　　　姑孰十詠 桓公井 ·········· 239
781. 고숙의 열 가지 경치를 읊다 - 자모죽
　　　　姑孰十詠 慈姥竹 ·········· 241
782. 고숙의 열 가지 경치를 읊다 - 망부산
　　　　姑孰十詠 望夫山 ·········· 243
783. 고숙의 열 가지 경치를 읊다 - 우저기
　　　　姑孰十詠 牛渚磯 ·········· 245
784. 고숙의 열 가지 경치를 읊다 - 영허산
　　　　姑孰十詠 靈墟山 ·········· 247
785. 고숙의 열 가지 경치를 읊다 - 천문산
　　　　姑孰十詠 天門山 ·········· 249

11 한적 閑適 ·········· 251

786. 원단구와 함께 방성사에서 현담하며 짓다
　　　　與元丹丘方城寺談玄作 ·········· 253
787. 고봉이 은거했던 석문산의 원단구를 찾아가다
　　　　尋高鳳石門山中元丹丘 ·········· 257
788. 안주 반야사의 물가 전각에서 더위를 피하다가
　　　설예 원외랑과 만난 것을 기뻐하다
　　　　安州般若寺水閣納凉, 喜遇薛員外乂 ·········· 260
789. 노 땅 중도의 동쪽 누각에서 취했다가 일어나 짓다
　　　　魯中都東樓醉起作 ·········· 263
790. 술을 마시다 취해서 굴돌 건창현령의 관청에 쓰다

　　　　對酒醉題屈突明府廳 ·· 265
791. 달 아래서 홀로 술을 마시다 4수 제1수
　　　　月下獨酌四首 其一 ··· 267
792. 달 아래서 홀로 술을 마시다 4수 제2수
　　　　月下獨酌四首 其二 ··· 270
793. 달 아래서 홀로 술을 마시다 4수 제3수
　　　　月下獨酌四首 其三 ··· 272
794. 달 아래서 홀로 술을 마시다 4수 제4수
　　　　月下獨酌四首 其四 ··· 274
795. 봄에 종남산 송룡의 옛 은거지로 돌아오다
　　　　春歸終南山松龍舊隱 ·· 277
796. 겨울 밤 취해서 용문에서 묵다가 깨어 일어나 뜻한
　　　　바를 말하다 冬夜醉宿龍門覺起言志 ······················ 279
797. 산의 스님을 찾아갔지만 만나지 못하고 짓다
　　　　尋山僧不遇作 ··· 283
798. 왕윤의 별장에 들르다 2수 제1수
　　　　過汪氏別業二首 其一 ··· 285
799. 왕윤의 별장에 들르다 2수 제2수
　　　　過汪氏別業二首 其二 ··· 288
800. 술을 기다리는 데 오지 않다 待酒不至 ················ 291
801. 홀로 술을 마시다 獨酌 ··· 293
802. 벗과 모여서 묵다 友人會宿 ··································· 295
803. 봄날 홀로 술을 마시다 2수 제1수
　　　　春日獨酌二首 其一 ··· 297
804. 봄날 홀로 술을 마시다 2수 제2수
　　　　春日獨酌二首 其二 ··· 299
805. 금릉 강가에서 봉지의 은자를 만나다
　　　　金陵江上遇蓬池隱者 ·· 301
806. 달밤에 노자순이 금을 타는 것을 듣다

　　　　月夜聽盧子順彈琴 ································ 304
807. 청계에서 한밤중에 피리소리를 듣다 青溪半夜聞笛 ········ 306
808. 해저물녘에 산에서 갑자기 생각이 나다
　　　　日夕山中忽然有懷 ································ 308
809. 여름날 산 속에서 夏日山中 ······················· 311
810. 산에서 은자와 술을 마시다 山中與幽人對酌 ············ 312
811. 봄날 취했다가 일어나 뜻을 말하다 春日醉起言志 ········ 313
812. 여산 동림사에서 밤에 생각하다 廬山東林寺夜懷 ········ 315
813. 옹 존사의 은거지를 찾아가다 尋雍尊師隱居 ············ 317
814. 사흠 낭중과 함께 황학루 위에서 부는 피리소리를
　　　듣다 與史郎中欽聽黃鶴樓上吹笛 ················ 319
815. 술을 마주하다 對酒 ···························· 321
816. 취하여 왕 한양현령의 청방청방에 쓰다
　　　　醉題王漢陽廳 ······························ 324
817. 왕 역양현령이 술을 마시려 하지 않기에
　　　조롱하다 嘲王歷陽不肯飲酒 ···················· 326
818. 경정산에 홀로 앉다 獨坐敬亭山 ···················· 328
819. 스스로 위로하다 自遣 ··························· 329
820. 대천산의 도사를 방문했으나 만나지 못하다
　　　　訪戴天山道士不遇 ································ 330
821. 가을날 장 현위와 함께 초성의 위공이 책을 보관했던
　　　높은 서재에서 짓다
　　　　秋日與張少府楚城韋公藏書高齋作 ················ 332

12 감회 感懷 ································ 335

822. 가을밤에 홀로 앉아 옛 산을 생각하다
　　　　秋夜獨坐懷故山 ································ 337

xvii

823. 최종지 낭중이 남양을 노닐다가 나에게 공자금을 준 것을
 기억하고 그 금을 어루만지다 눈물을 흘리며 옛 일에
 감개하다
 憶崔郞中宗之遊南陽遺吾孔子琴, 撫之潸然感舊 ……… 342
824. 동산을 그리워하다 2수 제1수 憶東山二首 其一 ……… 346
825. 동산을 그리워하다 2수 제2수 憶東山二首 其二 ……… 347
826. 달을 바라보다 감회가 생기다 望月有懷 …………… 348
827. 술을 대하고 하지장 비서감을 그리워하다 2수 및
 서문 제1수 對酒憶賀監二首 並序 其一 ……………… 350
828. 술을 대하고 하지장 비서감을 그리워하다 2수 및
 서문 제2수 對酒憶賀監二首 並序 其二 ……………… 352
829. 다시 그리워하다 1수 重憶一首 ………………………… 354
830. 봄에 원강과 상강에 머물다가 산중을 그리워하다
 春滯沅湘有懷山中 ……………………………………… 356
831. 해질녘에 산중을 그리워하다 落日憶山中 …………… 358
832. 예전에 추포에서 복숭아꽃을 보며 노닐던 일을 회상하다.
 이때 나는 야랑으로 유배 가고 있다
 憶秋浦桃花舊遊, 時竄夜郞 …………………………… 360
833. 월 땅에서 가을에 생각하다 越中秋懷 ……………… 362
834. 고시를 본뜨다 2수 제1수 效古二首 其一 …………… 365
835. 고시를 본뜨다 2수 제2수 效古二首 其二 …………… 369
836. 고시를 본뜨다 12수 제1수 擬古十二首 其一 ………… 372
837. 고시를 본뜨다 12수 제2수 擬古十二首 其二 ………… 375
838. 고시를 본뜨다 12수 제3수 擬古十二首 其三 ………… 378
839. 고시를 본뜨다 12수 제4수 擬古十二首 其四 ………… 380
840. 고시를 본뜨다 12수 제5수 擬古十二首 其五 ………… 382
841. 고시를 본뜨다 12수 제6수 擬古十二首 其六 ………… 385
842. 고시를 본뜨다 12수 제7수 擬古十二首 其七 ………… 388
843. 고시를 본뜨다 12수 제8수 擬古十二首 其八 ………… 390

844. 고시를 본뜨다 12수 제9수 擬古十二首 其九 ················ 393
845. 고시를 본뜨다 12수 제10수 擬古十二首 其十 ··············· 395
846. 고시를 본뜨다 12수 제11수 擬古十二首 其十一 ············ 398
847. 고시를 본뜨다 12수 제12수 擬古十二首 其十二 ············ 400
848. 흥취를 느끼다 8수 제1수 感興八首 其一 ····················· 402
849. 흥취를 느끼다 8수 제2수 感興八首 其二 ····················· 405
850. 흥취를 느끼다 8수 제3수 感興八首 其三 ····················· 408
851. 흥취를 느끼다 8수 제4수 感興八首 其四 ····················· 410
852. 흥취를 느끼다 8수 제5수 感興八首 其五 ····················· 412
853. 흥취를 느끼다 8수 제6수 感興八首 其六 ····················· 414
854. 흥취를 느끼다 8수 제7수 感興八首 其七 ····················· 416
855. 흥취를 느끼다 8수 제8수 感興八首 其八 ····················· 419
856. 우언 3수 제1수 寓言三首 其一 ······································ 421
857. 우언 3수 제2수 寓言三首 其二 ······································ 425
858. 우언 3수 제3수 寓言三首 其三 ······································ 428
859. 가을밤 나그넷길에서 생각하다 秋夕旅懷 ······················ 430
860. 감우 4수 제1수 感遇四首 其一 ····································· 432
861. 감우 4수 제2수 感遇四首 其二 ····································· 434
862. 감우 4수 제3수 感遇四首 其三 ····································· 436
863. 감우 4수 제4수 感遇四首 其四 ····································· 438
864. 한림원에서 글을 읽다가 감회를 말하여 집현전의
     여러 학사에게 드리다
     翰林讀書言懷, 呈集賢諸學士 ··· 440
865. 심양 자극궁에서 가을에 느낀 바가 있어 짓다
     尋陽紫極宮感秋作 ··· 444
866. 강가에서 가을에 생각하다 江上秋懷 ····························· 448
867. 가을밤에 생각을 쓰다 秋夕書懷 ···································· 450
868. 사공원으로 난리를 피해 생각한 바를 말하다
     避地司空原言懷 ··· 453

869. 최환 재상께 올리는 백가지 근심의 글
　　　上崔相百憂章 ································· 457
870. 만 가지 억울한 마음을 써서 위 낭중에게 보내다
　　　萬憤詞投魏郞中 ······························· 465
871. 형주에 도적이 난리를 일으켜 동정호 가에서 생각을
　　　읊어 짓다 荊州賊亂臨洞庭言懷作 ··················· 471
872. 거울을 보다가 생각을 적다 覽鏡書懷 ············· 475
873. 전원에서 생각을 말하다 田園言懷 ················· 477
874. 강남에서 봄에 생각하다 江南春懷 ················· 479
875. 남쪽으로 도망가며 감회를 쓰다 南奔書懷 ········· 481

8

등람 登覽

692. 登錦城散花樓

금성 산화루에 오르다

日照錦城頭　　朝光散花樓
金窓夾繡戶　　珠箔懸銀鉤[1]
飛梯綠雲中　　極目散我憂[2]
暮雨向三峽[3]　春江繞雙流[4]
今來一登望　　如上九天遊[5]

태양이 금성에 비치니
아침에 산화루가 빛나는데,
금장식 창문 사이에 수놓은 문이 있고
구슬 발은 은 고리에 걸려있네.
날 듯한 계단으로 푸른 구름 속에 올라
한껏 바라보노라니 내 근심이 흩어지네.
저녁 비가 삼협을 향하고
봄 강물은 쌍류를 휘감는데,
지금 이렇게 올라 바라보니
하늘꼭대기에 올라 노니는 것 같네.

【해제】

'금성錦城'은 금관성錦官城이라고도 하며 지금의 사천성 성도成都를 가리킨다. '산화루散花樓'는 금정錦亭 또는 금루錦樓라고도 하며 수나라 말 촉왕蜀王 양수楊秀가 건립한 것으로 옛 유적이 지금의 성도시 북동쪽에 있다. 이 시는 산화루에 올라 사방을 굽어보며 느낀 감정을 쓴 것으로 산화루의 화려하고 높은 모습을 묘사하고는 그곳에 올라 근심을 잊어버리고 하늘을 노니는 것 같은 심정을 표현하였다. 개원 8년(720) 성도를 노닐 때 지은 것으로 추정된다.

【주석】

1) 珠箔(주박) - 구슬 달린 발.
   銀鉤(은구) - 은으로 만든 고리. 주렴을 걷어서 고정시키는 것이다.
2) 極目(극목) - 끝까지 바라보다.
3) 三峽(삼협) - 지금의 중경시를 지나는 장강의 협곡을 가리킨다.
   이 구절은 산화루가 삼협을 굽어보고 있음을 나타낸다.
4) 雙流(쌍류) - 지금의 사천성 쌍류현으로 비강郫江과 유강流江 사이에 있다.
   이 구절은 산화루 양쪽으로 강물 두 줄기가 흘러가고 있음을 나타낸다.
5) 九天(구천) - 높은 하늘.

693. 登峨眉山

아미산에 오르다

蜀國多仙山　　峨眉邈難匹[1]
周流試登覽[2]　絶怪安可悉[3]
靑冥倚天開[4]　彩錯疑畫出[5]
泠然紫霞賞[6]　果得錦囊術[7]
雲間吟瓊簫[8]　石上弄寶瑟
平生有微尙[9]　歡笑自此畢[10]
煙容如在顔[11]　塵累忽相失[12]
儻逢騎羊子[13]　攜手凌白日[14]

촉 땅에 신선이 사는 산이 많지만
아미산이 아득하여 필적하기 어려우니,
두루 돌아서 한 번 올라 바라보더라도
빼어남과 기괴함을 어찌 다 알겠는가?
짙푸른 산세는 하늘에 의지해 펼쳐있고
화려한 경관은 그림에서 나온 듯한데,
사뿐히 올라 자줏빛 노을을 감상하노라니
과연 비단 주머니의 비결을 얻겠구나.

구름 사이에서 옥으로 만든 소를 불고
바위 위에서 화려한 슬을 튕겨보니,
평소에 조그만 바람이 있었는데
즐겁게 웃다보니 이로써 다 이루었네.
안개로 가려진 모습이 내 얼굴에도 있는 것 같고
세속의 번뇌가 홀연 사라졌으니,
만일 양을 탄 이를 만난다면
손을 붙잡고 밝은 태양을 넘어가리라.

【해제】
'아미산峨眉山'은 지금의 사천성 아미현 남서쪽에 있는 산이다. 이 시는 아미산에 오른 감회를 쓴 것으로, 그 경관의 빼어남을 찬미하고 신선다운 풍취를 얻은 것을 기뻐하였다. 개원 8년(720) 성도를 노닌 후에 지은 것으로 추정된다.

【주석】
 1) 邈(막) - 높아서 아득하다.
    難匹(난필) - 필적하기 어렵다.
 2) 周流(주류) - 두루 돌아보다. '주유周遊'와 같다.
    登覽(등람) - 올라서 주위를 살펴보다.
 3) 絶怪(절괴) - 빼어남과 기괴함.
    悉(실) - 알다. 일부 판본에는 '식息'으로 되어있는데 그러면 이 구절은 "빼어남과 기괴함을 둘러보려니 어찌 쉴 수 있으랴?"의 뜻이다.
 4) 靑冥(청명) - 푸름이 짙어 어둡게 보이는 것. 산의 빛을 가리킨다. 이 구절은 산이 매우 높음을 말하였다.
 5) 彩錯(채착) - 여러 채색이 어지럽게 얽혀있는 것.

이 구절은 산의 경관이 매우 화려하고 아름답다는 뜻이다.
6) 泠然(영연) - 가볍게 움직이는 모습.
   紫霞(자하) - 자줏빛 노을. 신선이 사는 곳의 경치를 가리킨다.
7) 錦囊術(금낭술) - 비단 주머니에 넣어놓은 신선이 되는 비결. 한 무제가 일찍이 서왕모西王母와 상원부인上元夫人이 전해준 신선의 경전을 자줏빛 비단 주머니에 넣었다고 한다.(≪한무내전(漢武內傳)≫ 참조)
8) 瓊簫(경소) - 옥으로 만든 소.
9) 微尙(미상) - 조그만 바람. 대개 겸어로 사용하며 여기서는 아미산을 올라 신선이 되고자 하는 바람을 가리킨다.
10) 歡笑(환소) 구 - 웃고 즐기는 가운데 평소의 바람을 여기서 다 이루었다는 뜻이다.
11) 煙容(연용) - 안개 속에 가려진 얼굴. 신선이 되면 자줏빛 안개의 기운으로 몸을 가린다고 한다. 신선의 용모를 가리킨다.
    顔(안) - 여기서는 이백의 얼굴을 가리킨다.
12) 塵累(진루) - 세속의 번뇌. 세속의 구속.
13) 儻(당) - 만일.
    騎羊子(기양자) - 양을 탄 신선인 갈유葛由. 그는 강족羌族 사람인데, 주나라 성왕成王 때 나무를 깎아 양을 만들어 팔았다. 어느 날 양을 타고 아미산 남서쪽의 수산綏山으로 올라갔는데, 그를 따라 간 사람들은 모두 신선이 되었다고 한다.(≪열선전(列仙傳)≫ 참조)
14) 凌白日(능백일) - 밝은 태양을 넘어가다. 신선이 되어 하늘로 오르는 것을 말한다.

694. 大庭庫

대정고

朝登大庭庫　　雲物何蒼然[1]
莫辨陳鄭火　　空霾鄒魯煙[2]
我來尋梓愼　　觀化入寥天[3]
古木翔氣多[4]　松風如五絃[5]
帝圖終冥沒[6]　嘆息滿山川

아침에 대정고에 올라보니
구름의 기운이 얼마나 광활한가?
진나라와 정나라의 화재를 알아볼 수 없고
공연히 추 땅과 노 땅이 연무로 어두컴컴하네.
내가 재신을 찾아 와서
조화를 살피다가 광막한 하늘로 들어가려네.
오래된 나무에는 상서로운 기운이 많아서
솔바람이 마치 현악기 같은데,
황제의 책략은 끝내 사라지고 말았으니
탄식이 산천에 가득하네.

【해제】

'대정大庭'은 노성魯城(지금의 산동성 연주兗州) 자리에 있던 옛 나라 이름이다. 염제炎帝를 신농씨神農氏 혹은 대정씨大庭氏라고 하는데 노 지역에 도읍을 정했다. 춘추시대 때 노나라가 그곳 높은 곳에 창고를 지었는데 지세가 높고 탁 트였기 때문에 이곳에 올라서 사방 기운을 조망할 수 있었다. 노나라의 대부였던 재신梓愼이 이곳에 올라서 송宋, 위衛, 진陳, 정鄭나라에 화재가 날 것을 예견하였다. '대정고大庭庫'는 그 창고를 가리킨다. 이 시는 대정고에 올라서 지은 것으로, 예전에 화재를 예언했던 재신을 회상하고는 현재 세상이 혼란스러운 것을 한탄하였다. 천보 4재(745)에 지은 것으로 추정된다.

【주석】

1) 雲物(운물) - 구름의 색. 구름의 기운을 보고 길흉화복을 점칠 수 있다고 한다.
   蒼然(창연) - 끝없이 광활한 모습.
2) 霾(매) - 어둑해지다. 구름 안개로 가려진 것을 가리킨다.
   鄒魯(추로) - '추' 땅과 '노' 땅으로 대정고 주변 일대를 가리킨다.
   이상 네 구절은 대정고에 올라 본 광경을 적은 것으로, 구름이 덮여 사방을 구분하지 못한다는 뜻이다. 이를 통해 현재의 정세가 암울하다는 것을 암시하였다.
3) 觀化(관화) - 하늘의 조화를 살피다.
   寥天(요천) - 아득한 하늘. 또는 도교에서 허무의 경지를 가리킨다.
   이상 두 구절은 이백이 재신을 본받아 자연의 기운을 바라보다 하늘과 합일한 듯한 느낌을 가지게 된 것을 표현하였다. 이와 달리 이백이 이곳에 와서 재신을 찾지만 그는 조화를 살펴보다가 이미 아득한 하늘로 들어가 사라져버렸다는 뜻으로 풀이할 수도 있다.
4) 翔氣(상기) - '상'은 '상祥'과 통해서 상서로운 기운을 의미한다.

5) 五絃(오현) - 현악기.
6) 帝圖(제도) - 제왕의 책략.
   冥沒(명몰) - 사라지다.
   이하 두 구절은 당시 황제의 정치가 혼란스러움을 탄식하였다.

695. 登單父陶少府半月臺

도 선보현위의 반월대에 오르다

陶公有逸興¹　不與常人俱²
築臺象半月　迥向高城隅³
置酒望白雲　商飆起寒梧⁴
秋山入遠海　桑柘羅平蕪⁵
水色淥且明　令人思鏡湖⁶
終當過江去⁷　愛此暫踟躕⁸

도 현위는 표일한 흥취가 있어
일반 사람들과는 다르네.
누대를 쌓으니 반월을 닮았는데
멀리 높은 성의 귀퉁이를 향하고 있네.
술을 놓고 흰 구름을 바라보니
가을바람이 차가운 오동나무에 부는데,
가을 산은 먼 바다로 들어가고
산뽕나무는 광활한 평야에 늘어서 있네.
물빛은 맑고 맑아서
경호를 생각하게 하니,
끝내 마땅히 강을 건너가야 하지만

이곳을 사랑하여 잠시 주저하노라.

【해제】

'선보單父'는 지금의 산동성 선현單縣이고 '소부少府'는 현위縣尉의 별칭이다. '도陶'씨는 아마 이백과 조래산徂徠山에서 같이 노닐었던 죽계육일竹溪六逸 중의 한 명인 도면陶沔일 것이다. '반월대半月臺'는 선보성 북동쪽에 있었던 누대로 도면이 지었다는 설이 있다. 이 시는 도 현위의 반월대에 오른 감회를 쓴 것으로, 누대에 올라 본 경관을 묘사한 후에 경호鏡湖가 있는 월 땅을 가고자 하지만 이곳을 좋아해서 잠시 머문다는 말을 하여 이곳을 칭송하였다. 개원 28년(740)에 지었다는 설과 천보 5재(746)에 지었다는 설이 있다.

【주석】

1) 逸興(일흥) - 표일한 흥취. 세속을 떠난 초연한 흥취.
2) 俱(구) - 동일하다.
3) 迥(형) - 멀리.
4) 商飇(상표) - 가을바람. '상'은 오음五音 중의 하나로 가을을 뜻한다.
5) 桑柘(상자) - 뽕나무와 산뽕나무.
   平蕪(평무) - 광활한 평야.
6) 鏡湖(경호) - 지금의 절강성 회계현에 있는 호수로 물이 거울처럼 맑다고 한다.
7) 過江去(과강거) - 장강을 건너가다. 경호가 있는 남쪽 지방으로 간다는 뜻이다.
8) 踟躕(지주) - 머뭇거리다.

696. 天台曉望

천태산에서 새벽에 바라보다

天台鄰四明[1]　　華頂高百越[2]
門標赤城霞[3]　　樓棲滄島月[4]
憑高遠登覽　　　直下見溟渤[5]
雲垂大鵬翻[6]　　波動巨鰲沒[7]
風潮爭洶湧[8]　　神怪何翕忽[9]
觀奇跡無倪[10]　　好道心不歇[11]
攀條摘朱實[12]　　服藥鍊金骨[13]
安得生羽毛[14]　　千春臥蓬闕[15]

천태산은 사명산과 이웃하고
화정봉은 월 땅에 높이 솟아,
산문山門은 적성산의 노을로 표지를 삼고
누대에는 푸른 바다의 섬에 뜬 달이 깃들였네.
높은 곳에 올라 먼 곳을 바라보니
바로 아래에 바다가 보이는데,
대붕이 나니 구름이 드리우고
큰 거북이 가라앉으니 파도가 움직이며,

바람 탄 조수가 거세게 솟구치니
신령하고 기이한 경물들이 명멸하는구나.
기이함을 보는데 그 자취는 끝이 없고
도를 좋아하여 그 마음이 멈추질 않으니,
나뭇가지를 더위잡아 붉은 열매를 따며
선약을 먹고 금골을 단련하는데,
어찌하면 신선처럼 깃털을 생기게 하여
천년토록 봉래산에서 누울 수 있을까?

【해제】

'천태天台'는 지금의 절강성 천태현 북쪽에 있는 산이다. 이 시는 천태산에 올라 느낀 것을 적은 것으로, 천태산에 올라 본 경물을 환상적으로 묘사하고는 그 신령스러움에 탄복하며 신선이 되고자 하는 바람을 표현하였다. 천보 6재(747)에 지었다는 설이 있지만 확실치 않다.

【주석】

1) 四明(사명) - 지금의 절강성 영파시寧波市 남서쪽에 있는 산으로 천태산과 약 50km정도 떨어져 있다.
2) 華頂(화정) - 천태산에서 가장 높은 봉우리.
   百越(백월) - 천태산이 있는 월 땅을 가리킨다. 고대에 월越 민족이 여러 부락으로 흩어져 있었는데 이를 아울러 백월이라 한다.
3) 門(문) - 산문山門.
   標(표) - 표지로 하다.
   赤城(적성) - 지금의 절강성 천태현天台縣에 있는 산으로 천태산 남문南門이라 불리고 도교의 명산이다.
4) 滄島(창도) - 푸른 바다에 뜬 섬.

5) 溟渤(명발) - 명해와 발해. 여기서는 바다를 가리킨다.
6) 雲垂(운수) 구 - 붕은 전설 속의 새로 한번 날면 그 날개가 하늘의 구름을 드리운 것 같다고 한다.
7) 巨鰲(거오) - 동해에 신선들이 산다는 산이 있는데, 그 산을 큰 거북이가 받치고 있었다고 한다.(≪열자(列子)·탕문(湯問)≫ 참조)
8) 洶湧(흉용) - 물살이 세게 솟구치다.
9) 翕忽(흡홀) - 아주 빠르게 변화하는 모습.
10) 無倪(무예) - 끝이 없다.
11) 歇(헐) - 그치다.
12) 朱實(주실) - ≪산해경(山海經)≫에 보이는 열매로, 이것을 먹으면 오래 산다고 한다.
13) 金骨(금골) - 신선의 몸.
14) 生羽毛(생우모) - 날개가 생기다. 신선이 되어 날아다니는 것을 말한다.
15) 蓬闕(봉궐) - 동해에 신선들이 산다는 봉래산蓬萊山의 궁궐.

697. 早望海霞邊

아침에 바다 노을을 바라보다

四明三千里[1]　朝起赤城霞[2]
日出紅光散　分輝照雪崖[3]
一餐咽瓊液[4]　五內發金沙[5]
擧手何所待　靑龍白虎車[6]

사명산은 삼천리나 뻗어있어
아침에 적성산의 노을이 일어나는데,
태양이 솟아오르니 붉은 빛이 흩어지고
퍼진 광채가 눈 덮인 절벽에 비치네.
옥액을 한번 마시니
오장에서 선약의 약효가 작용하는데,
손을 들어 무엇을 기다리나?
청룡과 백호가 끄는 수레라네.

【해제】

이 시는 〈천태산에서 새벽에 바라보다(天台曉望)〉와 내용이 유사하여 같은 시기에 지은 것으로 보인다. 이 시는 천태산의 일출 광경과 신선이 된 듯한 느낌을 묘사하였다.

【주석】
1) 四明(사명) - 지금의 절강성 영파시寧波市 남서쪽에 있는 산으로 천태산과 약 50km정도 떨어져 있다.
2) 赤城(적성) - 지금의 절강성 천태현天台縣에 있는 산으로 천태산의 남문南門이라 불리고 도교의 명산이다.
3) 分輝(분휘) - 햇살을 나누다. 퍼져 비추는 햇살을 뜻한다.
4) 咽(연) - 삼키다.
   瓊液(경액) - 단액. 도교에서 이를 먹으면 오래 산다고 한다. 여기서는 아침노을의 정기를 비유하였다.
5) 五內(오내) - 오장五臟의 내부. 몸 속을 가리킨다.
   金沙(금사) - 금단金丹. 신선들이 먹는 단약을 가리킨다.
6) 靑龍(청룡) 구 - 신선들이 타고 다니는 수레. 심희沈羲라는 자가 백성을 구제하여 큰 공덕을 쌓았는데, 그의 수명이 다하자 신선들이 내려와 그를 맞이하여 하늘로 올라갔다. 그 때 신선들이 흰 사슴, 푸른 용, 흰 호랑이가 끄는 수레를 타고 내려왔다.(≪태평광기(太平廣記)≫에서 인용한 ≪신선전(神仙傳)≫ 참조)

698. 焦山望松寥山

초산에서 송료산을 바라보다

石壁望松寥[1]　宛然在碧霄[2]
安得五彩虹　架天作長橋[3]
仙人如愛我　擧手來相招

초산의 절벽에서 송료산을 바라보니
마치 푸른 하늘에 떠 있는 것 같은데,
어찌하면 오색 무지개를 얻어서
하늘에 긴 다리를 만들 수 있을까?
신선이 만일 나를 사랑한다면
손을 들어 나를 부르겠지.

【해제】
'초산焦山'은 지금의 강소성 진강시鎭江市 북동쪽 장강 가운데 있는데 후한 때 초선焦先이 이곳에 숨었다고 한다. '송료산松寥山'은 해문산海門山 또는 이산夷山이라고도 하는데 초산의 동쪽 줄기에 있다. 이 시는 초산에 올라 송료산을 바라보며 지은 것으로 신선들과 함께 지내고자 하는 바람을 적었다. 천보 6재(747)에 지은 것으로 추정된다.

【주석】
1) 石壁(석벽) - 초산의 석벽을 가리킨다.
2) 碧霄(벽소) - 푸른 하늘.
3) 架(가) - '駕'로 된 판본도 있다.

699. 杜陵絶句

두릉 절구

南登杜陵上　　北望五陵間[1]
秋水明落日　　流光滅遠山[2]

남쪽으로 두릉 위에 올라
북쪽으로 오릉을 바라보니,
가을 물은 지는 해에 빛나고
흐르는 빛은 먼 산으로 사라지네.

【해제】

'두릉杜陵'은 한나라 선제宣帝의 능으로 지금의 섬서성 서안시 남동쪽에 있다. 이 시는 두릉에 올라 지은 것으로 옛 황제들의 무덤을 바라보면서 가을 물과 낙조 등의 경물을 이용하여 인생무상의 감정을 읊었다. 천보 2년(743) 즈음에 지은 것으로 추정된다.

【주석】

1) 五陵(오릉) - 한나라 다섯 황제의 무덤. 고조高祖의 장릉長陵, 혜제惠帝의 안릉安陵, 경제景帝의 양릉陽陵, 무제武帝의 무릉茂陵, 소제昭帝의 평릉平陵을 말한다. 모두 위수渭水 북쪽에 있다.
2) 流光(유광) - 여기서는 흘러가는 물 위에 비치는 빛을 말한다.

이상 두 구절은 가을과 석양으로 쇠잔해가는 느낌을 나타내고 흘러가는 물을 통해 세월의 흐름을 나타내어 한나라의 번성했던 모습이 지금은 흔적만 남아있는 것을 통해 인생무상을 표현하였다.

700. 登太白峰

태백봉에 오르다

西上太白峰　　夕陽窮登攀
太白與我語¹　　爲我開天關²
願乘泠風去³　　直出浮雲間
擧手可近月　　前行若無山⁴
一別武功去⁵　　何時復更還

서쪽으로 태백봉에 오르는데
석양 무렵에 다 올랐네.
태백성이 내게 말을 하기를
나를 위해 하늘 관문을 열어준다네.
경쾌한 바람을 타고 떠나서
곧장 뜬구름 사이로 나가고 싶네.
손을 뻗으면 달을 잡을 수 있고
앞으로 나아가도 다른 산은 없는 듯하네.
한번 무공을 떠나면
언제 다시 돌아올 수 있을까?

【해제】

'태백봉太白峰'은 태을산太乙山, 태일산太一山이라고도 하며 지금의 섬서성 주지현周至縣 남쪽에 있다. 이 시는 태백산에 올라 지은 것으로, 세상의 가장 높은 곳에서 바람을 타고 하늘을 날아 신선이 되고자 하는 바람을 적었다. 개원 18년(730)에 지었다는 설과 천보 3재(744)에 지었다는 설이 있다.

【주석】

1) 太白(태백) - 금성金星을 가리킨다. 금성의 정기가 내려와서 태백산이 되었다고 한다.
2) 天關(천관) - 하늘의 관문. 하늘로 통하는 문.
3) 泠風(영풍) - 경쾌한 바람. 산들바람.
4) 擧手(거수) 두 구 - 태백산이 높아서 손을 뻗으면 달을 잡을 수 있을 정도이고, 다른 산은 보이지도 않는다는 뜻이다.
5) 武功(무공) - 현의 이름. 태백산이 있는 곳이다.

701. 登邯鄲洪波臺置酒觀發兵

한단 홍파대에 올라 술을 차려놓고 출병하는 것을 보다

我把兩赤羽¹　　來遊燕趙間²
天狼正可射³　　感激無時閑
觀兵洪波臺　　倚劍望玉關⁴
請纓不繫越⁵　　且向燕然山⁶
風引龍虎旗⁷　　歌鐘昔追攀⁸
擊筑落高月⁹　　投壺破愁顏¹⁰
遙知百戰勝　　定掃鬼方還¹¹

내가 붉은 화살 두 대를 쥐고서
조 땅과 연 땅을 돌아다녔는데,
천랑성을 마침 쏠 수 있으니
격동되어 한가로울 틈이 없었네.
홍파대에서 병사들을 보고는
검에 기대어 옥문관을 바라보노라니,
끈을 청해 남월왕을 묶어오려는 것이 아니라
북쪽의 연연산을 향하려는 것이네.
지금은 바람이 용호기를 끌어당기고 있으니

노랫소리 종소리는 옛날에 추구하던 일이었네.
높은 달이 떨어지도록 축을 두드리고
근심스런 얼굴 펴지도록 투호를 하는데,
멀리서도 백전백승할 것을 알고 있으니
반드시 변방을 휩쓸어버리고 돌아오리라.

【해제】

'한단邯鄲'은 지금의 하북성 한단시이며 '홍파대洪波臺'는 한단시 북서쪽에 있는 누대이다. 이 시는 한단의 홍파대에서 북쪽 오랑캐를 물리치러 가는 병사들의 출정식에서 지은 것이다. 앞부분에서 적을 무찌르겠다는 자신의 기상을 적었으며, 뒷부분에서는 병사들의 사기를 진작시키고 반드시 이기고 돌아오라는 격려를 하였다. 천보 11재(752) 즈음 유주幽州 지역에서 지은 것이다.

【주석】

1) 赤羽(적우) - 깃털이 붉은 색으로 된 화살.
2) 燕趙(연조) - 연 땅과 조 땅. 연 땅은 조 땅의 북쪽이며, 한단은 옛날 조나라의 수도였다.
3) 天狼(천랑) - 별자리 이름으로 탐욕스럽고 잔혹한 사람 또는 침략자를 상징한다. 여기서는 북쪽 오랑캐를 가리킨다.
4) 玉關(옥관) - 옥문관玉門關. 중국 북서쪽의 관문인데, 여기서는 북쪽 변새의 관문을 가리킨다.
5) 請纓(청영) 구 - 끈을 요구하다. 한나라의 종군終軍이 임금에게 말하기를 "긴 끈을 내려주시면 반드시 남월南越의 왕을 묶어서 궐 아래에 데려오겠습니다."라고 하였다.(≪한서·종군전≫ 참조)
6) 燕然山(연연산) - 지금의 몽고에 있는 항애산杭愛山이다. 동한의 거

기장군車騎將軍 두헌竇憲이 대군을 이끌고 계락산稽落山에서 흉노와 큰 전쟁을 벌여서 크게 승리한 후, 연연산에 올라 돌에 공로를 새겨 한나라의 위세와 덕망을 기록하였다.
이상 두 구절은 지금의 출정이 남쪽이 아니라 북쪽이라는 뜻이다.

7) 龍虎旗(용호기) - 용과 호랑이가 그려진 깃발. 군대의 깃발이다.
8) 歌鐘(가종) - 노랫소리와 종소리. 음악소리를 가리킨다.
이상 두 구절은 지금은 전시 상황이라 음악과 같은 풍류는 예전의 일이며 지금 해야 할 일이 아니라는 뜻이다.
9) 擊筑(격축) - 축을 치다. '축'은 현악기로서 그 소리가 비장하다. 형가荊軻가 진시황을 암살하러 갈 때 역수에서 고점리高漸離가 축을 치고 형가가 노래를 불렀는데 그 분위기가 비장하였다고 한다.(≪사기·자객열전(刺客列傳)≫ 참조) 여기서는 병사들의 비장함을 고무시키기 위해 연주한 것이다.
10) 投壺(투호) - 화살을 항아리에 던져 넣는 경기. 주로 군대의 연회에서 많이 실시하였다.
11) 鬼方(귀방) - 상고시대 서북방 민족의 이름으로, 널리 서북방 이민족을 의미한다. 여기서는 북쪽 오랑캐를 가리킨다.

702. 登新平樓

신평의 누대에 오르다

去國登茲樓[1]　懷歸傷暮秋[2]
天長落日遠　水淨寒波流
秦雲起嶺樹[3]　胡雁飛沙洲[4]
蒼蒼幾萬里[5]　目極令人愁[6]

수도를 떠나 이 누대에 오르니
고향으로 돌아가고자 하는 마음에 늦가을이 애달프네.
하늘은 넓고 지는 해는 멀며
물은 맑고 찬 물결은 흘러가는데,
진 땅의 구름은 고개의 나무에서 일어나고
북방의 기러기는 모래톱에서 나네.
아득하니 몇 만 리나 되려나?
저 끝까지 바라보노라니 사람을 근심스럽게 하네.

【해제】

'신평新平'은 지금의 섬서성 빈현彬縣으로 서안 북서쪽 50km에 있다. 이 시는 장안을 떠나 집으로 돌아가다가 신평의 누대에 올라 감회를 적은 것으로 막막하게 떠돌아다녀야 하는 나그네의 심사를 주위 경물의 묘사를 통해 표현하였다. 개원 18년(730)에 지었다는 설과 천보 3재(744)에 지었다는 설 등이 있다.

【주석】
1) 去國(거국) - 수도를 떠나다.
   茲樓(자루) - 이 누대. 신평의 누대를 가리킨다.
2) 暮秋(모추) - 늦가을.
3) 秦雲(진운) - 진 땅의 구름. 진나라 때 장안 지역에 도읍을 정했기 때문에 여기서는 장안을 가리킨다.
4) 胡雁(호안) - 북방의 기러기.
5) 蒼蒼(창창) - 아득한 모습.
6) 目極(목극) - 눈 닿는 데까지 멀리 바라보다.

703. 謁老君廟

노자의 사당에 배알하다

先君懷聖德[1]　靈廟肅神心[2]
草合人蹤斷[3]　塵濃鳥跡深
流沙丹竈滅[4]　關路紫煙沈[5]
獨傷千載後　空餘松柏林[6]

선군이 성스러운 덕을 품으셔서
신령스런 사당은 마음을 엄숙하게 하네.
풀이 무성하여 사람 종적은 끊어졌으며
먼지가 수북하여 새의 자취만 깊게 났으니,
서쪽 사막에서 단약을 제련하던 아궁이도 사라지고
관문에 있던 자줏빛 구름의 기운도 없어졌네.
홀로 애달파하노니, 천년이 지난 지금에
헛되이 송백 수풀만 남아있는 것을.

【해제】

이 시는 ≪문원영화(文苑英華)≫ 권320에 〈노자의 사당을 지나며(過老子廟)〉라는 제목으로 당 현종의 작품으로 되어있으며, 시 원문에서 세 글자만 다르다. '노군老君'은 노자인데, 당시 도교를 숭상하였고 노자를 교주로 받들었기 때문에 노자의 사당에 제사를 지냈다. 이 시는 노자의 사당에 배알하고 지은 것으로 사당이 황폐해진 것을 안타까워하였다.

【주석】
1) 先君(선군) - 노자를 가리킨다. 노자가 이씨의 조종祖宗이기 때문에 이렇게 불렀다.
2) 神心(신심) - 심신心神. 사람의 마음.
3) 草合(초합) - 풀이 무성하다.
4) 流沙(유사) - 서쪽 사막지역을 가리킨다. ≪예문유취(藝文類聚)≫에 인용된 ≪관령내전(關令內傳)≫에 따르면, 함곡관函谷關을 지키던 윤희尹喜가 관문을 보니 자줏빛 기운이 있었는데, 그쪽에 노자가 푸른 소를 타고 지나가고 있었다. 노자는 윤희에게 ≪도덕경(道德經)≫을 써주었다. 또 ≪열선전(列仙傳)≫에 따르면 후에 두 사람이 유사로 가서 오랑캐를 교화시켰다고 한다.
   丹竈(단조) - 단약을 만드는 아궁이.
5) 關路(관로) - 윤희가 지키던 함곡관.
   紫煙(자연) - 자줏빛 안개. 노자의 신령스런 기운을 가리킨다.
6) 松柏(송백) - 소나무와 측백나무. 사당 주위에 이 나무를 많이 심는다.

704. 秋日登揚州西靈塔

가을날 양주 서령사의 탑에 오르다

寶塔凌蒼蒼[1]　登攀覽四荒[2]
頂高元氣合[3]　標出海雲長[4]
萬象分空界[5]　三天接畫梁[6]
水搖金刹影[7]　日動火珠光[8]
鳥拂瓊簷度[9]　霞連繡栱張[10]
目隨征路斷　心逐去帆揚
露浴梧楸白[11]　霜催橘柚黃[12]
玉毫如可見[13]　於此照迷方[14]

보배로운 탑이 푸른 하늘 높이 솟아있어
더위잡고 올라서 사방을 둘러보니,
정상은 높아서 자연의 기운과 합쳐지고
불탑은 솟아올라 바다 구름이 길게 보이며,
삼라만상은 천지간에 나뉘어 있고
높은 하늘은 채색한 들보에 접해있네.
물에는 금빛 탑의 그림자가 일렁이고
태양은 탑 위 붉은 구슬의 빛을 흔들며,

새는 옥장식 처마를 스치며 지나가고
노을은 채색된 두공에 이어져 펼쳐졌네.
눈은 가야할 길 따라 끝까지 바라보고
마음은 떠나가는 돛배 따라 일렁이는데,
이슬은 오동나무 개오동나무 하얗게 흠뻑 적시고
서리는 귤나무 유자나무 누렇게 재촉하네.
만일 부처님의 옥호를 볼 수 있다면
잃어버린 길을 이곳에서 비추어 줄 텐데.

【해제】

'양주揚州'는 지금의 강소성 양주시이다. '서령탑西靈塔'은 양주 북서쪽에 있는 서령사棲靈寺의 탑으로 수 문제文帝 때 세워졌다. 이 시는 서령사의 탑에 오른 감회를 썼는데, 탑이 우뚝 솟은 모습과 탑에서 내려다본 경관을 묘사한 후에 자신의 막막한 심사를 불법을 통해 해소하고자 하는 마음을 적었다. 대체로 개원 14년(726) 처음 양주를 노닐 때 쓴 것으로 추정된다.

【주석】

 1) 寶塔(보탑) - 서령사의 탑을 가리킨다.
    凌(릉) - 넘어가다. 능가하다.
    蒼蒼(창창) - 푸른 하늘.
 2) 四荒(사황) - 사방의 먼 곳.
 3) 元氣(원기) - 자연의 기운. 하늘의 기운.
 4) 標(표) - 탑의 끝을 가리킨다.
 5) 萬象(만상) - 세상의 모든 물질.
    分(분) - 분포하다. 분명하다는 뜻으로 풀이할 수도 있다.

空界(공계) - 불교에서 지계地界, 수계水界, 화계火界, 풍계風界, 공계空界, 식계識界를 육계六界라고 한다. '공계'는 허공을 가리키는데 여기서는 천지간天地間을 뜻한다.
이 구절은 서령사 탑 높은 곳에서 내려다보면 만물이 모두 보인다는 뜻이다.

6) 三天(삼천) - 불교에서 욕계欲界, 색계色界, 무색계無色界를 '삼천'이라고 하는데, 여기서는 높은 하늘을 가리킨다.
畵梁(화량) - 채색한 탑의 들보.

7) 刹(찰) - 탑 꼭대기의 장식물로 찰주刹柱 또는 찰간刹竿이라고도 한다.

8) 火珠(화주) - 탑이나 건물의 지붕을 장식하는 구슬.

9) 瓊簷(경첨) - 옥으로 장식한 처마.
度(도) - 지나가다.

10) 繡栱(수공) - 수놓은 듯 장식한 두공枓栱. 두공은 목조 건축물에서 기둥 위에 지붕을 받치기 위해 설치한 받침대를 가리킨다.
이상 두 구절은 서령사 탑이 아주 높은 것을 표현하였다.

11) 露白(노백) - 시절이 이슬 내리는 가을임을 뜻한다.
梧楸(오추) - 오동나무와 개오동나무.

12) 橘柚(귤유) - 귤나무와 유자나무.

13) 玉毫(옥호) - 부처의 미간에 있는 털인데, 이것이 빛나서 세상을 밝혀준다고 한다.

14) 此(차) - 서령사 탑을 가리킨다.
迷方(미방) - 길을 잃어버린 곳. 자신이 어디로 가야할지 모르다.
이상 두 구절은 서령사 탑에 올라 불법을 빌려 자신이 가야할 곳을 알고자 하는 바람을 표현하였다.

705. 登金陵冶城西北謝安墩

금릉 야성 북서쪽 사안의 돈대에 오르다

晉室昔橫潰[1]	永嘉遂南奔[2]
沙塵何茫茫[3]	龍虎鬪朝昏[4]
胡馬風漢草[5]	天驕蹙中原[6]
哲匠感頹運[7]	雲鵬忽飛翻
組練照楚國[8]	旌旗連海門[9]
西秦百萬衆[10]	戈甲如雲屯[11]
投鞭可塡江[12]	一掃不足論[13]
皇運有返正[14]	醜虜無遺魂[15]
談笑遏橫流[16]	蒼生望斯存[17]
冶城訪古蹟	猶有謝安墩
憑覽周地險[18]	高標絶人喧[19]
想象東山姿[20]	緬懷右軍言[21]
梧桐識嘉樹	蕙草留芳根[22]
白鷺映春洲[23]	青龍見朝暾[24]
地古雲物在[25]	臺傾禾黍繁[26]
我來酌清波[27]	於此樹名園[28]

功成拂衣去[29]　歸入武陵源[30]

예전에 진나라 황실이 어지러워져
영가 연간에 끝내 남쪽으로 도주하였는데,
모래먼지가 얼마나 자욱했던가?
용과 호랑이가 아침저녁으로 싸웠으며,
오랑캐 말은 한나라 초원을 맘대로 누비고
흉노족은 중원을 핍박하였지.
명철한 사안이 쇠퇴한 운명을 느끼고는
구름 위 붕새처럼 홀연 날아오르니,
군복이 초 땅을 비추고
깃발이 하구까지 이어졌었지.
서진의 백만 병사들의
창과 갑옷이 구름 같이 모여서,
채찍을 던지면 가히 강을 메울 만하였지만
한 번에 쓸어버려 말할 필요도 없었네.
황제의 운세가 다시 바로 잡히고
사악한 오랑캐는 혼백도 남지 않아,
담소하는 사이에 어지러운 물줄기 막아버리니
백성들은 바람을 이에 이루었네.
야성의 옛터에 와보니
사안의 돈대는 여전한데,
기대어 굽어보니 험준한 지세로 주위를 둘렀고
높은 곳에 서니 세속의 시끄러움이 없어,
사안의 자태를 상상해보고

왕희지의 말을 생각해보네.
오동나무는 아름다운 나무임을 알겠고
아름다운 풀은 향기로운 뿌리를 남겨놓았으며,
백로가 봄 물가에 비치고
청룡이 아침 햇살에 보이네.
땅은 오래되어도 경치는 여전하지만
돈대는 기울었고 벼와 기장만 무성하니,
내가 와서 맑은 술을 한잔 마시고
여기에 아름다운 정원을 만들고 나서,
공을 이루면 옷을 털고 떠나
무릉도원으로 돌아가리라.

【해제】

제목 아래에 "이 돈대는 진나라 태부 사안이 우군장군 왕희지과 함께 오른 곳으로 초연하니 세속을 초월한 뜻이 있다. 내가 장차 이 위에 정원을 만들고자 하여 이 시를 짓는다.(此墩卽晉太傅謝安與右軍王羲之同登, 超然有高世之志, 余將營園其上, 故作是詩.)"라는 주석이 있다. '금릉金陵'은 지금의 강소성 남경시이고 '야성冶城'은 금릉의 서쪽에 있었는데, 본래 제련과 주조를 하던 곳이었다. '사안謝安'은 진晉나라의 문인으로 동산에 은거하다가 출사하여 전진前秦의 부견苻堅이 쳐들어오자 조카인 사현謝玄을 보내 물리쳤다.(≪진서·사안전≫ 참조) '돈墩'은 돈대墩臺로 평지보다 높은 곳에 위치하여 전투를 지휘할 수 있는 곳으로 금릉의 반산半山에 있었다. 이 시는 금릉에 있는 사안의 돈대에 올라 느낀 감회를 적은 것으로, 사안이 떨쳐 일어나 나라를 구한 경위를 쓴 뒤, 지금 황폐해진 이곳을 다듬어 자신도 사안처럼 공을 세운 뒤에는 멋지게 은거하리라는 포부를 다짐하였다. 대체로 천보 6재(747)에 지은 것으로 추정된다.

【주석】

1) 晉室(진실) - 진나라의 왕실.
   橫潰(횡궤) - 강의 둑이 터져 강물이 범람하다. 여기서는 서진西晉 말년에 발생한 팔왕八王의 난리를 말한다.
2) 永嘉(영가) - 진나라 회제懷帝의 연호. 영가 5년(311)에 유요劉曜와 왕미王彌가 수도로 들어와 궁궐과 종묘를 불 지르고 노략질을 하였는데, 당시 관리와 선비들 중 죽은 자가 삼만 명이 넘었다.(≪진서·회제기≫ 참조)
   南奔(남분) - 남쪽으로 도망가다. 진나라 원제元帝가 남도南渡한 것을 가리킨다.
3) 沙塵(사진) - 모래먼지. 전란을 비유한다.
   茫茫(망망) - 아득하여 앞이 보이지 않는 모습.
4) 龍虎(용호) - 군웅群雄을 뜻한다.
   朝昏(조혼) - 아침저녁. 온종일.
5) 風(풍) - 짐승의 암수가 서로 유혹하는 것을 뜻하는데, 여기서는 마음껏 누비는 것을 뜻한다.
   漢草(한초) - 한나라의 초원. 여기서는 진나라 영토를 뜻한다.
6) 天驕(천교) - 오랑캐인 흉노족을 가리킨다.
   蹙(축) - 핍박하다. 316년에 흉노족 유요가 진晉나라 민제愍帝를 포로로 잡고 서진을 멸망시키고 318년에 장안에 전조前趙를 세웠다.
7) 哲匠(철장) - 명석하고 현명한 사람. 여기서는 사안謝安을 가리킨다.
   頹運(퇴운) - 쇠퇴한 운명. 위험에 빠진 나라의 운명을 가리킨다.
8) 組練(조련) - 조갑組甲과 피련被練. 모두 군복 종류이다. ≪좌전·양공襄公 3년≫에 따르면, 초자楚子가 등료鄧廖에게 조갑을 입은 삼백 명의 병사와 피련을 입은 삼천 명의 병사를 이끌고 오나라를 공격하도록 하였다고 한다. 조갑은 전차병이 입었고 피련은 보병이 입었다. 이후로 '조련'은 군대의 군복과 장비를 뜻하게 되었다.

楚國(초국) - 사안이 군사를 일으켰던 남쪽 지방을 가리킨다.
9) 旌旗(정기) - 군대의 깃발.
海門(해문) - 강과 바다가 만나는 곳. 하구河口.
10) 西秦(서진) - 부견苻堅이 세운 나라. 전진前秦이라고도 한다.
11) 戈甲(과갑) - 창과 갑옷. 부견의 군대를 가리킨다.
屯(둔) - 모이다.
12) 投鞭(투편) 구 - 부견이 동진東晉을 정벌할 때 자신의 군대가 많음을 표현하기 위해 "우리 군대가 이렇게 많으니 채찍을 장강에 던지면 그 흐름을 막을 수 있다."고 하였다.(≪진서·부견재기(苻堅載記)≫ 참조)
13) 一掃(일소) 구 - 사안이 부견의 군대를 쓸어버리는 것은 당연하고 간단한 일이라는 뜻이다.
14) 皇運(황운) - 황제의 운명. 나라의 운명.
返正(반정) - 올바르게 되돌리다. 난리를 제압하는 것을 말한다.
15) 醜虜(추로) - 사악한 오랑캐. 여기서는 부견이 세운 전진前秦을 가리킨다.
無遺魂(무유혼) - 혼백도 남겨놓지 않고 멸망시킨다는 뜻이다.
16) 遏(알) - 막다. 저지하다.
橫流(횡류) - 제멋대로 흐르는 물결. 부견의 군대를 가리킨다. 어지러운 상황을 뜻하는 것으로 볼 수도 있다.
이 구절은 사안謝安이 여유 있게 부견의 군대를 물리친 것을 말한다. 전진의 부견이 백만 대군을 이끌고 동진으로 쳐들어왔을 때 조카인 사현謝玄 등을 보내 격퇴하였다. 승전했다는 기별이 왔을 때 손님과 바둑을 두고 있었는데 승전했음을 알고도 아무런 내색도 없이 계속 바둑만 두었다.(≪진서·사안전≫ 참조)
17) 蒼生(창생) - 백성.
18) 憑覽(빙람) - 돈대에 의지하여 주위를 둘러보다.

周(주) - 주위를 두르다.

19) 高標(고표) - 높은 곳. 사안의 돈대를 가리킨다.
人喧(인훤) - 인간 세상의 시끄러움.
20) 東山姿(동산자) - 일찍이 동산에 은거했던 사안의 자태를 가리킨다.
21) 緬懷(면회) - 아득히 생각해보다.
右軍言(우군언) - '우군'은 사안의 부관이었던 왕희지王羲之이다. 왕희지가 사안과 함께 야성에 올랐는데, 사안이 아득히 멀리 생각하며 세상을 초월하는 뜻을 가졌다. 왕희지가 사안에게 "하나라의 우임금이 왕을 위해 일하면서 손발에 굳은살이 박였고, 문왕은 해가 질 때서야 밥을 먹으며 매일 시간이 부족했는데, 지금 사방에는 전쟁으로 군영이 많으니 응당 모든 사람들이 스스로 힘써야 할 것입니다. 그런데 허튼 소리만 하며 해야 할 일은 내팽개치고 공허한 문장으로 핵심을 방해하니, 아마도 지금 마땅히 할 바가 아닌 것 같습니다."라고 하니, 사안이 답하기를 "진나라에서 상앙商鞅을 임용하고서도 이세에서 망했는데, 어찌 청담이 환난을 불러온 것이었는가?"라고 했다.(≪세설신어(世說新語)·언어(言語)≫ 참조)
22) 梧桐(오동) 두 구 - 사안과 왕희지가 남겨 놓은 업적을 비유한 것으로 볼 수 있다.
23) 白鷺(백로) - 금릉성 서쪽 강 가운데에 있던 백로주를 가리킨다.
24) 靑龍(청룡) - 금릉 남동쪽에 있는 청룡산을 가리킨다.
朝暾(조돈) - 아침 햇살.
25) 雲物(운물) - 경관.
26) 禾黍繁(화서번) - 벼와 기장이 무성하다. 돈대가 황폐해졌음을 표현한다.
27) 淸波(청파) - 맑은 물결. 여기서는 술을 뜻한다.
28) 樹名園(수명원) - 이름난 정원을 만들다. 황폐해진 돈대를 다시 꾸민다는 뜻으로, 이백이 사안을 본받아 공을 세울 의지를 세운다는

의미이다.
29) 拂衣去(불의거) - 옷을 털고 떠나다. 은거하는 것을 뜻한다.
30) 武陵源(무릉원) - 도연명의 〈도화원기(桃花源記)〉에 나오는 무릉도원으로 은거지를 뜻한다.

706. 登瓦官閣

와관각에 오르다

晨登瓦官閣　極眺金陵城¹
鐘山對北戶²　淮水入南榮³
漫漫雨花落⁴　嘈嘈天樂鳴⁵
兩廊振法鼓　四角吟風箏⁶
杳出霄漢上⁷　仰攀日月行⁸
山空霸氣滅⁹　地古寒陰生¹⁰
寥廓雲海晚¹¹　蒼茫宮觀平¹²
門餘閶闔字¹³　樓識鳳凰名¹⁴
雷作百山動　神扶萬栱傾¹⁵
靈光何足貴¹⁶　長此鎭吳京¹⁷

새벽에 와관각에 올라
금릉성을 한껏 바라보니,
종산은 북쪽 문과 마주하고
회수는 남쪽 처마 아래로 들어오네.
끝없이 비처럼 꽃잎이 떨어지고
쟁쟁하게 하늘의 음악소리가 울리며,

양쪽 회랑에는 법고가 진동하고
네 모퉁이에는 풍경이 울리는데,
아득하니 높은 하늘 위로 솟아나
위로 해와 달이 지나가는 것을 더위잡을 것 같네.
산은 비어 패왕의 기운은 사라졌고
땅은 오래되어 차가운 음기가 생겨나,
드넓은 구름바다에 저녁이 되니
아득하게 궁궐이 평평하게 펼쳐져 있는데,
문에는 창합이란 두 글자만 남아있고
누대에는 봉황이란 이름만 알아보겠네.
우레가 울려 온 산이 흔들려도
신령이 만 개의 대들보가 기우는 것을 받치고 있으니,
영광전이 어찌 귀하겠는가?
오래도록 이 와관각이 오나라 수도를 지키리라.

【해제】

'와관각瓦官閣'은 금릉金陵(지금의 강소성 남경시) 남서쪽 모퉁이의 와관사 안에 있었으며, 양나라 때 건축되었고 높이는 240척이었다고 한다. 이 시는 와관각에 올라 느낀 감회를 쓴 것으로, 앞부분에서는 와관각에서 바라본 경물과 그 내부의 모습을 서술하였으며, 뒷부분에서는 와관각에서 바라본 금릉성의 쇠락한 분위기를 묘사하고는 이제는 이 와관각이 금릉을 지킬 것이라고 하였다. 개원 13년(725) 즈음 지은 것으로 추정된다.

【주석】

1) 極眺(극조) - 눈 닿는 곳까지 바라보다.

2) 鐘山(종산) - 금릉 동북부에 있는 산.
3) 淮水(회수) - 진회하秦淮河를 가리키며 금릉을 거쳐 장강으로 들어간다.
   南榮(남영) - 지붕의 남쪽 처마.
4) 漫漫(만만) - 끝없는 모습. 많은 모습.
   雨花(우화) - 꽃비.
5) 嘈嘈(조조) - 여러 소리가 나는 모습.
   天樂(천악) - 하늘의 음악.
   이상 두 구절은 와관사를 미화한 것으로, 부처가 대중들에게 설법을 하면 하늘에서 꽃비가 내리고 불국토佛國土에는 늘 하늘의 음악이 들렸다고 한다.
6) 風箏(풍쟁) - 탑이나 건물의 처마에 단 풍경.
7) 霄漢(소한) - 높은 하늘.
8) 仰攀(앙반) - 위를 바라보며 더위잡다.
9) 霸氣(패기) - 패왕의 기운. 삼국시대 오나라의 손권孫權이 금릉에서 패권을 장악한 후에 오吳, 동진東晉, 송宋, 제齊, 양梁, 진陳의 여섯 왕조가 이곳을 수도로 삼았다.
10) 寒陰(한음) - 차가운 음기. ≪후한서·낭의전(郎顗傳)≫에서 "나라의 다스림에 그 도를 잃으면 차가운 음기가 계절을 거스른다."고 하였다.
11) 寥廓(요곽) - 넓은 모습.
12) 蒼茫(창망) - 아득한 모습.
    宮觀(궁관) - 궁궐. 여기서는 금릉성을 가리킨다.
    平(평) - 평평하다. 금릉성이 아래에 펼쳐 있는 모습을 형용한다.
13) 閶闔(창합) - 금릉성의 문 이름으로 여기서는 현판에 쓰인 글씨를 가리킨다. 진晉나라 성제成帝 때 금릉에 새로 궁을 지으면서 남쪽에 문을 네 개 내었는데, 그 중 동쪽에서 두 번째 문을 남액문南掖門이라 하였고, 남조시대 송나라 때 창합문으로 고쳐 불렀다.
14) 鳳凰(봉황) - 봉황루는 금릉의 봉황산 위에 있으며 남조시대 송나라

때 지어졌다.

15) 神扶(신부) - 신령이 떠받치다. 건물이 오래되어 넘어질 것 같지만 신령이 떠받쳐서 기울지 않게 하였다는 뜻이다.

栱(공) - 두공栱栱. 지붕을 얹기 위해 기둥 위에 놓은 네모난 나무. 이상 두 구절은 왕연수王延壽가 지은 〈노나라 영광전을 읊은 부(魯靈光殿賦)〉의 "처마 끝에서 떨어지는 물방울이 소리를 내니 우레 소리 같아 놀랄 만하다.(動滴瀝以成響, 殷雷應其若驚.)", "신령이 그 전당을 보우하여 천 년이 지나도 더욱 견고하리라.(神靈扶其棟宇, 歷千載而彌堅.)"를 활용하였다.

16) 靈光(영광) - 영광전靈光殿. 한나라 경제景帝의 아들 노공왕魯恭王이 지었다. 〈노나라 영광전을 읊은 부〉에서 "한나라가 도중에 쇠락해지고 도적떼가 일어나자, 서경의 미앙궁과 건장궁 등은 모두 망가졌으나 영광전만은 우뚝하니 홀로 건재했다.(遭漢中微, 盜賊奔突, 自西京未央建章之殿, 皆見隳壞, 而靈光巋然獨存.)"고 하였다.
이 구절은 영광전이 지금은 사라지고 없으니 귀하다고 여길 바가 못 된다고 말한 것으로, 상대적으로 와관각이 오래도록 전해지리라는 것을 대비하여 말하였다.

17) 鎭(진) - 지키다.
吳京(오경) - 오나라의 수도. 금릉.

707. 登梅崗望金陵, 贈族姪高座寺僧中孚
매강에 올라 금릉을 바라보며 문중 조카인 고좌사의 중부 스님에게 주다

鐘山抱金陵[1] 霸氣昔騰發[2]
天開帝王居 海色照宮闕
群峰如逐鹿 奔走相馳突[3]
江水九道來[4] 雲端遙明沒[5]
時遷大運去[6] 龍虎勢休歇[7]
我來屬天淸 登覽窮楚越[8]
吾宗挺禪伯[9] 特秀鸞鳳骨[10]
衆星羅靑天 明者獨有月[11]
冥居順生理[12] 草木不剪伐
煙窗引薔薇 石壁老野蕨
吳風謝安屐[13] 白足傲履襪[14]
幾宿一下山 蕭然忘干謁[15]
談經演金偈[16] 降鶴舞海雪
時聞天香來 了與世事絶[17]
佳遊不可得[18] 春風惜遠別
賦詩留巖屛 千載庶不滅」[19]

종산이 금릉을 안고 있는데
예전에 패왕의 기운이 솟구쳐 뻗어서,
하늘이 제왕의 거처를 열어주셨고
바다 빛은 궁궐을 비추었네.
뭇 봉우리들은 사슴을 쫓는 듯
다투어 치달리고,
강물은 아홉 물줄기가 흘러오는데
구름 가 멀리서 언뜻언뜻 보이네.
시운이 옮겨가니 큰 운세는 사라지고
용과 호랑이의 기세는 사그라졌는데,
하늘 맑은 때에 내가 여기 와서
이곳에 올라 초 땅과 월 땅을 다 굽어보네.
집안 사람인 그대가 선승 중에 걸출하여
난새와 봉황의 풍골이 매우 빼어나니,
뭇별들이 푸른 하늘에 늘어서 있지만
밝은 것은 오로지 달 밖에 없는 것 같네.
은거하며 생성의 이치를 따라서
풀과 나무를 베지 않아,
안개 낀 창문에는 장미가 뻗어있고
석벽에는 야생 고사리가 늙어 가는데,
오 땅의 풍습대로 사안의 나막신을 신었고
하얀 발에는 보란 듯이 버선을 신었네.
며칠 머물다 산을 한번 내려가면
한적하여 간알할 일을 잊게 되고,
불경을 말하고 게송을 연창하면

학이 내려와 바다의 눈처럼 춤을 추고,
때때로 하늘의 향기가 나니
세상일과는 완전히 단절되었네.
이러한 아름다운 노님을 얻을 수 없게 되어
봄바람에 멀리 떠남을 애석해하니,
시를 읊고 암벽에 남겨놓아
천년토록 없어지지 않기를 바라네.

【해제】
'매강梅崗'은 금릉金陵(지금의 강소성 남경시) 남쪽 우화대雨花臺가 있는 산자락이다. '고좌사高座寺'는 원래의 이름이 감로사甘露寺였다. 천축국天竺國의 승려인 시려밀尸黎密이 이 절에서 강석講席에 높이 앉아 설법을 하여 고좌도인高座道人이라는 칭호를 받았는데, 후에 그가 죽어 이곳에 묻혔기 때문에 이름을 고좌사라 하였다. '족질族姪'은 문중 조카이며, '중부中孚'에 대해서는 알려진 것이 없는데, 이백이 그가 준 선인장차仙人掌茶에 감사의 뜻을 표현한 시가 남아있다. 이 시는 중부 스님이 있던 고좌사에 머물다가 떠나면서 지은 것으로, 앞부분에서는 금릉의 경관을 묘사하면서 이제는 시운이 다했다고 하였고, 뒷부분에서는 중부 스님의 인품과 고아한 생활모습을 묘사하면서 그를 칭송한 후 그를 떠나게 되어 안타까운 마음을 표현하였다. 천보 6재(747)에 지었다는 설과 천보 9재(750)에 지었다는 설이 있지만 확실치 않다.

【주석】
1) 鐘山(종산) - 금릉 동북부에 있는 산.
2) 霸氣(패기) - 패왕의 기운. 삼국시대 오나라의 손권孫權이 금릉에서 패권을 장악한 후에 오吳, 동진東晉, 송宋, 제齊, 양梁, 진陳의 여섯 왕

조가 이곳을 수도로 삼았다.

騰發(등발) - 솟구쳐 뻗다.

3) 馳突(치돌) - 치달리며 돌진하다.
4) 九道(구도) - 심양尋陽(지금의 강서성 구강시九江市) 일대에 장강의 아홉 개 지류가 있는데 이를 일러 구강이라 한다.
5) 明沒(명몰) - 나타났다 사라졌다 하다. 너무 멀어서 언뜻언뜻 보이는 것을 말한다.
6) 大運(대운) - 천운天運.
7) 龍虎勢(용호세) - 용이 똬리 틀고 호랑이가 웅크리고 있는 기세. 제왕의 기상이 서린 곳을 뜻한다. 제갈양이 금릉을 돌아보고 "말릉秣陵(금릉)의 지형을 보면 종산鍾山은 용이 서려있고 석성石城은 호랑이가 웅크리고 있는 형세이니 진정으로 제왕이 도읍으로 삼을만한 곳이다."라고 감탄하였다.(≪태평어람(太平御覽)≫ 권156에 인용된 ≪오록(吳錄)≫ 참조)

休歇(휴헐) - 사그라지다.

이상 두 구절은 이제 천운이 다해 금릉이 더 이상 제왕의 도읍이 아님을 말한다.

8) 楚越(초월) - 금릉은 오 땅에 있으며 그 서쪽이 초 땅이고 그 남쪽이 월 땅이다.
9) 吾宗(오종) - 우리 가문.

挺(정) - 걸출하다.

禪伯(선백) - 참선하는 승려.

10) 鸞鳳骨(난봉골) - 난새와 봉황의 풍골. 도인의 풍모를 가리킨다.
11) 衆星(중성) 두 구 - 중부 스님을 하늘에 빛나는 달에 비유하여 그가 걸출한 존재임을 표현하였다.
12) 冥居(명거) - 은거하다.

生理(생리) - 생성의 이치.

13) 吳風(오풍) - 오 땅의 풍습.
謝安屐(사안극) - 전진前秦의 부견苻堅이 백만 대군을 이끌고 동진東晉으로 쳐들어왔을 때 사안謝安은 조카인 사현謝玄 등을 보내 격퇴하였다. 승전했다는 기별이 왔을 때 손님과 바둑을 두고 있었는데 승전했음을 알고도 아무런 내색도 없이 계속 바둑만 두었다. 바둑을 끝내고 내당으로 들다가 마음이 너무 기뻐서 문턱을 넘다가 나막신의 굽이 부러진 줄도 몰랐다.(≪진서·사안전≫ 참조)
14) 白足(백족) - ≪고승전(高僧傳)·석담시(釋曇始)≫에 "담시曇始의 발이 얼굴보다 희고, 비록 맨발로 흙탕물을 건너더라도 더러워지지 않아 세상 사람들은 모두 그를 백족화상白足和尙이라 불렀다."라고 되어 있다. 여기서는 중부의 고아함을 비유한다.
傲(오) - 뻐기다.
履襪(이말) - 버선을 신다.
15) 蕭然(소연) - 마음이 담박하고 한적한 모습.
忘干謁(망간알) - 권문세가를 찾아 출세하려는 생각을 잊다. 세속의 명리를 추구하지 않게 되었음을 말한다.
16) 演(연) - 자세히 설명하다. 연창演唱하다.
金偈(금게) - 게송. 불경 중 운율이 있는 송사頌辭.
17) 了(료) - 분명히.
18) 佳遊(가유) - 아름다운 노님. 고좌사에서 중부와 같이 노니는 것을 가리킨다.
19) 庶(서) - 바라다.

708. 登金陵鳳凰臺

금릉 봉황대에 오르다

鳳凰臺上鳳凰遊　　鳳去臺空江自流
吳宮花草埋幽徑¹　　晉代衣冠成古丘²
三山半落靑天外³　　一水中分白鷺洲⁴
總爲浮雲能蔽日⁵　　長安不見使人愁

봉황대 위에서 봉황이 노닐다가
봉황은 떠나고 누대는 비었는데 강만 절로 흐르네.
오나라 궁궐의 화초는 외딴 길에 묻혀버렸고
진나라 시절의 대신들은 오래된 무덤이 되어버렸네.
삼산은 푸른 하늘 바깥으로 만쯤 드리웠고
한 강줄기는 백로주를 사이에 두고 나뉘었네.
온통 뜬구름이 해를 가리고 있으니
장안이 보이지 않아 사람을 근심스럽게 하네.

【해제】

'금릉金陵'은 지금의 강소성 남경시이고 '봉황대鳳凰臺'는 금릉성 남서쪽 모퉁이에 있다. 전해지는 이야기에 따르면 남조시대 송나라 원가元嘉 16년(439)에 여기에 세 마리의 새가 날아들었는데, 오색찬란하고 모양이 공작과 같아서 당시 사람들은 이를 봉황이라고 여겼다. 그래서 이 산에 누대를 세우고는 봉황대라고 하였고 산은 봉황산이라고 불렀다. 이 시는 봉황대에 올라 느낀 감회를 쓴 것으로, 예전의 화려했던 모습이 사라지고 기운이 쇠잔해진 금릉을 보며 회한을 느끼고, 당시 혼란스런 정국을 안타까워하는 마음을 표현하였다. 대략 한림공봉을 사직하고 금릉을 노닐던 천보 6재(747) 즈음에 지은 것으로 보인다.

【주석】
1) 幽徑(유경) - 한갓진 길.
2) 衣冠(의관) - 관리를 가리킨다.
   成古丘(성고구) - 무덤이 되다.
   삼국시대 오나라의 손권孫權이 금릉에서 패권을 장악한 후에 오吳, 동진東晉, 송宋, 제齊, 양梁, 진陳의 여섯 왕조가 이곳을 수도로 삼았는데, 이상 두 구절은 이제는 제왕의 수도로서의 화려함과 명망이 사라졌음을 말한다.
3) 三山(삼산) - 금릉의 남서쪽 장강 동안에 있는데, 세 봉우리가 남북으로 연달아 있어서 삼산이라고 하였다.
4) 白鷺洲(백로주) - 금릉 수서문水西門 바깥에 진회하秦淮河가 장강으로 들어가는 곳에 있는 모래톱.
5) 總爲(총위) 구 - 당시 간신배들에 의해 천자가 제대로 정치를 하지 못하는 상황을 비유한 것으로 볼 수 있다.

709. 望廬山瀑布 二首 其一

여산 폭포를 바라보다 2수 제1수

西登香爐峰[1]　南見瀑布水
挂流三百丈[2]　噴壑數十里[3]
欻如飛電來[4]　隱若白虹起[5]
初驚河漢落[6]　半灑雲天裏[7]
仰觀勢轉雄[8]　壯哉造化功[9]
海風吹不斷　江月照還空[10]
空中亂潈射[11]　左右洗青壁
飛珠散輕霞　流沫沸穹石[12]
而我樂名山　對之心益閑
無論漱瓊液[13]　且得洗塵顏[14]
且諧宿所好[15]　永願辭人間

서쪽으로 향로봉에 오르니
남쪽으로 폭포수가 보이는데,
삼백장의 물길을 매달아
수십 리 골짜기로 내뿜네.
순식간에 번개가 치는 듯

아련하게 흰 햇무리가 이는 듯,
처음에는 은하수가 떨어져
그 반이 구름 하늘 속에서 뿌려진 것인가 놀랐네.
올려다보니 기세가 더욱 웅장한데
대단하구나, 조물주의 능력이.
바닷바람이 불어도 끊어지지 않다가
강가의 달이 비치면 또 없어진 듯하네.
공중에서 어지럽게 쏟아져 내려
좌우로 푸른 절벽을 씻으니,
휘날리는 구슬이 엷은 노을처럼 흩어지며
흐르는 물거품이 큰 바위를 스치네.
하지만 나는 명산을 좋아하니
이런 폭포를 마주하고는 마음이 더욱 한가롭네.
옥 같은 물에 양치질하는 것은 물론이고
먼지 묻은 얼굴도 씻을 수 있으며,
또 이전부터 좋아했던 삶과 맞으니
영원히 인간세상을 떠나기를 바라네.

【해제】
이 시의 제목이 〈폭포수(瀑布水)〉로 되어있으며 제2수가 없는 판본도 있다. '여산廬山'은 지금의 강서성 구강시九江市 근처에 있다. 이 시는 여산의 폭포를 바라보면서 그 경관과 감회를 적은 것이다. 대체로 개원 13년(725) 즈음에 지은 것으로 추정된다.
제1수는 폭포수가 떨어지는 광경을 힘찬 필치로 묘사한 후에 이곳의 정경을 좋아하여 인간세상을 떠나 이곳에 영원히 머물고 싶은 마음을 표현하였다.

[주석]

1) 香爐峰(향로봉) - 여산의 봉우리 이름. 정상부의 모양이 뾰족하면서 둥글고 그곳에는 늘 구름 기운이 솟아올라 박산향로博山香爐의 모습과 같다.
2) 挂流(괘류) - 물길을 매달다. 폭포수가 위에서 아래로 쏟아지는 것을 가리킨다.
3) 噴壑(분학) - 골짜기에 내뿜다.
4) 欻(훌) - 순식간에.
   飛電(비전) - 번개.
5) 白虹(백홍) - 해나 달 주위의 흰 빛 띠. 햇무리 또는 달무리.
6) 河漢(하한) - 은하수.
7) 半灑(반쇄) 구 - 폭포수가 하늘의 구름 속에서 뿌려지는 것처럼 높은 곳에서 떨어지는 것을 말한다.
   이상 네 구절의 '비전', '백홍', '하한'은 모두 폭포를 비유한다.
8) 轉雄(전웅) - 더욱 웅장하다.
9) 造化功(조화공) - 조화옹의 능력.
10) 海風(해풍) 두 구 - 바다에서 불어오는 거센 바람에도 폭포의 물줄기가 끊어지지 않다가 장강에서 뜬 달이 비치면 그 물줄기가 없어진 듯하나는 뜻이다.
11) 潨射(총사) - 쏟아져 내리다. 여러 물줄기가 모여 쏟아져 내리다. '총'은 빠르게 흐른다는 뜻이다. 작은 물줄기가 흘러 모이는 것을 뜻한다는 설도 있다.
12) 穹石(궁석) - 큰 바위.
    이상 두 구절은 폭포수가 떨어지면서 생기는 포말을 묘사하였다.
13) 漱(수) - 양치질하다. 정신을 맑게 하는 행위이다.
    瓊液(경액) - 신선이 마시는 옥액. 폭포수를 비유한다.
14) 洗塵顔(세진안) - 세속의 때를 씻는 것을 말한다.

15) 諧(해) - 어울리다. 부합하다.
宿(숙) - 오래되다.
이 구절은 이백이 오래도록 좋아하며 희구했던 신선다운 생활을 여기서 할 수 있게 되었다는 뜻이다.
이하 두 구절이 돈황잔권敦煌殘卷에는 "애 끊어지도록 이곳을 좋아해서 인간세계로 돌아갈 수 없다네.(愛此腸欲斷, 不能歸人間.)"으로 되어있다.

710. 望廬山瀑布 二首 其二
여산 폭포를 바라보다 2수 제2수

日照香爐生紫煙[1]　　遙看瀑布挂前川
飛流直下三千尺　　疑是銀河落九天[2]

해가 향로봉을 비추어 자줏빛 안개가 피어나는데
멀리서 폭포를 보니 앞쪽의 시내가 걸려있는 듯하네.
곧장 내리꽂히는 것이 삼천 척이니
은하수가 높은 하늘에서 떨어졌나 의심하네.

【해제】
제2수는 여산 폭포의 웅장한 모습을 과장법을 통해 기세 높게 표현하였다.

【주석】
1) 香爐(향로) - 여산의 한 봉우리인 향로봉.
2) 銀河(은하) - 은하수. 폭포를 비유한다.
   九天(구천) - 높은 하늘.

711. 登廬山五老峰

여산 오로봉에 오르다

廬山東南五老峰　　靑天削出金芙蓉[1]
九江秀色可攬結[2]　　吾將此地巢雲松[3]

여산 남동쪽의 오로봉은
푸른 하늘에 금빛 부용을 깎아낸 것이라네.
구강의 빼어난 경색을 모두 거머쥘 수 있으니
내가 장차 이곳에서 구름 위 소나무에 집을 짓고 살리라.

【해제】
'여산廬山'은 지금의 강서성 구강시九江市 근처에 있다. '오로봉五老峰'은 여산 고우령牯牛嶺 남동쪽에 있는데, 다섯 봉우리가 깎아지른 절벽에 하얗게 솟아나와 마치 노인이 쭉 늘어서 있는 것과 같다고 하여 이름 붙여졌다. 이 시는 오로봉에 올라서 쓴 것으로, 봉우리 모양을 금빛 연꽃에 비유하였고, 구강의 아름다운 모습을 굽어볼 수 있어 이곳에 은거하고자 하는 바람을 표현하였다. 개원 13년(725)에 지었다는 설이 있다.

【주석】
1) 削(삭) - 깎다.
　　金芙蓉(금부용) - 금빛 연꽃. 산봉우리의 모습을 비유한다.

2) 九江(구강) - 여산 북쪽에 장강의 아홉 개 지류가 있는데 이를 일러 구강이라 한다.
攬結(남결) - 거머쥐다.
3) 巢雲松(소운송) - 은거의 뜻을 표현한다.

712. 江上望皖公山

강가에서 환공산을 바라보다

奇峰出奇雲　　秀木含秀氣
淸晏皖公山¹　　巉絶稱人意²
獨遊滄江上　　終日淡無味
但愛玆嶺高　　何由討靈異³
黙然遙相許⁴　　欲往心莫遂
待吾還丹成⁵　　投跡歸此地⁶

기이한 봉우리가 기이한 구름에 솟아있고
빼어난 나무들이 빼어난 기운을 머금고 있어,
맑고 깨끗한 환공산은
높고 가팔라서 사람의 마음에 꼭 드네.
홀로 푸른 강가를 노니는데
종일토록 담담히 아무 재미가 없어서,
오직 이 높은 봉우리를 좋아하는데
어찌하면 신령한 정취를 찾을 수 있을까?
말없이 멀리서 좋다고 여기면서도
가고자 해도 뜻을 이루지 못했으니,
내가 단약을 만든 후에

발길을 부쳐 이곳에 귀의하리라.

【해제】

'환공산皖公山'은 환산皖山이라고도 하며 지금의 안휘성 잠산현潛山縣에 있다. 이 시는 강가를 노닐다가 멀리 환공산을 바라보며 느낀 감회를 쓴 것으로, 환공산의 빼어난 경관과 기세를 묘사한 후에 그곳에 은거하고자 하는 마음을 표현하였다. 지덕 2재(757)이나 그 이듬해 지었다는 설이 있지만 확실치 않다.

【주석】

1) 淸晏(청안) - 맑고 깨끗하다.
2) 巉絶(참절) - 높고 가파르다.
3) 討(토) - 찾다.
   靈異(영이) - 신령스럽다. 기이하다.
4) 黙然(묵연) - 조용히.
   相許(상허) - 훌륭하다고 인정하다. 가보려고 마음을 먹었음을 말한다.
5) 還丹(환단) - 도교에서 먹으면 장생불사한다는 단약.
6) 投跡(투적) - 발길을 부치다. 몸을 맡기다.

713. 望黃鶴山

황학산을 바라보다

東望黃鶴山	雄雄半空出[1]
四面生白雲	中峰倚紅日
巖巒行穹跨[2]	峰嶂亦冥密[3]
頗聞列仙人	於此學飛術[4]
一朝向蓬海[5]	千載空石室[6]
金竈生煙埃[7]	玉潭秘清謐[8]
地古遺草木	庭寒老芝朮[9]
蹇予羨攀躋[10]	因欲保閑逸
觀奇遍諸岳[11]	茲嶺不可匹
結心寄青松[12]	永悟客情畢[13]

동쪽으로 황학산을 바라보니
웅장하게 하늘로 솟아있는데,
사방으로 흰 구름이 생겨나고
가운데 봉우리는 붉은 태양에 기대어 있으며,
바위산이 하늘을 가로지르고
봉우리들도 빽빽하게 솟아있네.

누차 듣기로 여러 신선들이
여기서 신선술을 배웠다는데,
하루아침에 봉래산이 있는 동해로 향해
석실은 천년동안 비었네.
연단 아궁이에는 먼지만 나고
옥 연못은 청정한 기운을 감추었으며,
오래된 땅에는 초목만 남아있고
스산한 정원에는 지초와 차조가 늙어가네.
아아 내가 이곳에 오르기를 바라여
한가하고 표일한 흥취를 보존하려 한 것은,
기이함을 보며 여러 산을 돌아봤지만
이 봉우리에 필적할 만한 곳이 없어서였다네.
내 마음을 맺어 푸른 소나무에 맡기고
영원히 깨쳐서 떠돌이 신세를 마치리라.

【해제】

'황학산黃鶴山'은 황학기黃鶴磯, 황학산黃鵠山이라고도 하며 지금의 효북성 무한武漢에 있다. 이 시는 황학산에 와서 느낀 감회를 쓴 것으로, 앞부분에는 황학산의 험준한 산세를 묘사한 후에 많은 신선이 여기서 신선술을 익혔다고 하였으며, 뒷부분에는 예전 자취들을 보고는 자신도 이곳에 은거하면서 신선술을 익히겠다는 의지를 표현하였다. 상원 원년(760)에 지은 것으로 보인다.

【주석】

1) 雄雄(웅웅) - 웅장한 모습.
2) 巖巒(암만) - 바위산.

穹跨(궁과) - 하늘을 넘어 건너다.
3) 峰嶂(봉장) - 높은 산봉우리.
   冥密(명밀) - 빽빽해서 어둡게 보이는 것.
4) 飛術(비술) - 날 수 있는 도술. 신선술을 가리킨다.
5) 蓬海(봉해) - 신선들이 산다는 봉래산蓬萊山이 있는 동해.
6) 石室(석실) - 신선술을 연마하던 곳.
7) 金竈(금조) - 단약을 만드는 아궁이.
   煙埃(연애) - 먼지.
8) 玉潭(옥담) - 옥 같은 연못. 단약을 만드는 물이라고도 한다.
   秘(비) - 감추고 있다. 닫혀 있다.
   淸謐(청밀) - 고요하다. 청정淸淨하다.
9) 芝朮(지출) - 영지와 찰조. 이것을 오래 먹으면 신선이 될 수 있다고 한다.
   이상 네 구절은 이곳에서 신선술을 익히던 이들이 모두 신선이 되어 날아가고 그 쇠락한 흔적만 남아있는 모습을 묘사하였다.
10) 蹇(건) - 발어사.
    攀躋(반제) - 더위잡고 오르다.
11) 遍(편) - 두루 다니다.
12) 結心(결심) - 자신의 마음을 황학산에 맺는 것을 말한다.
13) 情(객정) - 나그네의 마음. 떠돌아다니는 신세임을 말한다.
    이상 두 구절은 이백이 자신의 마음을 이곳의 푸른 소나무에 기탁하여 영원히 이곳에 머물며 신선술을 익히기로 결심했다는 뜻이다.

714. 鸚鵡洲

앵무주

鸚鵡來過吳江水¹　江上洲傳鸚鵡名
鸚鵡西飛隴山去²　芳洲之樹何青青³
煙開蘭葉香風暖　岸夾桃花錦浪生⁴
遷客此時徒極目⁵　長洲孤月向誰明

앵무새가 오강을 건너와
강가 모래톱에 앵무라는 이름을 전하게 되었네.
앵무새는 서쪽 농산으로 날아갔지만
꽃 핀 모래톱의 나무들은 얼마나 푸른가?
안개 속에 난초잎이 펴있어 향기로운 바람은 따뜻하고
강둑 양쪽에 복숭아꽃도 펴서 수놓은 듯 물결이 생겨나네.
내쳐진 나그네가 지금 괜스레 멀리 바라보는데
긴 모래톱의 외로운 달은 누구를 향해 빛나는가?

【해제】

'앵무주鸚鵡洲'는 지금의 호북성 무한武漢의 장강 가에 있는 모래톱이다. 동한 때 강하태수江夏太守 황조黃祖의 큰 아들인 황역黃射이 빈객을 모으고 연회를 열었다. 어떤 이가 앵무새를 바치니 황역이 예형禰衡에게 앵무새에 관한 글을 지어달라고 요청하자, 일필휘지로 〈앵무부(鸚鵡賦)〉를 지었는데 문장이 매우 아름다웠다고 한다(≪문선≫의 〈앵무부 서문〉 참조). 이 일을 계기로 해서 이곳을 앵무주라고 부르게 되었다. 이 시는 앵무주에 와서 느낀 감회를 적은 것으로, 봄날 앵무주의 아름다운 경관을 묘사한 뒤에 떠돌아다니는 자신의 신세를 한탄하였다. 건원 3년(760)에 지은 것으로 보인다.

【주석】
1) 吳江(오강) - 무한시 일대의 장강. 이 지역이 삼국시대 오나라의 영토였기 때문에 이렇게 불렀다.
2) 隴山(농산) - 지금의 섬서성 농현隴縣에서 감숙성 평량平凉에 이르는 일대를 가리키며 앵무새의 산지라고 한다.
3) 芳洲(방주) - 꽃이 핀 모래톱. 앵무주에 난초와 복숭아꽃 등이 핀 것을 말한다.
4) 錦浪(금랑) - 수놓은 듯한 물결. 물에 복숭아꽃잎이 떠다니는 것을 가리킨다.
5) 遷客(천객) - 내쳐진 나그네. 조정으로부터 버림 받은 이백 자신을 가리킨다.
  極目(극목) - 눈 닿는 데까지 바라보다.

715. 九日登巴陵置酒, 望洞庭水軍

중양절 파릉에 올라 술을 차려놓고 동정호의 수군을 바라보다

九日天氣清　　登高無秋雲
造化闢川岳[1]　了然楚漢分[2]
長風鼓橫波[3]　合沓蹙龍文[4]
憶昔傳遊豫[5]　樓船壯橫汾[6]
今茲討鯨鯢[7]　旌旆何繽紛[8]
白羽落酒樽[9]　洞庭羅三軍[10]
黃花不掇手[11]　戰鼓遙相聞
劍舞轉頹陽[12]　當時日停曛[13]
酣歌激壯士　　可以摧妖氛[14]
握齱東籬下[15]　淵明不足群[16]

중양절 하늘이 맑아
높은 곳에 오르니 가을 구름이 한 점 없어서,
조화옹이 연 강과 산에
초산과 한수가 분명히 보이는데,
긴 바람이 거센 파도를 치니
파문이 겹쳐서 계속 밀려오네.

옛날 제왕이 유람하며 노닐 때
누선이 분하를 장엄하게 가로질렀다던데,
오늘 고래 같은 자들을 토벌하고자
깃발은 얼마나 어지러이 휘날리는지,
깃발의 흰 깃털이 술 단지에 떨어지고
동정호에 삼군이 늘어서 있네.
누런 꽃잎을 따지는 못하지만
군대의 북소리는 멀리서도 듣는데,
칼춤을 추어 떨어지는 해를 되돌리니
이때에 해는 저물지 못하네.
술에 취해 노래하여 장사들을 북돋워
가히 요사스런 기운을 제압할 것이니,
쩨쩨하게 동쪽 울타리 아래에 있던
도연명은 대오에 끼기에는 부족하리라.

【해제】

'구일九日'은 음력 구월 구일로 중양절重陽節이며 중국에서는 예로부터 이날 높은 곳에 올라 국화주를 마시는 풍습이 있었다. '파릉巴陵'은 지금의 호남성 악양시岳陽市이다. 제목 아래에 "당시 도적들이 화용현을 핍박했다.(時賊逼華容縣.)"라는 주석이 있는데, 화용현은 파릉의 서쪽이며, 도적은 당시 형주荊州와 양주襄州에서 반란을 꾀했던 장가연張嘉延과 강초원康楚元을 가리킨다. 이 시는 당시 반군을 제압하기 위해 출정하는 군대를 바라보며 지은 것으로, 군대의 당당한 위용을 칭송한 후에 자신의 높은 기상으로 이들을 북돋우고자 하는 바람을 표현하였다. 건원 2년(759)에 지은 것으로 보인다.

【주석】
1) 造化(조화) - 조화옹. 조물주.
   闢(벽) - 열다.
2) 了然(요연) - 분명한 모습.
   楚漢(초산) - 초 지역의 산과 한수漢水.
   이상 두 구절은 맑은 가을날 산수경계가 확실히 구분되어 보인다는 뜻이다.
3) 鼓(고) - 여기서는 파도가 치는 것을 가리킨다.
   橫波(횡파) - 제멋대로 요동치는 파도.
4) 合沓(합답) - 겹쳐진 모습.
   蹙(축) - 가까이 대들다.
   龍文(용문) - 파문波紋.
5) 遊豫(유예) - 옛날 천자가 지방의 상황을 점검하기 위해 순수巡狩하는 것이다.
6) 樓船(누선) - 규모가 큰 배. 전함을 가리키기도 한다.
   汾(분) - 지금의 산서성에서 발원하여 태원시太原市에서 황하로 들어가는 강.
   이 구절은 한나라 무제가 하동河東지역을 순수하다가 분수汾水에서 배를 띄우고 연회를 베푼 것을 가리킨다. 무제는 이때 〈가을바람(秋風辭)〉을 지었다.
7) 鯨鯢(경예) - 고래. 반군을 가리킨다.
8) 旌斾(정패) - 군대의 깃발.
   繽紛(빈분) - 어지러운 모습.
9) 白羽(백우) - 깃발의 윗부분을 장식한 흰 깃털.
10) 三軍(삼군) - 좌군, 우군, 중군을 가리키며, 일반적으로 군대를 뜻한다.
11) 黃花(황화) - 국화꽃. 중양절에는 국화를 따서 술에 띄워마셨다.
    掇(철) - 따다.

이 구절은 지금이 전시상황이라 국화주를 마실만한 여유가 없음을 말한다.
12) 頹陽(퇴양) - 지는 태양.
13) 曛(훈) - 석양. 태양이 지는 것을 말한다.
전국시대 초나라 노양을 다스리던 노양공魯陽公이 한韓나라와 원수가 되어 한참 싸우고 있는데, 날이 저물자 창을 잡고 휘두르니 태양이 별자리 세 개 만큼 되돌아가서 계속 전쟁을 할 수 있었다고 한다.(≪회남자(淮南子)·남명훈(覽冥訓)≫ 참조) 여기서는 이백의 기개로 전쟁의 의지를 고무시킨다는 뜻이다.
14) 妖氛(요분) - 요사스러운 기운. 반란군을 가리킨다.
15) 握齪(악착) - 기개가 작고 속이 좁은 것을 가리킨다.
16) 淵明(연명) - 도연명. 그의 〈음주(飮酒)〉 시에 "동쪽 울타리에서 국화를 따다가 한가롭게 남산을 보네.(採菊東籬下, 悠然見南山.)"라는 구절이 있다.
群(군) - 무리를 짓다. 함께 어울리다.
이상 두 구절은 도연명과 같이 자신의 일신만 도모했던 문인은 지금과 같은 전쟁 상황에서는 도움이 되지 않는다는 뜻이다.

716. 秋登巴陵望洞庭

가을에 파릉산에 올라 동정호를 바라보다

淸晨登巴陵　　周覽無不極[1]
明湖映天光　　徹底見秋色[2]
秋色何蒼然　　際海俱澄鮮[3]
山靑滅遠樹[4]　水綠無寒煙[5]
來帆出江中　　去鳥向日邊
風淸長沙浦[6]　霜空雲夢田[7]
瞻光惜頹髮[8]　閱水悲徂年[9]
北渚旣蕩漾[10]　東流自潺湲[11]
郢人唱白雪[12]　越女歌採蓮[13]
聽此更腸斷　　憑崖淚如泉

맑은 새벽 파릉산에 올라
끝까지 사방을 둘러보니,
맑은 호수에는 하늘빛이 비치고
바닥까지 가을빛이 보이네.
가을빛은 너무나 푸르고
물은 바다까지 모두 맑고 선명하며,

산이 푸르러 먼 나무가 보이지 않고
물이 푸르러 차가운 안개도 없네.
오는 배는 강 중간에서 나오는데
가는 새는 태양 주변을 향하고,
장사의 포구에는 바람이 맑으며
운몽의 사냥터에는 서리가 내리지 않았네.
경관을 보며 듬성해진 머리를 아쉬워하고
물을 보며 가는 세월을 슬퍼하노라니,
북쪽 물가에 이미 파도가 넘실거리고
동쪽으로 흐르는 물은 절로 흘러가네.
영 땅의 사람이 〈백설〉을 부르고
월 땅의 미녀가 〈채련곡〉을 부르는데,
이를 듣자니 더욱 애간장이 끊어져
절벽에 기대어 눈물을 샘같이 쏟아내네.

【해제】

'파릉巴陵'은 지금의 호남성 악양시岳陽市인데, 여기서는 그곳에 있는 파릉산을 가리키며 파구산巴丘山이라고도 한다. '동정洞庭'은 악양시 옆에 있는 큰 호수이다. 이 시는 가을에 파구산에 올라 동정호를 바라보며 느낀 감회를 쓴 것으로, 맑고 아름다운 동정호의 경관을 묘사한 후에 세월이 흘러 쇠퇴해진 자신을 안타까워하였다. 건원 2년(759)에 지은 것으로 보인다.

【주석】

1) 無不極(무불극) - 다하지 않는 것이 없다. 끝까지 다 본다는 뜻이다.
2) 徹底(철저) - 바닥까지 환하다. 물이 맑아 바닥까지 다 보인다는 뜻

이다.

3) 際海(제해) - 바다와 맞닿다.

澄鮮(징선) - 맑고 선명하다.

이 구절은 동정호가 바다에 잇닿아있는데 그 물이 모두 맑고 선명하다는 뜻이다.

4) 滅遠樹(멸원수) - 먼 곳의 나무가 사라지다. 숲이 푸르게 우거져서 먼 곳의 나무는 그 형체가 분명하게 보이지 않는다는 뜻이다.

5) 寒煙(한연) - 차가운 안개. 물안개를 가리킨다.

6) 長沙浦(장사포) - 장사로부터 동정호에 흘러 들어가는 상수湘水의 포구를 가리킨다. '장사'는 동정호 아래에 있다.

7) 霜(상) - '산山'으로 된 판본도 있다.

空(공) - 없다.

雲夢田(운몽전) - 운몽택雲夢澤의 사냥터. 운몽택은 동정호 주변의 늪지로 지금의 호남성 익양현益陽縣과 상음현湘陰縣의 북쪽, 호북성 강릉현江陵縣과 안륙현安陸縣의 남쪽, 무한시武漢市 서쪽 지역을 포괄한다.

8) 瞻光(첨광) - 경물을 보다.

頹髮(퇴발) - 성긴 머리칼.

9) 徂年(조년) - 흘러가는 세월.

10) 蕩漾(탕양) - 물결이 넘실거리는 모습.

11) 潺湲(잔원) - 물이 흘러가는 모습.

12) 郢人(영인) - 영 땅의 사람. '영'은 춘추시대 초나라의 수도였다.

白雪(백설) - 고아한 노래를 뜻한다. 어떤 나그네가 영 땅에서 노래를 불렀는데, 그가 처음에 〈하리(下里)〉와 〈파인(巴人)〉을 부르자 화창 하는 자가 수천 명이었고, 그가 〈양아(陽阿)〉와 〈해로(薤露)〉를 부르자 화창 하는 자가 수백 명이었는데, 그가 〈양춘(陽春)〉과 〈백설〉을 부르자 화창 하는 자가 수십 명뿐이어서, 노래의 수준이 높을수

록 화창 하는 자가 적었다고 한다.(송옥宋玉의 〈초왕의 물음에 답하
　　　다(對楚王問)〉 참조)
13) 採蓮(채련) - 남방 지역에서 여인들이 연밥을 따면서 부른 노래.

717. 與夏十二登岳陽樓

하씨와 함께 악양루에 오르다

樓觀岳陽盡¹　川逈洞庭開²
雁引愁心去³　山銜好月來
雲間連下榻⁴　天上接行杯⁵
醉後涼風起　吹人舞袖迴

누대에서 바라보니 악양이 다 보이고
강물은 아득히 흐르며 동정호는 탁 트였네.
기러기는 근심스런 마음을 끌고 떠나가며
산은 예쁜 달을 머금고 다가오는데,
구름 사이에 의자를 내려놓고 나란히 앉아
하늘 위에서 술잔을 주고받네.
취한 후에 시원한 바람이 일어나
춤추는 옷자락을 휘감고 부네.

【해제】
'하夏'씨에 대해서는 알려진 것이 없고 '십이十二'는 형제 중의 순서이다. '악양루岳陽樓'는 지금의 호북성 악양시에 있는 누대로 동정호를 조망할 수 있다. 이 시는 하씨와 함께 악양루에 올라 술을 마시면서 지은 것으로 악양루에서 보이는 경물들을 묘사한 뒤에 두 사람이 신선 같은 분위기에서 취해서 춤추는 모습을 표현하였다. 건원 2년(759)에 지은 것이라는 설이 있다.

【주석】
1) 岳陽盡(악양진) - 악양의 경치가 다 보인다는 뜻이다.
2) 逈(형) - 멀리.
3) 雁引(안인) 구 - 이곳에 올라보니 자신의 근심을 저 기러기가 가지고 가버리는 것 같다는 뜻이다.
4) 連(연) - 두 사람이 붙어서 앉다.
   下榻(하탑) - 의자를 내려놓다. 후한 때 진번陳蕃이 예장태수豫章太守로 있으면서 빈객을 맞지 않았는데, 다만 서치徐穉를 중히 여겨 그가 올 때면 특별히 의자를 마련해두었고, 그가 떠나면 다시 그 의자를 벽에 걸어놓고 다른 사람은 사용하지 않게 하였다.(≪후한서·서치전≫ 참조) 여기서는 이 고사를 활용하여 반가운 사람과 자리를 함께 함을 말한다.
5) 行杯(행배) - 잔을 돌리다.

718. 登巴陵開元寺西閣, 贈衡岳僧方外

파릉 개원사 서쪽 누각에 올라 형산의 방외 스님에게 주다

衡岳有闍士[1]　　五峰秀眞骨[2]
見君萬里心[3]　　海水照秋月[4]
大臣南溟去[5]　　問道皆請謁
灑以甘露言[6]　　淸涼潤肌髮
明湖落天鏡[7]　　香閣凌銀闕[8]
登眺餐惠風[9]　　新花期啓發[10]

형산에 스님이 있어
다섯 봉우리 같은 진골이 빼어나,
그대의 만리심을 보니
바닷물이 가을 달에 빛나는 것 같네.
큰 신하가 남쪽 바다로 갈 때
도를 묻고자 모두 뵙기를 청하니,
감로 같은 말을 뿌려
맑고 시원하게 피부와 머리칼을 적셨네.
맑은 호수는 하늘의 거울이 떨어진 듯하고
향기로운 누각은 신선의 대궐을 능가하는데,
올라와 바라보며 온화한 바람을 들이마시노라니

새 꽃이 피어날 것 같네.

【해제】

'파릉巴陵'은 지금의 호북성 악양시岳陽市이며, '개원사開元寺'는 절의 이름이다. ≪당회요(唐會要)≫에 의하면, 천수天授 원년(690)에 장안과 낙양 및 여러 주에 각각 대운사大雲寺를 두었는데 개원 26년(738)에 모두 개원사로 명칭을 바꾸었다고 한다. 이 시의 개원사는 그 중 파릉에 있었던 것이다. '형악衡岳'은 형산으로 지금의 호남성 형산현 서쪽에 있으며 '방외方外' 스님에 대해서는 알려진 것이 없다. 이 시는 개원사 누각에 올라 느낀 감회를 써서 방외 스님에게 준 것으로, 방외의 뛰어난 법력을 칭송한 뒤에 아름답고 신령스러운 이곳에서 자신도 깨우침을 얻기를 바라는 마음을 적었다. 건원 2년(759) 즈음에 지은 것이라는 설이 있다.

【주석】

1) 闍士(천사) - 승려를 말한다. '천闍'은 '개開'로 된 판본도 있다. '개사'는 보살菩薩의 별칭인데 후에 승려의 경칭으로 쓰였다.

2) 五峰(오봉) 구 - 혜가慧可 스님이 향산香山으로 돌아와서 참선한지 8년이 되자 어떤 신인神人이 나타나서 "장차 깨우침을 얻고자 하면서 왜 이곳에 머물러 있는가?"라고 하였는데, 그 다음날 머리가 찌르는 듯이 아파서 그의 스승이 치료하려고 할 때, 공중에서 "이는 뼈를 바꾸는 것이니 일반적인 통증이 아니다."라는 말이 들렸다. 그의 스승이 정수리를 살펴보니 다섯 봉우리 같은 것이 튀어나와 있었다. (≪전등록(傳燈錄)≫ 참조) 여기서는 스님이 깨우침을 얻은 모습을 표현하였다.

3) 萬里心(만리심) - 만 리 먼 곳까지 아우를 수 있는 마음. 스님의 법력을 표현하였다.

4) 海水(해수) 구 - 바닷물을 고루 맑게 비추는 가을 달에 스님의 법력

을 비유하였다.

5) 大臣(대신) - 큰 신하. 남방으로 폄적된 신하를 가리킨다. '대사大師'를 잘못 쓴 것이라는 설도 있는데, 이를 따르면 방외스님이 형악에 간 것을 말한다.

   南溟(남명) - 남쪽 바다. 남방을 가리킨다.

6) 甘露言(감로언) - 감로수와 같은 말.

7) 明湖(명호) - 여기서는 동정호를 가리킨다.

   天鏡(천경) - 투명한 호수를 비유한다.

8) 香閣(향각) - 개원사의 서쪽 누각을 가리킨다.

   銀闕(은궐) - 신선들이 산다는 금은대金銀臺.

9) 惠風(혜풍) - 온화한 바람. 만물을 소생시키는 바람.

10) 啓發(계발) - 꽃이 피어나다. 깨우치다.

    이 구절은 꽃이 피어나듯이 이백 자신이 고승의 가르침을 받아 깨우치기를 기대한다는 뜻이다.

719. 與賈至舍人於龍興寺剪落梧桐枝望洞湖

가지 사인과 함께 용흥사에서 오동나무 가지를 치고 옹호를 바라보다

翦落青梧枝¹　　澄湖坐可窺
雨洗秋山淨　　林光澹碧滋²
水閑明鏡轉³　　雲繞畫屏移⁴
千古風流事　　名賢共此時⁵

푸른 오동나무 가지를 치고 나니
옹호를 앉아서 바라볼 수 있네.
비가 가을 산을 씻어 깨끗하니
숲에는 은은한 푸른빛이 젖어있고,
물은 한가롭게 맑은 거울 속을 감돌며
구름은 그림 병풍을 휘감으며 떠가네.
천고의 풍류를 즐기는데
이름난 현인이 이 때를 함께 하네.

【해제】

'가지賈至'는 당대의 유명한 시인으로 일찍이 여주자사汝州刺史를 지내다가 악주사마岳州司馬로 폄적되었으며, '사인舍人'은 그가 지낸 중앙관직인 중서사인中書舍人이며 정오품正五品에 해당한다. '용흥사龍興寺'와 '옹호澄

湖는 지금의 호남성 악양시岳陽市에 있다. 이 시는 악양으로 폄적 온 가지와 함께 옹호를 바라보며 느낀 감회를 적은 것으로, 비 그친 후의 산과 호수의 경관을 표현한 뒤에 이러한 풍류를 가지와 함께 누리고 있음을 서술하였다. 건원 2년(759)에 지은 것으로 보인다.

【주석】
 1) 翦落(전락) - 가지치기하다.
 2) 澹碧(담벽) - 은은한 푸른 빛.
    滋(자) - 젖다. 많아지다로 풀이할 수도 있다.
 3) 明鏡(명경) - 맑은 거울. 옹호를 비유한다.
 4) 畫屛(화병) - 병풍. 눈앞에 보이는 경치를 비유한다.
 5) 名賢(명현) - 가지를 가리킨다.

720. 挂席江上待月有懷

배를 띄워 강위에서 달뜨기를 기다리다 감회가 생기다

待月月未出　江望江自流
倏忽城西郭¹　青天懸玉鉤²
素華雖可攬³　清景不同遊⁴
耿耿金波裏⁵　空瞻鳷鵲樓⁶

달뜨기를 기다리지만 달은 보이지 않고
강을 바라보니 강은 절로 흘러가는데,
갑자기 성 서쪽
푸른 하늘에 옥 고리가 걸렸네.
하얀 달빛을 비록 잡을 수는 있지만
맑은 경관을 함께 노닐 수 없어,
환한 금빛 물결 속에서
지작루만 괜스레 바라보네.

【해제】

'괘석挂席'은 돛을 펼쳐 배를 띄운다는 뜻이다. 이 시는 금릉金陵(지금의 강소성 남경시)에서 배를 띄우고 달을 기다리다 뜬 달을 보고 생각나는 사람이 있어서 지은 것이다. 천보 7재(748)에 지었다는 설이 있지만 확실치 않다.

【주석】

1) 倏忽(숙홀) - 갑자기.
   城西郭(성서곽) - 성의 서쪽 성곽. 초승달은 대개 저녁 때 서쪽에 보인다.
2) 玉鉤(옥구) - 주렴을 걷어 고정시키는 옥으로 만든 고리. 초승달을 가리킨다.
3) 素華(소화) - 흰 달빛을 말한다.
   攬(람) - 쥐다.
4) 淸景(청경) 구 - 아름다운 경관을 함께 즐기지 못하는 안타까움을 표현하였다.
5) 耿耿(경경) - 환한 모습.
   金波(금파) - 금빛 물결. 달빛이 비친 물결이다.
6) 鳷鵲樓(지작루) - 한나라 때 장안에 있던 누각. 금릉에도 같은 이름의 누각이 있다.
   이 구절은 금릉에 있었을 것으로 보이는 지인을 그리워하는 것이다. 또는 지작루가 장안을 가리키는 것으로 보아 이백이 조정에 있을 때 함께 어울렸던 동료를 그리워하는 심사를 표현한 것으로 볼 수도 있다.

721. 金陵望漢江

금릉에서 한강을 바라보다

漢江廻萬里　　派作九龍盤[1]
橫潰豁中國[2]　崔嵬飛迅湍[3]
六帝淪亡後[4]　三吳不足觀[5]
我君混區宇[6]　垂拱衆流安[7]
今日任公子[8]　滄浪罷釣竿[9]

한강은 만 리를 굽이돌면서
그 물길이 아홉 용으로 나뉘었고,
물길이 터져 나라를 나누며
산더미 같이 빠른 물살로 날아 흐르네.
여섯 나라가 몰락한 후에
삼오 지역은 볼만한 게 없는데,
우리 임금님이 나라를 통일하시고
무위지치로 여러 물길을 편안히 하셨으니,
오늘날의 임 공자는
푸른 물에서 낚시질을 그만두었네.

【해제】

'금릉金陵'은 지금의 강소성 남경시이며 '한강漢江'은 장강의 지류인데 여기서는 장강을 포괄적으로 가리킨다. 이 시는 금릉에서 한강을 바라보며 느낀 감회를 적은 것으로, 혼란스러웠던 시국이 평정되어서 자신이 할 일이 없음을 말하였다. 개원 13년(725)에 지었다는 설과 천보 15재(756)와 지덕 2재(757) 사이에 지었다는 설이 있지만 확실치 않다.

【주석】

1) 派(파) - 강의 지류
   九龍盤(구룡반) - 아홉 마리 용이 똬리 틀다. 장강의 지류가 아홉으로 나뉜 것을 말한다.
2) 橫潰(횡궤) - 제방이 터져 범람하다. 물이 험악하게 흐르는 모습이다.
3) 崔嵬(최외) - 높이 우뚝 솟은 모습. 큰 파도의 모습이다.
   迅湍(신단) - 빠르고 세찬 물살.
   이상 두 구절을 남조시대 혼란한 상황을 비유한 것으로 보는 견해도 있다.
4) 六帝(육제) - 금릉에 도읍을 정했던 여섯 왕조. 동오東吳, 동진東晉, 송宋, 제齊, 양梁, 진陳.
   淪亡(윤망) - 몰락하다.
5) 三吳(삼오) - 오나라가 이후 오흥吳興, 오군吳郡, 회계會稽로 나누어졌는데, 이를 아우르는 것으로 여기서는 금릉 일대의 남방 지역을 가리킨다.
6) 混(혼) - 통일하다.
   區宇(구우) - 천하.
7) 垂拱(수공) - 옷깃을 늘어뜨리고 손을 마주 잡다. 직접 아무런 일도 하지 않지만 나라가 잘 다스려지는 것을 가리킨다. ≪서경·무성(武成)≫에서 "옷깃을 늘어뜨리고 손을 마주 잡고 있어도 천하가 잘 다

스려졌다."라고 하였다.
8) 任公子(임공자) - 임국任國의 공자. ≪장자·외물(外物)≫에 나오는 전설상의 인물로 황소를 미끼로 하여 아주 큰 물고기를 낚았다고 한다. 여기서는 이백 자신을 비유한다.
9) 釣竿(조간) - 낚시질을 하다.
이상 두 구절은 지금 태평성세가 되었으니 큰 인물을 필요로 하지 않는다는 뜻이다. 천하가 안정되어 다시는 정벌할 일이 없음을 송찬하는 것으로 풀이하기도 하고, 이백이 뜻을 펼 수 없는 것을 아쉬워하는 것으로 풀이하기도 한다.

722. 秋登宣城謝朓北樓

가을에 선성 사조의 북루에 오르다

江城如畵裏[1]　山曉望晴空[2]
兩水夾明鏡[3]　雙橋落彩虹[4]
人煙寒橘柚[5]　秋色老梧桐
誰念北樓上　臨風懷謝公[6]

강가의 성은 마치 그림 속에 있는 듯하니
새벽 산 속에서 맑은 하늘을 바라보네.
두 강은 맑은 거울처럼 성을 끼고 흐르고
두 다리는 찬란한 무지개처럼 드리웠네.
인가의 연기 속에서 귤나무와 유자나무는 차갑고
가을빛 속에서 오동나무는 늙어가네.
누가 생각하겠는가, 북루 위에서
바람 맞으며 사조를 그리워하는 나를.

【해제】

'선성宣城'은 지금의 안휘성 선성현이고 '사조謝朓'는 남조南朝 제齊나라의 유명한 시인으로 일찍이 선성태수宣城太守를 역임했다. '북루北樓'는 선성 북쪽에 있는 고재高齋로서 사조가 지었다. 이 시는 가을에 선성의 고재에 올라 그곳에서 본 경물을 묘사하면서 사조를 그리워하는 마음을 적었다. 천보 12재(753) 혹은 그 이듬해에 지었다는 설이 있다.

【주석】

1) 江城(강성) - 강가의 성. 선성은 청양강靑陽江 옆에 있다.
2) 曉(효) - '만晩'으로 된 판본도 있다.
3) 兩水(양수) - 선성 주위를 흐르는 완계宛溪와 구계句溪를 가리킨다.
   明鏡(명경) - 완계와 구계의 물이 맑음을 비유한다. 선성 부근에 있는 호수를 비유한 것으로 보는 설도 있다.
   이 구절은 맑은 두 강의 물길이 선성을 끼고 흐른다는 뜻이다.
4) 雙橋(쌍교) - 완계에 있는 봉황교鳳凰橋과 제천교濟川橋.
   彩虹(채홍) - 무지개. 두 다리의 모양을 비유한다.
5) 人煙(인연) - 인가의 연기.
6) 誰念(수념) 두 구 - "누가 북루에서 생각하는가? 바람 맞으며 사조를 그리워하네"라고 해석할 수도 있다.

723. 望天門山

천문산을 바라보다

天門中斷楚江開[1]　碧水東流至此廻[2]
兩岸靑山相對出　孤帆一片日邊來[3]

천문산이 중간에 끊어진 것은 초강이 열었기 때문이니
푸른 물이 동쪽으로 흐르다가 이곳에서 돌아나가네.
강 양쪽의 푸른 산이 마주보고 솟아 있는데
외로운 배 한 척이 태양 가에서 오네.

【해제】
'천문산天門山'은 지금의 안휘성 당도當塗에 있다. 당도 남서쪽 장강의 양쪽 강안에 동량산東梁山과 서량산西梁山이 마주하고 있는데 그 모양이 천문 같아서 이렇게 이름 붙였다. 이 시는 강을 타고 오다가 천문산을 보면서 지은 것으로, 강 양쪽으로 우뚝 서 있고 강물이 굽이쳐 흐르는 것을 묘사하였다. 개원 13년(725)에 지은 것이라는 설이 있지만 확실치 않다.

【주석】
1) 中斷(중단) - 중간이 갈라지다.
　 楚江(초강) - 지금의 안휘성이 옛날에 초 땅이었으므로 이곳의 장강을 이렇게 불렀다.

2) 至此(지차) - '직북直北'으로 된 판본도 있다.
3) 日邊(일변) - 태양 가. 먼 곳을 표현한다. 장안을 상징하는 것으로 보는 견해도 있다.

724. 望木瓜山

모과산을 바라보다

早起見日出　　暮見棲鳥還
客心自酸楚[1]　況對木瓜山[2]

일찍 일어나서는 해 뜨는 것을 보고
저녁에는 새가 돌아와서 깃들이는 것을 보노라니,
나그네의 마음이 절로 애달파지는데
하물며 모과산을 대하고 있음에랴.

【해제】
'모과산木瓜山'은 지금의 안휘성 청양현靑陽縣에 있는 산이다. 이 시는 모과산을 바라보며 느낀 감회를 적었는데, 객지를 떠돌면서 고향을 그리워하는 마음을 표현하였다.

【주석】
1) 酸楚(산초) - 애달프고 쓰라리다.
2) 況對(황대) 구 - 모과 열매가 원래 신맛을 가지고 있기 때문에 쓰라린 감정을 더욱 가중시킨다는 뜻이다.

725. 登敬亭北二小山, 余時客逢崔侍御, 並登此地

경정산 북쪽 이소산을 올랐는데,
나는 당시 나그네 신세로 최성보 시어를 만나 함께 이곳을 올랐다

送客謝亭北[1] 逢君縱酒還[2]
屈盤戱白馬[3] 大笑上靑山
迴鞭指長安[4] 西日落秦關[5]
帝鄕三千里[6] 杳在碧雲間

사공정 북쪽에서 손님을 보내고는
그대를 만나 마음껏 술 마시고 돌아오다가,
구불구불 산길을 백마 타고 희롱하며
크게 웃으며 푸른 산을 올랐네.
채찍을 돌려 장안을 가리키니
서쪽 해가 진나라 관문으로 떨어지는데,
황제의 도읍은 삼천리나 떨어져 있어
아득하니 푸른 구름 사이에 있네.

【해제】

왕기王琦는 제목의 '時'와 '客' 사이에 '송送'자가 빠진 듯하다고 하였다. 이를 따를 경우 "나는 당시 객을 보내다가 최시어를 만나 함께 이곳에 올랐다"는 뜻이 된다. '경정敬亭'산과 '이소산二小山'은 지금의 안휘성 선성현宣城縣에 있다. "시어侍御"는 어사대의 관직명이고 '최崔'씨는 이백의 친구인 최성보崔成甫로 일찍이 감찰어사監察御使를 지냈다. 이 시는 손님을 보내고 마침 최성보와 만나서 같이 이소산을 오른 것을 쓴 것이다. 앞부분에서는 두 사람이 만나 즐겁게 산을 오르는 과정을 표현하였으며, 뒷부분에서는 정상에 올라 지는 해를 보며 장안을 그리워하는 마음을 드러내었다. 이를 통해 관직을 잃고 떠도는 처량한 신세를 표현하였다.

【주석】

1) 謝亭(사정) - 선성 북쪽에 있는 사공정謝公亭. 제나라 때 태수를 지낸 사조謝朓가 지었으며 그가 영릉零陵으로 가는 범운范雲을 전송한 곳이다.
2) 縱酒(종주) - 술을 마음껏 마시다.
3) 屈盤(굴반) - 구불구불하다. 여기서는 구불구불한 산길을 가는 것을 의미한다.
4) 迴鞭(회편) - 채찍을 돌리다.
5) 秦關(진관) - 진 땅의 관문으로 주로 함곡관函谷關을 가리킨다. 여기서는 장안을 의미한다.
6) 帝鄕(제향) - 황제가 사는 곳. 장안을 가리킨다.

726. 過崔八丈水亭

최씨 어른의 물가 정자를 들르다

高閣橫秀氣¹　清幽併在君²
檐飛宛溪水³　窓落敬亭雲⁴
猿嘯風中斷　漁歌月裏聞
閑隨白鷗去　沙上自爲群⁵

높은 누각에 빼어난 기운이 충일하니
맑고 그윽한 정취가 모두 그대에게 있어,
처마에는 완계의 물이 날아 흐르고
창에는 경정산의 구름이 떨어지네요.
원숭이 울음소리는 바람 속에 끊어지고
어부의 노래는 달빛 속에 들리니,
한가롭게 흰 갈매기를 따라 떠나면
모래사장에서 절로 무리가 되겠네요.

【해제】

'최崔'씨에 대해서는 알려진 것이 없으며 '팔八'은 형제 중의 순서이고, '장丈'은 이백보다 연배가 높은 어른임을 뜻한다. 이 시는 최씨의 정자에 들러서 느낀 감정을 쓴 것으로, 고아한 풍치와 한갓진 경물을 묘사하고는 아무런 기심도 없이 사는 그를 칭송하였다. 천보 말년 선성宣城에 있을 때 지은 것으로 추정된다.

【주석】
1) 高閣(고각) - 높은 누각. 최씨의 정자를 가리킨다.
   橫(횡) - 충만하다.
2) 並(병) - 모두.
3) 檐(첨) - 처마.
   宛溪(완계) - 지금의 안휘성 선성현에 있다.
   이 구절은 정자에서 완계의 물이 흐르는 것을 보니 마치 정자의 처마 쪽에서 날아 흐르는 것 같다는 뜻이다.
4) 敬亭(경정) - 지금의 안휘성 선성현에 있는 산의 이름.
   이 구절은 창을 통해 경정산의 구름이 보인다는 뜻이다.
5) 閑隨(한수) 두 구 - 옛날에 바닷가에 사는 어떤 사람이 갈매기를 좋아하여 매일아침만 되면 바닷가에서 갈매기와 놀았는데, 날아오는 갈매기가 백 마리도 넘었다. 그 사람의 아버지가 갈매기와 놀고 싶으니 잡아오라고 하자, 갈매기들은 날아다니기만 할 뿐 내려오지 않았다.(≪열자(列子)≫ 참조) 갈매기와 함께 무리를 짓고 노닌다는 것은 기심을 버렸다는 것으로, 최씨의 정자에서 그러한 마음을 느낄 수 있다는 뜻이다.

727. 登廣武古戰場懷古

광무산의 옛 전쟁터에 올라 옛일을 회상하다

秦鹿奔野草¹　　逐之若飛蓬²
項王氣蓋世³　　紫電明雙瞳⁴
呼吸八千人⁵　　橫行起江東⁶
赤精斬白帝⁷　　叱咤入關中⁸
兩龍不並躍⁹　　五緯與天同¹⁰
楚滅無英圖¹¹　　漢興有成功
按劍清八極¹²　　歸酣歌大風¹³
伊昔臨廣武¹⁴　　連兵決雌雄¹⁵
分我一杯羹　　太皇乃汝翁¹⁶
戰爭有古蹟　　壁壘頹層穹¹⁷
猛虎嘯洞壑　　飢鷹鳴秋空¹⁸
翔雲列曉陣¹⁹　　殺氣赫長虹²⁰
撥亂屬豪聖²¹　　俗儒安可通²²
沈湎呼豎子²³　　狂言非至公²⁴
撫掌黃河曲²⁵　　嗤嗤阮嗣宗²⁶

진나라의 사슴이 들판을 내달리니
그것을 쫓는 것이 쑥대 날리는 듯하였네.
항우의 기개는 세상을 덮었고
자줏빛 번개가 쌍눈동자에 빛났으니,
팔천 명의 군사를 이끌어
강동에서 일어나 거칠 것 없었고,
붉은 정기의 유방은 백제白帝의 아들을 베고서
거센 기세로 관중으로 들어갔다네.
두 마리 용은 나란히 날아오를 수 없고
다섯 별이 하늘과 함께 하니,
초나라는 멸망하여 큰 계획이 없어졌고
한나라는 흥성하여 공을 이루어,
검을 들고 세상 끝까지 맑게 하고
돌아가 〈대풍가〉를 한껏 불렀다네.
예전에 광무산에 임하여
병사들이 맞붙어 자웅을 겨루었는데,
당시 고조 유방은 "내게도 국 한 그릇 나눠주시게,
우리 아버지는 역시 자네의 아버지이기도 하네."라고 하였네.
전쟁은 옛 자취를 남겼으니
성벽과 보루는 높은 하늘아래에 무너져있고,
사나운 호랑이가 골짜기에서 으르렁거리고
굶주린 매가 가을 하늘에서 울며,
솟아오른 구름은 새벽 진영을 이루었고
살기등등한 기세는 긴 무지개에 치열하네.
난리를 평정하는 것은 큰 성인이 할 일이니

속세의 유생이 어찌 이해할 수 있으리오.
완적은 흠뻑 취해서 유방과 항우를 어린 아이라 하였는데
미친 말이라 공정한 것이 아니어서,
내가 황화 물굽이에서 박수치며 비웃나니
쯧쯧, 완적아.

【해제】

'광무廣武'는 지금의 하남성 형양현滎陽縣에 있는 산 이름이고, '고전장古戰場'은 한나라 유방劉邦과 초나라 항우項羽가 싸운 곳을 가리킨다. 이 시는 광무산의 옛 전쟁터에 와서 느낀 감회를 적은 것으로, 옛날 유방과 항우가 이곳에서 싸운 것을 회상하고는 유방을 찬양하면서 자신의 장쾌한 기개를 드러내었다. 대체로 개원 19년(731)에 쓴 것으로 추정된다.

【주석】

1) 秦鹿(진록) - 진나라의 사슴. 황제의 지위를 비유한다. ≪사기·회음후열전(淮陰侯列傳)≫에서 "진나라가 사슴을 잃어버리자 천하가 모두 그것을 쫓았는데, 재주가 높고 발 빠른 자가 먼저 얻게 된다."라고 하였다.
2) 飛蓬(비봉) - 날리는 쑥대. 매우 어지러운 상황을 비유한다.
3) 項王(항왕) - 초나라의 왕인 항우.
   氣蓋世(기개세) - 기운이 세상을 뒤덮다. ≪사기·항우본기(項羽本紀)≫에 따르면 항우가 해하垓下에서 노래하면서 "힘은 산을 뽑을 만하고 기운은 세상을 뒤덮네.(力拔山兮氣蓋世.)"라고 하였다고 한다.
4) 紫電(자전) - 자줏빛 번개. 눈에서 나는 빛을 비유한다.
   雙瞳(쌍동) - 눈에 눈동자가 두개 있는 것으로, 항우의 남다른 외모를 말한다.

5) 呼吸(호흡) - 불러 모으다. 이끌다.
6) 橫行(횡행) - 제멋대로 다니다. 거칠 것 없이 다니다.
   江東(강동) - 여기서는 항양項梁과 항우가 본거지로 삼아 군사를 일으켰던 지역으로 항양은 당시 회계태수會稽太守였다.
7) 赤精(적정) - 붉은 색의 정기. 붉은 용의 정기를 받고 태어났다고 하는 유방을 가리킨다.
   斬白帝(참백제) - 백제를 죽이다. 여기서는 백제의 아들을 죽이다는 뜻이다. 유방이 술을 마시고 밤에 길을 가는데, 뱀이 길을 가로 막기에 베어버렸다. 뒤에 어떤 이가 그곳에 가보니 어떤 여인이 울면서 말하기를 자기 아들은 백제의 아들인데 적제赤帝에게 참살되었다고 하였다.(≪사기·고조본기(高祖本紀)≫ 참조)
8) 叱吒(질타) - 크게 소리를 지르다. 기세가 거센 모습.
   關中(관중) - 여기서는 함곡관函谷關 서쪽 장안 일대를 가리킨다.
9) 兩龍(양룡) - 유방과 항우를 비유한다.
   並躍(병약) - 함께 뛰어오르다.
10) 五緯(오위) - 금성, 목성, 수성, 화성, 토성의 다섯 별을 가리키며, 옛날 사람들은 이 다섯 별이 모이면 제왕이 천명을 받을 징조라고 생각하였다. 장형張衡의 〈서경부(西京賦)〉에서 "고조가 처음 서경에 들 때 다섯 별이 어우러져 진 땅에 해당하는 동정東井 별자리에 머물렀네."라고 하였다.
    與天同(여천동) - 하늘의 뜻에 호응함을 말한다.
11) 英圖(영도) - 빼어난 계책. 웅도雄圖.
12) 按劍(안검) - 칼을 어루만지다. ≪사기·고조본기≫에 따르면, 유방이 "나는 포의의 신분으로 삼척三尺의 검을 들고 천하를 취하였다."라고 하였다.
    八極(팔극) - 세상의 끝.
13) 大風(대풍) - 한나라 유방이 고향인 패沛 땅으로 돌아와서는 친구들

의 부모형제를 초청해 연회를 베풀었는데, 술이 얼큰해지자 스스로 "큰 바람 일어 구름 날아오르네. 위엄을 세상에 더해놓고서 고향으로 돌아왔다네. 어찌하면 용사를 얻어 사방을 지킬 수 있을까?(大風起兮雲飛揚, 威加海內兮歸故鄕, 安得猛士兮守四方.)"라고 노래하였다.(≪사기·고조본기≫ 참조)

14) 伊昔(이석) - 옛날에.
15) 連兵(연병) - 병사들이 맞붙다.
    決雌雄(결자웅) - 자웅을 가리다.
16) 分我(분아) 두 구 - 이는 유방과 항우가 광무산에서 대치하고 있을 때 유방이 한 말이다. 두 군대가 수개월동안 대치하자 항우가 이를 걱정하여 자기가 붙잡고 있던 유방의 아버지를 큰 도마 위에 올려놓고서 유방에게 말하기를 "지금 당장 내려오지 않으면, 너희 아버지를 삶아 죽이겠다."라고 하였다. 유방이 이를 듣고 말하기를 "나와 항우는 모두 북면하여 회왕懷王에게 명을 받으면서 형제가 되기로 약속했으니, 내 아버지는 너의 아버지이기도 하다. 정녕 네 아버지를 삶으려고 한다면 그 국 한 사발을 내게 나눠주기 바란다."라고 하였다. 항우가 이에 분노하여 유방의 아버지를 죽이려 하니, 항백項伯이 "천하의 일을 아직 알 수 없으며, 또한 천하를 도모하려는 자는 집안사람을 돌보지 않는 법이니, 비록 그의 아버지를 죽인다고 해도 이득이 되지 않을 뿐만 아니라 단지 화만 더할 뿐입니다."라고 하였다.(≪사기·항우본기≫ 참조)
    羹(갱) - 국.
    太皇(태황) - 한나라 고조인 유방의 아버지를 가리킨다.
17) 壁壘(벽루) - 성벽과 보루.
    頹(퇴) - 무너지다.
    層穹(층궁) - 높은 하늘.
18) 飢鷹(기응) - 굶주린 매.

19) 翔雲(상운) - 높이 솟아오른 구름.
曉陣(효진) - 새벽의 진영.
이 구절은 옛날 진영에 구름이 높이 솟아 있음을 표현하였다.
20) 赫(혁) - 치열하다. 성하다.
이 구절은 예전의 살기를 지금의 무지개에서 느낄 수 있음을 표현하였다.
21) 撥亂(발란) - 난리를 없애다. 천하를 평정하다.
豪聖(호성) - 큰 성인. 여기서는 유방을 가리킨다.
22) 俗儒(속유) - 비속한 선비. 여기서는 완적阮籍을 가리킨다.
可通(가통) - 이해할 수 있다.
23) 沈湎(침면) - 술에 흠뻑 빠지다.
豎子(수자) - 어린 아이.
완적이 일찍이 광무산에 올라서 초한의 전쟁터를 보고는 탄식하며 "당시에 영웅이 없어서 어린 아이가 명성을 이루었구나."고 하였다. (≪진서·완적전≫ 참조)
24) 狂言(광언) - 망언. 위에서 완적이 한 말을 가리킨다.
至公(지공) - 지극히 공정한 것.
25) 撫掌(무장) - 손바닥을 치다. 박장대소한다는 뜻이다.
黃河曲(황하곡) - 황하의 물굽이, 황하의 물가.
26) 嗤嗤(치치) - 비웃는 소리이다. '치치蚩蚩'와 통해 어리석은 모습으로 볼 수도 있다.
阮嗣宗(완사종) - 완적. '사종'은 그의 자이다.

9
행역 行役

728. 安州應城玉女湯作

안주 응성 옥녀탕에서 짓다

神女歿幽境[1]　　湯池流大川
陰陽結炎炭[2]　　造化開靈泉[3]
地底爍朱火[4]　　沙旁歇素煙[5]
沸珠躍明月[6]　　皎鏡涵空天[7]
氣浮蘭芳滿[8]　　色漲桃花然[9]
精覽萬殊入[10]　　潛行七澤連[11]
愈疾功莫尚[12]　　變盈道乃全[13]
濯纓掬清泚[14]　　晞髮弄潺湲[15]
散下楚王國[16]　　分澆宋玉田[17]
可以奉巡幸[18]　　奈何隔窮偏[19]
獨隨朝宗水[20]　　赴海輸微涓[21]

신녀가 그윽한 곳에서 죽자
온천물이 흘러 큰 내가 되었으니,
음양의 기운이 뜨거운 석탄을 만들어
조화옹이 신령스런 샘을 연 것이라네.
땅 아래에서 붉은 불이 타고

모래 옆에서 하얀 수증기가 피어오르는데,
끓는 물방울이 밝은 달 아래 튀어 오르고
밝은 거울 같은 수면에 넓은 하늘이 젖어들며,
떠다니는 증기에 난초 향기가 가득하고
넘치는 물빛에는 복숭아꽃이 불타는 듯하네.
자세히 살펴보니 만물이 들어있고
땅속으로 흘러 일곱 연못과 이어졌는데,
병을 치유하는 공로는 비할 바가 없고
차면 변하는 도리를 온전히 실현했네.
갓끈 씻으며 맑고 깨끗한 물을 만지고
머리 말리며 졸졸 흐르는 물을 장난치네.
초 땅 아래로 흩어져
송옥의 밭으로 나뉘어 흐르니,
황제의 순행을 받들 수 있을 터인데
어찌하여 편벽한 곳에 떨어져 있어서,
홀로 조회하는 물을 따라
바다를 향해 하찮은 물을 보내고 있는가?

【해제】

'안주安州 응성應城'은 지금의 호북성 응성이다. '옥녀탕玉女湯'은 옥녀천玉女泉이라고도 하는데 응성 서쪽에 있는 온천으로, 옥녀가 연단煉丹하던 곳이라는 전설이 있다. 이 시는 옥수탕을 보고 느낀 생각을 쓴 것으로, 앞부분에서는 옥수탕의 신령스러운 모습을 묘사하였고, 뒷부분에서는 뛰어난 효력과 고아한 흥취에도 불구하고 황제의 인정을 받지 못하고 궁벽한 곳에서 그냥 흘러가고만 있는 것을 안타까워하였다. 이러한 표현을 통해 재능이 있지만 펼치지 못하는 자신의 신세를 기탁하였다. 개원 18년(730) 안륙安陸에 머물 때 지은 것이라는 설이 있다.

【주석】
1) 神女(신녀) - 옥녀를 가리킨다.
殁(몰) - 죽다.
幽境(유경) - 그윽한 곳. 옥녀탕이 있는 곳을 가리킨다.
신녀가 옥녀탕에서 죽었다는 이야기는 어디서 근거했는지 알 수 없다. ≪형주기(荊州記)≫에 의하면, 지금의 호남성 신양현新陽縣에 있는 온천이 옥녀가 수레를 타고 스스로 뛰어든 곳이라는 전설이 있는데, 그 전설을 차용한 것일 수 있다.
2) 炎炭(염탄) - 석탄의 화염. 온천을 데우는 화력의 원천을 가리킨다.
3) 造化(조화) - 조화옹. 조물주. 가의賈誼의 〈복조부(鵩鳥賦)〉에서 "천지는 큰 화로이고 조물주는 대장장이이며 음양은 석탄이고 만물은 구리라네.(天地爲鑪兮造化爲工, 陰陽爲炭兮萬物爲銅.)"라고 하였다.
4) 爍(삭) - 불꽃이 빛나다. 태우다.
朱火(주화) - 붉은 불빛. 온천 바닥의 열기를 가리킨다.
5) 歊(효) - 연기가 피어오르는 모습.
素煙(소연) - 흰 수증기.
6) 沸珠(비주) - 끓어오르는 구슬. 온천이 끓으면서 튀는 물방울을 비유하였다.
7) 皎鏡(교경) - 밝은 거울. 온천의 맑은 수면을 비유하였다.
涵(함) - 젖어들다.
8) 氣浮(기부) - 떠다니는 수증기.
9) 色漲(색창) - 빛이 넘치다.
然(연) - '연燃'과 통하여 태우다는 뜻이다.
10) 精覽(정람) - 자세히 들여다 보다.

萬殊(만수) - 만물. 특히 위에서 언급한 '炎炭', '朱火', '素煙', '沸珠', '皎鏡', '蘭芳', '桃花'를 가리킨다.

11) 潛行(잠행) - 땅 아래로 흐르다.

七澤(칠택) - 사마상여司馬相如의 〈자허부(子虛賦)〉에 따르면 초 땅에 못이 일곱 개가 있었다고 한다.

12) 愈疾(유질) - 병을 치유하다.

尙(상) - '上上'과 통하여 더 좋다는 뜻이다.

13) 變盈(변영) - 가득 차면 변한다. 자연의 이치를 가리킨다.

全(전) - 완전해지다.

이 구절은 지도地道를 온전히 했다는 뜻이다. 《주역·겸(謙)》의 단사彖辭에 "땅의 도는 가득 찬 것을 변하게 하고 겸손한 데로 흐른다.(地道, 變盈而流謙.)"라고 되어있다.

14) 濯纓(탁영) 구 - 왕기본王琦本에는 '濯濯氣淸泚'라고 되어있는데 다른 판본의 내용으로 수정하였다.

濯纓(탁영) - 갓끈을 씻다. 초사楚辭 〈어부(漁夫)〉에서 어부가 "창랑의 물이 맑으면 내 갓끈을 씻을 수 있고, 창랑의 물이 탁하면 내 발을 씻을 수 있다.(滄浪之水淸兮, 可以濯吾纓, 滄浪之水濁兮, 可以濯吾足.)"라고 노래했다.

掬(국) - 움켜쥐다.

淸泚(청차) - 물이 맑은 모습.

15) 晞髮(희발) - 머리칼을 말리다. 《초사·구가(九歌)·소사명(少司命)》에서 "그대와 함께 함지에서 머리를 감고 햇볕이 드는 언덕에서 그대의 머리칼을 말리네.(與女沐兮咸池, 晞女髮兮陽之阿.)"라고 했는데, 고결하고 탈속하는 행위를 가리킨다.

潺湲(잔원) - 물이 졸졸 흐르는 모습.

16) 楚王國(초왕국) - 옥녀탕이 있는 안주는 옛날 초나라 지역이었다.

17) 澆(요) - 물을 대다. 물이 흐르다.

宋玉田(송옥전) - 초나라 양왕襄王이 운양대雲陽臺에 올라서 경차景差와 송옥 등을 불러놓고 〈소언부(小言賦)〉를 잘 짓는 이에게 운몽의 밭을 주겠다라고 하였는데, 결국 송옥이 하사받았다.
18) 巡幸(순행) - 황제가 행차를 하다. 장안의 여산驪山에 온천이 있는데 현종과 양귀비가 자주 들러 목욕을 한 것처럼, 이 온천에도 황제가 올 수 있음을 말한다.
19) 奈何(내하) - 어찌하여.
窮偏(궁편) - 편벽한 곳.
20) 朝宗(조종) - 옛날 제후가 천자를 알현하는데 봄에 한 것을 '조'라고 하였고 여름에 하는 것을 '종'이라고 하였다. 이후 '조종'은 신하가 천자를 알현하는 것을 가리키게 되었고, 강물이 바다를 향해 흘러가는 것을 비유하였다.
21) 赴海(부해) - 바다로 가다. 강과 하천이 바다로 가는 것을 말한다.
微涓(미연) - 작은 물줄기. 작은 물방울. 하찮은 노력이나 공헌을 비유한다.
이상 네 구절은 재능이 있으면서도 천자의 인정을 받아 관직에 나가지 못하는 이백 자신을 기탁하였다.

729. 之廣陵宿常二南郭幽居

광릉으로 가다가 상씨의 남곽 거처에 묵다

綠水接柴門　　有如桃花源
忘憂或假草[1]　滿院羅叢萱[2]
暝色湖上來[3]　微雨飛南軒
故人宿茅宇[4]　夕鳥棲楊園[5]
還惜詩酒別　　深爲江海言[6]
明朝廣陵道　　獨憶此傾樽

푸른 물이 사립문과 이어져
마치 도화원과 같은데,
근심을 잊으려 화초에 의지하려는지
정원 가득히 원추리가 늘어서 있네.
어두운 빛이 호수 위로 오더니
가랑비가 남쪽 난간에 날리는데,
친구는 띳집에서 머물고
저녁 새는 버들 정원에 깃들이네.
시와 술로 이별하는 것이 여전히 안타까워
은거하겠다는 약속을 마음 깊이 하니,
내일 아침 광릉으로 가는 길에서는

지금 기울이는 술잔을 홀로 기억하리라.

【해제】

'광릉廣陵'은 지금의 강소성 양주揚州이다. '상常'씨에 대해서는 알려져 있지 않으며 '이二'는 형제 중의 순서이다. '남곽南郭'은 성의 남쪽이라는 뜻이며 '유거幽居'는 은거하며 사는 곳을 말한다. 이 시는 광릉으로 가던 도중 상씨 집에서 묵으며 쓴 것으로, 은거한 곳의 정경을 서술한 뒤 이별을 아쉬워하는 내용을 적었다.

【주석】

1) 假草(가초) - 화초에 의지하다.
2) 萱(훤) - 원추리. 옛날 사람들은 원추리가 근심을 잊게 해준다고 하여 망우초忘憂草라고 불렀다.
3) 暝色(명색) - 어두컴컴한 기운. 여기서는 비구름을 가리킨다.
4) 茅宇(모우) - 띳집. 대개 은자의 집을 비유하며 여기서는 상씨의 집을 가리킨다.
5) 楊園(양원) - 버드나무가 있는 정원. ≪시경·소아≫의 〈항백(巷伯)〉에 나오는 정원의 이름으로 보아 상씨 집의 정원을 미화한 것으로 보는 설도 있다.
이상 두 구절은 저녁이 되자 상씨와 새가 모두 자신의 거처에 머문다는 뜻으로, 떠돌아다니는 이백의 신세와 대조적으로 표현하였다.
6) 江海言(강해언) - 은거를 하겠다는 약속. 또는 이별의 아쉬움을 토로하며 서로 잊지 말자는 맹세일 수도 있다.

730. 夜下征虜亭

밤에 정로정에 머물다

船下廣陵去[1]　月明征虜亭
山花如繡頰[2]　江火似流螢[3]

배가 광릉으로 내려 가는데
달이 정로정에 밝네.
산의 꽃은 연지 바른 뺨과 같고
강의 등불은 나는 반디와 같네.

【해제】

'정로정征虜亭'은 지금의 강소성 남경시에 있으며, 동진東晉의 정로장군征虜將軍 사석謝石이 세웠다. 이 시는 광릉廣陵으로 가다가 정로정에 머물며 지은 것으로, 주위의 경관을 묘사하였다. 개원 14년(726)에 지은 것이라는 설이 있지만 확실치 않다.

【주석】

1) 廣陵(광릉) - 지금의 강소성 양주揚州.
2) 繡頰(수협) - 연지를 바른 뺨. 젊은 여인의 아름다운 얼굴을 가리킨다.
3) 江火(강화) - 강에 떠 있는 어선의 등불.

731. 下途歸石門舊居

길을 내려가 석문의 옛집으로 돌아가다

吳山高　越水清　握手無言傷別情
將欲辭君挂帆去[1]　離魂不散煙郊樹[2]
此心鬱悵誰能論[3]　有愧叨承國士恩[4]
雲物共傾三月酒[5]　歲時同餞五侯門[6]
羨君素書常滿案[7]　含丹照白霞色爛[8]
余嘗學道窮冥筌[9]　夢中往往遊仙山
何當脫屣謝時去[10]　壺中別有日月天[11]
俯仰人間易凋朽[12]　鐘峰五雲在軒牖[13]
惜別愁窺玉女窗[14]　歸來笑把洪崖手[15]
隱居寺[16]　隱居山　陶公鍊液棲其間[17]
靈神閉氣昔登攀[18]　恬然但覺心緒閑[19]
數人不知幾甲子[20]　昨來猶帶冰霜顏[21]
我離雖則歲物改[22]　如今了然識所在[23]
別君莫道不盡歡[24]　懸知樂客遙相待[25]
石門流水徧桃花　我亦曾到秦人家
不知何處得雞豕[26]　就中仍見繁桑麻[27]

脩然遠與世事間²⁸　裝鸞駕鶴又復遠²⁹
何必長從七貴遊³⁰　勞生徒聚萬金產
挹君去³¹ 長相思　雲遊雨散從此辭³²
欲知悵別心易苦　向暮春風楊柳絲³³

오 땅의 산은 높고
월 땅의 물은 맑은데,
손 잡은 채 말 없이 이별을 아파하네.
그대와 이별하고 돛을 펼쳐 떠나려 하니
이별의 혼이 안개 낀 교외 나무에서 흩어지지 않네.
이 울적한 마음을 누가 알 수 있으랴?
외람되게 국사國士로 대우해준 은혜를 받은 것이 부끄러우니,
경치감상하며 함께 삼월 봄날의 술잔을 기울였고
세시에는 세도가의 집에서 어울려 길 떠나는 이를 전송해서라네.
도가의 책이 늘 가득한 그대의 책상을 부러워하였으니
흰 비단을 비추는 붉은 글씨는 노을처럼 찬란하였지.
내 일찍이 도를 배워 미묘한 자취를 다하여
꿈에 종종 신선이 사는 산에서 놀았으니,
언제나 헌신짝 버리듯 시속時俗을 떠날까?
호리병 속에 또 다른 세상이 있는데.
잠깐 사이에 인간은 쉽사리 시들지만
종산 봉우리의 오색구름은 창문에 걸려있으니,
이별을 아쉬워하며 근심스레 옥녀창을 엿보지만
돌아가서는 웃으며 홍애도인의 손을 잡겠지.

은거사

은거산,
도홍경이 단액을 제조하며 이곳에서 살았다네.
예전에 정신을 가다듬고 그곳에 오르니
편안하여 오직 마음이 한가롭다고 느끼기만 했는데,
그곳의 여러 사람들은 나이가 몇 갑자인지 알지 못했고
지금도 여전히 얼음과 서리처럼 맑은 얼굴이었네.
내가 떠나온 뒤 비록 초목은 변했겠지만
지금도 또렷이 그 자리를 알고 있네.
그대와 헤어짐에 즐거움 다할 수 없었다고 말하지 말게나
손님을 좋아하는 이가 멀리서 기다리고 있을 터이니.
석문의 흐르는 물에는 온통 복숭아꽃인데
나도 일찍이 진나라 사람들의 집에 이른 적이 있었네.
어딘지 모르는 곳에서 닭과 돼지를 가져오고
그 가운데 무성한 뽕과 삼을 또 보았지.
자유롭게 세상의 일과 멀리 떨어지고
난새와 학을 타고 또 다시 멀리 떠나리니,
무엇 때문에 일곱 귀족을 늘 따르며
삶을 수고롭게 하여 헛되이 만금의 재산 모으리오.
그대에게 인사하고 떠난 뒤
오래도록 그대 생각할 터인데,
구름 흘러가고 비 흩어지듯 지금 이곳을 떠나리.
슬픈 이별에 마음이 쉬이 괴로워짐을 알고자 하면
저물녘 봄바람에 흔들리는 버들가지를 보게나.

【해제】

'하도下途'는 길을 내려간다는 뜻이다. '석문石門'에 관해서는 여러 가지 설이 있지만 시의 내용에 의하면 지금의 안휘성 당도현當塗縣 북동쪽인 강소성 강녕현江寧縣에 있는 횡망산橫望山의 석문이라는 설이 가장 유력하다. 이 시는 누군가와 이별한 뒤 석문에 있는 자신의 은거지로 가면서 쓴 것이다. 왕기王琦도 이 사실에 근거하여 제목에 "사람과 이별하다[別人]"라는 글자가 빠진 듯하다는 주장을 하였다. 이별한 사람은 여러 연구자들의 견해에 따르면 이백의 친구이자 도사인 원단구元丹丘로 보인다. 이 시는 벗의 도인다운 풍모를 칭송하고 그와 함께 즐겁게 지낸 날을 회상한 후에 자신의 평소 염원이었던 신선다운 생활을 실행하는 것에 대해 서술하였다. 이백은 천보 9재(750)에 석문에 은거한 적이 있으며, 이 시는 대체로 천보 13재(754) 금릉金陵(지금의 강소성 남경시)에 머물 때 지은 것으로 추정된다.

【주석】

1) 挂帆(괘범) - 돛을 달다.
2) 煙郊樹(연교수) - 안개가 낀 교외의 숲.
3) 鬱悵(울창) - 답답하고 서글픈 마음.
4) 叨(도) - 외람되이.
   國士恩(국사은) - 나라의 선비로 대우해 준 은택.
5) 雲物(운물) - 경관.
6) 歲時(세시) - 절기나 명절.
   餞(전) - 전별하다.
   五侯(오후) - 한나라 성제成帝가 자신의 외숙인 왕담王譚, 왕상王商, 왕립王立, 왕근王根, 왕봉王逢 등 다섯 명을 동시에 각각 평아후平阿侯, 성도후成都侯, 홍양후紅陽侯, 곡양후曲陽侯, 고평후高平侯에 봉했는데, 이들을 일러 '오후'라고 한다. 포조鮑照의 <숫자 시(數詩)>에 "오후가 서로 전송하느라 성대한 연회가 신풍에서 열렸다.(五侯相餞送, 高會集新豐.)"라고 되어있다. 여기서는 당시의 권력과 명망이 있는 사람을 가리킨다.

7) 素書(소서) - 여기서는 도가 서적을 뜻한다.
8) 含丹照白(함단조백) - 흰 비단에 붉은 색으로 글을 쓴 것이다.
   霞色爛(하색난) - 노을빛이 찬란하다. 글씨가 아름다운 것을 표현하였다.
9) 冥筌(명전) - 미묘한 도의 경지를 뜻한다.
10) 脫屣(탈사) - 신발을 벗다. 헌신짝을 버리듯 미련 없이 떠나는 것을 말한다.
    謝時(사시) - 시속時俗을 떠나다.
11) 壺中(호중) 구 - 후한 때 어느 시장에 약 파는 노인이 있었는데, 장사가 끝나면 가게에 매달아놓은 호리병 안으로 들어갔다. 시장을 관리하던 비장방費長房이 이를 보고 그 노인에게 예를 갖추어 대하자, 노인이 비장방을 데리고 함께 호리병 속에 들어갔는데, 그 안에는 신선세계가 있었다고 한다.(≪후한서·비장방전≫ 참조) 노나라 사람인 시존施存이 대단大丹의 도를 배웠지만 삼백년이 되도록 이루지 못하였다고 한다. 다만 변화의 술수만을 배웠는데 후에 장신張申을 만나 도관인 운대雲臺를 관리하는 관원이 되었다. 그는 다섯 되 정도 되는 호리병 하나를 항상 걸어놓았는데, 그것을 변화시켜 천지를 만들었다. 그 안에는 해와 달이 있어 인간세상과 같았으며 밤에는 그 안에서 잠을 잤는데, 스스로 '호천壺天'이라고 불렀으며, 사람들은 그를 일러 '호공壺公'이라고 하였다.(≪운대치중록(雲臺治中錄)≫ 참조)
12) 俯仰(부앙) - 고개를 숙였다 위로 드는 순간. 아주 짧은 시간을 가리킨다.
    凋朽(조휴) - 시들다. 쇠하다.

13) 鐘峰(종봉) - 지금의 강소성 남경시에 있는 종산.
    軒牖(헌유) - 난간과 창.
14) 玉女窓(옥녀창) - 숭산嵩山에 있으며, 한나라 무제가 창 안에서 선녀를 보았다고 한다.(≪도경(圖經)≫ 참조)
    이 구절은 벗과 헤어지는 것이 아쉬워 그의 창을 엿보는 것을 뜻한다.
15) 洪崖(홍애) - 전설에 나오는 신선의 이름. 여기서는 이백이 돌아가서 만나기를 기대하는 신선이나 도인을 뜻한다. 이전의 주석은 대부분 이별하는 벗을 비유한다고 하였지만 타당하지 않다.
16) 隱居寺(은거사) - 남조시대 양나라 사람인 도홍경陶弘景이 횡망산橫望山에 은거하면서 연단술을 익혔는데, 그 산을 은거산이라고 하였고 그가 머물던 곳을 은거사라고 불렀다.(당나라 조린趙璘의 ≪인화록(因話錄)≫ 참조) 이백이 돌아가고자 하는 석문의 옛집도 횡망산에 있었을 것이다.
17) 陶公(도공) - 도홍경을 가리킨다.
    鍊液(연액) - 단약을 만들다.
18) 靈神(영신) - 정신.
    閉氣(폐기) - 도가의 호흡법 중의 하나로, 자신 내부의 기운을 유지한다.
19) 恬然(염연) - 편안한 모습.
    心緒(심서) - 마음의 실마리.
20) 數人(수인) - 여기서는 은거산에 있는 사람들을 가리킨다.
    甲子(갑자) - 60년.
21) 昨來(작래) - 근래.
    冰霜顔(빙상안) - 얼음이나 서리 같이 맑은 얼굴. 신선의 용모를 가리킨다.
    이상 네 구절은 이백이 예전에 석문에 있을 때를 회상한 것으로 자신도 한가로운 마음을 가졌을 뿐만 아니라 그곳 사람들이 신선이어서 몇 갑자를 살았는지 모른다는 뜻이다.
22) 歲物(세물) - 초목. 해마다 번성했다 시드는 것을 반복하기 때문에 이렇게 부른다.
23) 了然(요연) - 또렷하다.
이상 두 구절은 비록 자신이 석문을 떠나와서 경물이 변하기는 했지만 그 위치는 또렷이 기억하고 있다는 뜻이다.
24) 不盡歡(부진환) - 즐거움을 다하지 않다. 아직 즐겨야 할 일이 있다는 뜻이다.
25) 懸知(현지) - 짐작하다. 예상하다.
樂客(낙객) - 손님을 좋아하다.
이 구절은 석문산에 은거해 있는 이들이 이백 자신을 반길 것이라는 뜻이다.
26) 雞豕(계시) - 닭과 돼지.
27) 繁(번) - 무성하다.
桑麻(상마) - 뽕과 삼.
이상 네 구절은 도연명의 〈도화원기(桃花源記)〉에 나오는 모습을 통해 석문의 모습을 비유하였다. 〈도화원기〉에 따르면, 어떤 어부가 복숭아꽃이 흐르는 시냇물을 따라 들어가니, 진秦나라의 난리를 피해 들어온 사람들이 있었는데 집에는 개와 닭소리가 들렸고 밭에는 뽕과 삼이 가득했다고 한다.
28) 翛然(소연) - 자유로운 모습.
29) 裝鸞駕鶴(장란가학) - 난새를 준비시키고 학을 몰다. 신선이 되어 난새와 학을 타고 다니는 것이다.
30) 七貴(칠귀) - 한나라 때의 외척관계로서 권력을 행사한 여呂, 곽霍, 상관上官, 정丁, 조趙, 부傅, 왕王 등 일곱 성씨의 귀족을 가리킨다. 여기서는 널리 조정의 귀족을 가리킨다.
31) 挹(읍) - '읍揖'과 통하여 손을 모아 인사하는 것을 가리킨다.

32) 雨散(우산) - 비가 흩어지다. 이별을 비유한다.
33) 向暮(향모) - 저녁 무렵.

732. 客中作

나그네 길에서 짓다

蘭陵美酒鬱金香[1]　玉椀盛來琥珀光[2]
但使主人能醉客　不知何處是他鄉

난릉의 좋은 술에 울금향이 나는데
옥 주발에 담아 나오니 호박 빛이 도네.
다만 주인이 나그네를 취하게 할 수 있다면
어디가 타향인지 알지 못하리.

【해제】
이 시는 나그네 길에서 감회를 적은 것으로, 객지에서 묵는데 주인이 울금향이 나는 술을 대접하기에 이 술을 마시고 타향에서의 향수를 지워버리고자 하는 마음을 표현하였다. 개원 28년(740) 동로東魯에 머물 때 지은 것으로 추정된다.

【주석】
1) 蘭陵(난릉) - 지금의 산동성 창산현蒼山縣.
   鬱金香(울금향) - 울금의 향기. 술의 향기를 더하기 위해 향초인 울금을 넣은 것이다.
2) 玉椀(옥완) - 옥 주발.

盛來(성래) - 담아 나오다.
琥珀光(호박광) - 호박 빛. 울금의 노란색을 비유한다.

733. 太原早秋

태원의 이른 가을

歲落衆芳歇[1]　　時當大火流[2]
霜威出塞早[3]　　雲色渡河秋[4]
夢遶邊城月　　　心飛故國樓[5]
思歸若汾水[6]　　無日不悠悠[7]

세월이 영락하여 여러 꽃들이 시드니
바야흐로 대화성이 기우는 때라네.
변새를 나서니 매서운 서리가 일찍 내리고
황하를 건너니 구름 빛이 가을 기운이라네.
꿈은 변방 성에 뜬 달을 맴돌고
마음은 고향의 누대로 날아가네.
돌아가고자 하는 마음은 분수와 같이
하루도 흘러가지 않는 날이 없네.

【해제】

'태원太原'은 지금의 산서성 태원시이다. 이 시는 초가을 태원을 떠돌면서 느낀 감회를 적은 것으로, 앞부분에서는 북방이라 가을이 일찍 온 상황을 묘사했으며, 뒷부분에서는 고향으로 돌아가고자 하는 마음을 흘러가는 강물에 비유하여 표현하였다. 개원 23년(735)에 지은 것이라는 설이 있다.

【주석】

1) 歲落(세락) - 세월이 영락하다. 가을이 되었음을 말한다.
   歇(헐) - 시들다.
2) 大火流(대화류) - 대화성이 서쪽으로 기울다. 가을이 되었다는 뜻이다. '대화'는 심성心星이다. ≪시경·빈풍(豳風)≫의 〈칠월(七月)〉에 "칠월에 대화성이 기운다.(七月流火)"라는 말이 있는데 주희朱熹의 ≪집전(集傳)≫에서 "화火는 대화 심성으로 유월 저녁에 땅의 남쪽에 있다가 칠월 저녁이면 내려가 서쪽으로 기운다."라고 하였다.
3) 霜威(상위) - 서리의 위엄. 서리가 만물을 시들게 할 수 있기 때문이다.
   出塞(출새) - 변새를 나서다. 태원이 변방임을 말한다.
4) 渡河(도하) - 황하를 건너다.
   이 구절은 황하를 건너고 나니 구름의 빛도 가을 기운을 느끼게 한다는 뜻이다.
5) 故國(고국) - 여기서는 고향을 가리킨다.
6) 汾水(분수) - 황하의 지류로 태원을 지나간다.
7) 悠悠(유유) - 끊임없이 이어지는 모습.

734. 奔亡道中五首 其一

도망가는 도중에 쓴 5수 제1수

蘇武天山上¹　田橫海島邊²
萬重關塞斷　何日是歸年

소무는 흉노에게 잡혀 천산 위에 있었고
전횡은 나라를 못 구하고 바닷가 섬으로 피했네.
만 겹의 변새 관문으로 길이 끊어졌으니
언제나 돌아갈 수 있을까?

【해제】
이 시는 안녹산의 난이 나자 난리를 피해 남쪽으로 가면서 지은 것이다. 난리가 났지만 이를 구제할 사람이 없음을 한탄하면서 고향땅을 떠나 객지를 떠도는 신세를 안타까워하는 마음을 표현하였다. 후에 이백은 지덕 2재(757) 영왕永王 이인李璘의 군대에 참여했다가 패배한 뒤에 남쪽으로 도망가면서 〈남쪽으로 도망가며 감회를 쓰다(南奔書懷)〉를 지었는데, 이 시와는 내용과 정조가 다르기 때문에 같은 시기에 지은 것으로 보기 어렵다.
제1수는 소무蘇武와 전횡田橫에 견주어 고국으로 돌아가지 못하고 앞날을 걱정하는 자신의 신세를 표현하였다.

【주석】
1) 蘇武(소무) - 서한 때 사람으로 흉노족에게 사신으로 갔다가 억류당해 19년 동안 양치기를 하면서 갖은 고초를 겪었다.(≪한서·소무전≫ 참조)
天山(천산) - 원래는 산 이름이지만 여기서는 흉노족의 땅을 가리킨다. 이 구절은 소무처럼 고국에 돌아가지 못하는 처지가 된 것을 탄식하였다.
2) 田橫(전횡) - 전국시대 제나라 사람으로 진秦나라 말에 제나라 부흥을 위해 군사를 일으켰지만 한나라 유방劉邦이 초나라를 멸망시키고 황제가 되자 그는 처형당할까 두려워 그를 따르는 무리 오백 여 명과 함께 섬으로 피신하였다가 후에 자살하였다.(≪사기·전담열전(田儋列傳)≫ 참조)
이 구절은 전횡처럼 피신하여 두려워하는 처지가 된 것을 탄식하였다.

735. 奔亡道中五首 其二

도망가는 도중에 쓴 5수 제2수

亭伯去安在[1]　李陵降未歸[2]
愁容變海色[3]　短服改胡衣[4]

최정백은 떠나서 어디에 있는가?
이릉은 항복하고서 돌아오지 않았네.
새벽빛에 근심스런 얼굴로 바뀌니
사람들의 짧은 옷이 오랑캐 옷으로 바뀌어서라네.

【해제】
제2수는 관직을 버리고 도망가거나 반란군에게 항복한 당시 관리들을 비판한 뒤에 도망가는 자신의 시름을 표현하였다.

【주석】
1) 亭伯(정백) - 동한 때 사람인 최인崔駰으로 '정백'은 그의 자이다. 그는 일찍이 거기장군車騎將軍 두헌竇憲의 주부主簿를 맡았는데 두헌이 그를 멀리하여 장잠현령長岑縣令으로 내보내니 뜻을 펼 수 없다고 생각하고는 관직을 버리고 고향에 은거하였다.(≪후한서·최인전≫ 참조)
이 구절은 당시 관직을 버리고 도망간 관리들을 최정백에 비유하여 비판하였다. 또는 무모하게 싸우다가 항복하여 멸족당한 이릉李陵과 달리 일찌감치 떠나버린 최정백이 처신을 잘했음을 찬양하는 것이라는 설도 있다.

2) 李陵(이릉) - 한 무제 때 기도위騎都尉가 되어 흉노족을 물리치기 위해 출정하였지만 포로가 되어 투항하였다. 한 왕조는 그의 가족을 몰살하였고 이릉은 흉노의 영토에서 병으로 죽었다.(≪한서·이릉전≫ 참조) 여기서는 안녹산의 반군에 동조한 관리들을 비유하였다.

3) 海色(해색) - 양제현楊齊賢의 주석에 따르면, 닭이 울 때는 하늘이 아직 밝지 않아 그 모습이 희미한 바다 기운과 비슷하기 때문에 새벽빛을 뜻하는 것이라고 하였다.

이 구절은 이백이 새벽에 일어나 근심스러운 낯빛을 짓는다는 뜻이다.

4) 短服(단복) - 평민이나 병사들이 입는 옷. 또는 오랑캐 복장으로 보는 설도 있다.

이 구절은 중원이 함락되어 중원 사람들이 오랑캐 옷을 입고 오랑캐의 풍속을 따르게 되었다는 뜻이다. 이와 달리 이백이 도망갈 때 잡히지 않기 위해 오랑캐 복장을 하였던 것을 말한다는 설도 있다.

736. 奔亡道中五首 其三

도망가는 도중에 쓴 5수 제3수

談笑三軍卻[1]　　交遊七貴疏[2]
仍留一隻箭　　未射魯連書[3]

담소하며 삼군을 물리치는 계책을 가지고도
일곱 귀족과의 교유는 드물었는데,
여전히 내게 화살 한 대가 남아있지만
노중련처럼 편지를 묶어 쏘지는 못했구나.

【해제】
제3수는 이백 자신에게 노중련魯仲連처럼 적군을 물리칠 능력이 있지만 그러한 기회를 얻지 못한 것을 안타까워하였다.

【주석】
1) 談笑(담소) 구 - 전국시대 제齊나라 사람인 노중련魯仲連은 조趙나라를 포위한 진秦나라 군대를 담소하는 사이에 물리쳤다.(≪사기·노중련열전≫ 참조)
　三軍(삼군) - 일반적으로 군대를 가리킨다.
　卻(각) - 물리치다.
2) 七貴(칠귀) - 한나라 때의 외척관계로서 권력을 행사한 여呂, 곽霍,

상관上官, 정丁, 조趙, 부傅, 왕王 등 일곱 성씨의 귀족을 가리킨다. 여기서는 널리 조정의 귀족을 가리킨다.

이 구절은 이백이 고관들과 소원하여 등용되지 못하였음을 말한다. 또는 노중련이 공을 세우자 평원군이 천금으로 그를 등용하려 했지만 사양하고 은거한 것을 가리키는 것으로 볼 수도 있다.(≪사기·노중련열전≫ 참조)

3) 仍留(잉류) 두 구 - 연燕나라의 한 장수가 요성聊城을 함락시켰는데 요성의 어떤 사람이 그를 연나라 왕에게 참소하니, 그 장수가 죽을까 두려워 요성을 지키며 감히 돌아가지 못했다. 제齊나라 전단田單이 요성을 1년 넘게 쳤지만 성을 함락시킬 수 없었는데, 노중련이 당시 성 내부의 처참하고 절박한 상황을 편지로 써서 화살에 묶어 성 안으로 보내니, 그 장수가 편지를 보고 사흘을 울고는 스스로 목숨을 끊었다. 이에 전단은 요성을 함락시킬 수 있었다.(≪사기·노중련열전≫ 참조) 여기서는 이백이 당시의 난리를 평정할 수 있는 재능이 있지만 이를 사용할 기회를 얻지 못한 것을 말한다.

737. 奔亡道中五首 其四

도망가는 도중에 쓴 5수 제4수

函谷如玉關¹　　幾時可生還
洛陽爲易水²　　嵩岳是燕山³
俗變羌胡語⁴　　人多沙塞顔
申包惟慟哭⁵　　七日鬢毛斑⁶

중원의 함곡관이 변새의 옥문관이 되었으니
어느 때나 살아서 돌아갈 수 있을까?
낙양이 역수가 되었고
숭산도 연산이 되었네.
풍속이 변해 변방 오랑캐 말을 하고
사람들의 얼굴에는 변새의 모래가 가득하여,
신포서처럼 통곡만 하다가
칠일 만에 귀밑털이 하얗게 되었다네.

【해제】

제4수는 낙양이 반란군에게 점령당해 중원이 모두 전쟁터로 변했고 사람들의 풍속도 변한 상황에서 이를 구제하기 위해 이백이 신포서申包胥처럼 통곡하는 상황을 표현하였다.

【주석】

1) 函谷(함곡) - 지금의 하남성 영보현靈寶縣 북동쪽에 있는 관문으로 그 안쪽은 중원이다.
   玉關(옥관) - 옥문관玉門關. 지금의 감숙성 북서쪽에 있는 관문으로 서역과 통하는 곳인데, 이곳을 한번 나갔다가 오랫동안 돌아오지 못하는 사람이 많았다.
   이하 두 구절은 중원이 함락당해 함곡관이 변방에서 이민족과 대치하고 있는 옥문관 같은 꼴이 되어 장안으로 들어갈 수 없다는 뜻이다.
2) 洛陽(낙양) - '낙천洛川'으로 된 판본도 있으며, 낙수洛水를 가리킨다.
   易水(역수) - 지금의 하북성 서북부에 있는 강으로 변방지역을 가리킨다.
3) 嵩岳(숭악) - 지금의 하남성에 있는 숭산.
   燕山(연산) - 지금의 하북성 평원 북쪽에 있는 연산산맥을 가리킨다. 이상 두 구절 역시 동도인 낙양 일대가 점령되어 안녹산의 본거지인 연燕 땅과 같이 된 상황을 표현하였다.
4) 羌胡(강호) - 변방 오랑캐.
5) 申包(신포) - 전국시대 초나라 신하인 신포서申包胥. 오나라가 초나라를 침공했을 때, 그가 진秦나라로 가서 도움을 요청했으나 성과를 거두지 못했다. 그가 진나라 조정에서 칠일동안 통곡을 하니 진나라 왕이 군사를 부내주었다.(≪좌전·정공(定公) 4년≫ 참조) 여기서는 이백이 신포서와 같은 마음을 가지고 있음을 표현하였다.
6) 斑(반) - 흰 머리칼이 섞여 있는 모습을 가리킨다.

738. 奔亡道中五首 其五
도망가는 도중에 쓴 5수 제5수

淼淼望湖水¹　青青蘆葉齊²
歸心落何處　日沒大江西
歇馬旁春草³　欲行遠道迷
誰忍子規鳥⁴　連聲向我啼

끝없는 호수를 바라보니
푸른 갈대 잎이 가지런하네.
돌아가려는 마음은 어디쯤에 있나?
장강 서쪽으로 해는 지는데.
봄풀 옆에서 말을 세운 것은
가려고 하지만 머나먼 길 어디로 가야할지 몰라서라네.
누가 참을 수 있겠는가? 자규새가
계속해서 자신을 향해 우는 것을.

【해제】
제5수는 고향을 떠나서 어디로 가야할지 모르는 막막한 느낌과 객지에서 고향을 그리워하는 서글픈 마음을 묘사하였다.

【주석】

1) 淼淼(묘묘) - 물이 아득한 모습.
2) 齊(제) - 갈대의 키가 고르게 자라 있는 모습을 표현한다.
3) 歇馬(헐마) - 말을 쉬게 하다.
4) 子規鳥(자규조) - 자규새. 그 울음소리가 '불여귀거(不如歸去[돌아가는 것만 못하다])'와 같아서 객지를 떠도는 사람의 마음을 처량하게 만든다고 한다.

739. 郢門秋懷

영문에서 가을날 감회를 쓰다

郢門一爲客　　巴月三成弦¹
朔風正搖落²　　行子愁歸旋³
杳杳山外日⁴　　茫茫江上天
人迷洞庭水　　雁度瀟湘煙
淸曠諧宿好⁵　　緇磷及此年⁶
百齡何蕩漾⁷　　萬化相推遷⁸
空謁蒼梧帝⁹　　徒尋溟海仙¹⁰
已聞蓬海淺¹¹　　豈見三桃圓¹²
倚劍增浩嘆¹³　　捫襟還自憐¹⁴
終當遊五湖　　濯足滄浪泉¹⁵

영문에서 한번 나그네가 되어
파 땅의 달이 세 번 이지러졌는데,
북풍에 마침 잎이 떨어지니
나그네 돌아가고파 근심하네.
산 밖의 태양은 아득하고
강 위의 하늘은 막막한데,

사람은 동정호 물에서 길을 잃었고
기러기는 소상강 안개를 건너가네.
맑고 트인 곳은 평소 좋아하는 취향과 맞지만
닳고 때 묻으며 이때까지 이르렀으니,
백년 인생 너무도 기복이 심하고
만물은 서로 변하여 옮겨가네.
공연히 창오의 황제에게 간알하고
헛되이 너른 바다의 신선을 찾았으니,
봉래산의 동해가 얕아진다는 이야기를 들었지만
어찌 삼천년마다 맺는 복숭아를 세 번 보겠는가?
검에 기대어 큰 탄식만 보태고
가슴 어루만지며 또 스스로를 가련하게 여기지만,
끝내는 오호를 노닐면서
맑은 물에 발을 씻으리라.

【해제】

'영문郢門'은 형문荊門으로 지금의 호북성 강릉江陵 인근을 가리킨다. 이 시는 형주를 떠돌다가 가을에 느낀 감회를 적은 것으로, 앞부분에서는 고향을 떠나 객지를 떠도는 서글픔을 말하였고 뒷부분에서는 자신이 이루고자 하는 것을 이루지 못한 안타까움을 말한 뒤에 끝내는 이 모든 것에 개의치 않고 은거하겠다는 자신의 바람을 표현하였다. 개원 연간에 지었다는 설과 건원 연간에 지었다는 설이 있다.

【주석】

1) 巴月(파월) - 파 땅의 달. 영문이 있는 형주는 옛날 파 땅이었다.
   三成弦(삼성현) - 달은 상현달과 하현달이 있다. 세 번 현월弦月이 되었다는 것은 한 달 남짓 지났음을 말한다.
2) 朔風(삭풍) - 북풍.
   搖落(요락) - 나뭇잎이 떨어지다.
3) 行子(행자) - 나그네. 이백을 가리킨다.
   歸旋(귀선) - 돌아가다.
4) 杳杳(묘묘) - 멀고 아득한 모습.
5) 淸曠(청광) - 맑고 탁 트인 경치. 또는 그런 경치가 있는 곳.
   諧(해) - 어울리다.
   宿好(숙호) - 오랫동안 좋아하던 일.
6) 緇磷(치린) - 검게 때가 묻고 닳다. 자신의 뜻을 버리고 세속에 물든다는 뜻이다.
7) 百齡(백령) - 백 살. 인생 백년.
   蕩漾(탕양) - 요동치는 모습. 기복이 많은 모습.
8) 萬化(만화) - 온갖 변화. 만물의 변화.
   推遷(추천) - 옮겨가다. 변화하다.
9) 蒼梧帝(창오제) - 창오산에 묻힌 순임금. 여기서는 천자를 가리킨다.
10) 溟海仙(명해선) - 너른 바다의 신선. ≪해내십주기(海內十洲記)≫에 "봉래산蓬萊山은 동해의 북동 해안을 마주보고 있으며 둘레가 오천 여리나 되며 별도로 둥근 바다가 있어 산을 감싸고 있다. 그 둥근 바다의 물은 검어서 명해冥海라고 부른다. 바람이 없어도 거센 파도가 백 장丈 높이로 일어서 사람이 갈 수가 없다. 그 위에는 구로장인九老丈人의 구로진왕궁九老眞王宮이 있는데 대체로 태상진인太上眞人이 머무는 곳이며 오직 날아다니는 신선만이 그곳에 도달할 수 있다."고 되어있다.
    이상 두 구절은 이백이 관직에 올라 뜻을 펼치지도 못했고, 신선술을 익혀 장생불사를 이루지도 못했음을 말한다.
11) 蓬海淺(봉해천) - 봉래산이 있는 동해물이 얕아지다. 마고麻姑라는

여자 신선은 바다가 뽕밭으로 변하는 것을 세 번 보았다고 한다. (≪신선전(神仙傳)≫ 참조) 봉래산은 동해에 있다는 신선들이 사는 산이다.

12) 三桃圓(삼도원) - 세 번 복숭아가 익다. 곤륜산崑崙山에 사는 신선인 서왕모西王母가 한 무제武帝를 방문했을 때 그에게 복숭아를 주었는데, 삼천년에 한번 열매 맺는 것이었다. 이때 동방삭이 밖에서 창을 통해 이들을 보고 있었는데, 서왕모가 동방삭을 돌아보며 자신의 복숭아를 세 번 훔쳐간 자라고 하였다.(≪한무고사(漢武故事)≫ 참조)

이상 두 구절은 오래 산 신선에 대해서 이야기는 들었지만 이백 자신이 이를 실현할 수는 없었다는 뜻이다.

13) 浩嘆(호탄) - 긴 탄식.
14) 捫襟(문금) - 가슴을 어루만지다.
15) 濯足(탁족) 구 - 초사楚辭 〈어부(漁夫)〉에서 어부가 "창랑의 물이 맑으면 내 갓끈을 씻을 수 있고, 창랑의 물이 탁하면 내 발을 씻을 수 있다.(滄浪之水淸兮, 可以濯吾纓, 滄浪之水濁兮, 可以濯吾足.)"라고 노래했는데, 세속의 일에 구애받지 않고 살아간다는 뜻이다.

740. 至鴨欄驛上白馬磯贈裴侍御

압란역에 이르러 백마기에 올라 배 시어에게 주다

側疊萬古石[1]　　橫爲白馬磯
亂流若電轉[2]　　擧棹揚珠輝[3]
臨驛卷緹幕[4]　　昇堂接繡衣[5]
情親不避馬[6]　　爲我解霜威[7]

기울어져 겹쳐진 만고의 바위가
가로 놓여 백마기가 되었네.
어지럽게 흐르는 물은 마치 번개가 치는 것 같고
노를 드니 구슬 같은 포말이 빛나네.
역에 가서 붉은 휘장 걷어 올리고
당에 올라 수놓은 옷을 입은 시어사를 접견하였네.
친한 감정에 총마를 피하지 않았으니
나를 위해 서리 같은 위세를 누그러뜨리네.

【해제】

'압란역鴨欄驛'과 '백마기白馬磯'는 지금의 호남성 임상현臨湘縣에 있었다. '시어侍御'는 어사대의 관직명이고 '배裴'씨에 대해서는 알려진 것이 없으며 그와 교유하며 지은 시가 몇 수 남아있다. 이 시는 백마기를 노닐다가 배 시어에게 써 준 것으로 앞부분에서는 백마기의 바위와 거센 물결을 표현하였으며 뒷부분에서는 서릿발 같은 배 시어의 위세를 적어 그와의 교분을 서술하였다. 대략 사면을 받은 이후인 건원 2년(759)에 지은 것으로 추정된다.

【주석】

1) 側疊(측첩) - 기울어져서 겹쳐지다.
2) 電轉(전전) - 번개가 치다.
3) 擧棹(거도) - 노를 들다. 배를 멈추다.
   珠輝(주휘) - 빛나는 구슬. 물살이 세게 흐르며 튀는 물방울을 가리킨다. 혹은 달빛이라는 설도 있다.
4) 緹(제) - 옅은 붉은 색.
5) 繡衣(수의) - 수놓은 옷. 시어사를 가리킨다.
6) 避馬(피마) - 시어사가 타고 가는 말을 피하다. 후한의 환전桓典이 시어사侍御史가 되어 엄격하게 법을 집행하였다. 그는 늘 총마驄馬를 타고 다녔는데, 사람들이 그를 무서워해서 피했다고 한다.(≪후한서·환전전≫ 참조)
7) 解(해) - 풀다. 누그러뜨리다.
   霜威(상위) - 서릿발 같은 위엄. 시어사의 위엄을 가리킨다.
   이상 두 구절은 이백이 배 시어의 말을 피하는 두려움을 가질 필요가 없으며 배 시어 역시 평소 가지고 있던 위엄을 이백에게는 부리지 않는다는 것으로, 두 사람의 사귐이 스스럼없음을 나타낸다.

741. 荊門浮舟望蜀江

형문산에서 배를 띄우고 촉강을 바라보다

春水月峽來¹　　浮舟望安極²
正是桃花流³　　依然錦江色⁴
江色綠且明　　茫茫與天平
逶迤巴山盡⁵　　搖曳楚雲行⁶
雪照聚沙雁⁷　　花飛出谷鶯
芳洲卻已轉　　碧樹森森迎⁸
流目浦煙夕⁹　　揚帆海月生¹⁰
江陵識遙火¹¹　　應到渚宮城¹²

봄물이 명월협에서 오는데
배를 띄우고 바라보니 어디가 끝인가?
마침 도화수가 흘러내려오는데
여전히 금강의 빛이라네.
강 빛은 푸르고 맑으며
망망하여 하늘과 나란하고,
구불구불 파 땅의 산이 다하니
초 땅의 구름이 흘러 지나가네.

눈은 모래톱에 모인 기러기를 비추고
꽃잎은 골짜기에서 나온 꾀꼬리에게 날리네.
향기로운 물가 섬을 휘돌아 나가니
푸른 나무들이 빽빽하게 맞이하는데,
저녁 안개에 싸인 포구를 둘러보고
달 떠오르는 바다에 돛을 펼치네.
강릉의 먼 불빛을 알겠으니
응당 저궁성에도 가야겠구나.

【해제】

'형문荊門'은 지금의 호북성 의도현宜都縣 북서쪽 장강 서안에 있는 산이며, '촉강蜀江'은 지금의 사천성에 있는 민강岷江을 가리킨다. 이 시는 파 땅에서 초 땅으로 들어갈 때 도중에 있는 형문산을 지나면서 지은 것으로 그곳의 아름다운 경물을 그린 뒤에 강릉江陵을 향해 계속 나아가는 모습을 표현하였다. 개원 13년(725)에 지었다는 설과 건원 2년(759)에 지었다는 설이 있다.

【주석】

1) 月峽(월협) - 지금의 중경시 북동쪽 장강에 있는 명월협.
2) 安極(안극) - 어찌 끝이 나랴? 끝이 없다는 뜻이다.
3) 桃花流(도화류) - 도화수桃花水. 음력 2월이면 비가 오기 시작하고 얼음이 녹아 강물이 불어나는데, 이때에 마침 복숭아꽃이 피기 때문에 이를 '도화수'라고 한다.
4) 依然(의연) - 여전히.
   錦江(금강) - 지금의 사천성 성도成都를 지나는 강. 여기서는 촉강을 가리킨다.

5) 逶迤(위이) - 구부구불 계속 이어진 모습.
   巴山(파산) - 파 땅의 산.
6) 搖曳(요예) - 흔들리다. 날리다.
   이상 두 구절은 파 땅의 산줄기가 이제 끝나고 앞에는 너른 평원에 구름이 지나가는 모습이 보인다는 뜻이다.
7) 雪照(설조) - 봄이지만 아직 잔설이 남아있다는 설과 모래가 하얗게 빛나는 것을 비유했다는 설이 있다.
8) 森森(삼삼) - 빽빽한 모습.
9) 流目(유목) - 둘러보다.
10) 揚帆(양범) - 돛을 펼치다. 배를 타고 나가는 모습이다.
    海月生(해월생) - 바다에 달이 뜨다. 장강이 넓어서 바다에 비유하였다.
11) 江陵(강릉) - 지금의 호북성 강릉. 현재 위치에서 장강 하류에 있다.
    遙火(요화) - 먼 불빛.
12) 渚宮城(저궁성) - 초왕의 별궁. 강릉에 있다.

742. 上三峽

삼협을 거슬러 올라가다

巫山夾靑天¹　　巴水流若玆²
巴水忽可盡³　　靑天無到時⁴
三朝上黃牛⁵　　三暮行太遲⁶
三朝又三暮　　不覺鬢成絲⁷

무산이 푸른 하늘을 끼고 있고
파수가 흐르는 것도 이와 같은데,
파 땅의 물은 홀연 다 갈 것 같지만
푸른 하늘에는 닿을 수가 없네.
삼일 아침을 황우협을 거슬러 올라가지만
삼일 저녁 동안 가는 것이 매우 느리니,
삼일 아침과 삼일 저녁
어느새 머리털이 실 같이 되었네.

【해제】
'삼협三峽'은 지금의 중경시 장강에 있는 세 협곡을 말한다. 이 시는 삼협을 거슬러 올라가며 지은 것으로 협곡의 험난함을 묘사한 뒤 삼일동안 가다가 기진맥진해졌음을 표현하였다. 건원 2년(759) 이백이 야랑으로 유배 가던 도중에 지은 것을 추정된다.

【주석】
 1) 巫山(무산) - 지금의 중경시와 호북성 경계에 있으며 그 가운데를 장강이 지나간다.
    이 구절은 양 협곡 사이로 하늘이 조그맣게 보이는 것을 표현하였다.
 2) 巴水(파수) - 강 이름. ≪삼파기(三巴記)≫에 의하면, 낭수閬水와 백수白水가 합류하여 한중漢中에서 무릉武陵으로 흘러드는데, 세 번 꺾여 흐르는 것이 '파巴'자 같아서 파수라고 한다. 여기서는 삼협을 지나가는 장강을 가리킨다.
    若茲(약자) - 이와 같다. 이렇다. 강물도 협곡 사이로 흐르는 것을 말한다. 파수의 흐름이 '파巴'자 모양과 같음을 뜻한다는 설도 있다.
 3) 巴水(파수) 구 - 삼협의 물길이 멀리까지 보이지 않아 쉽게 끝에 도달할 수 있을 것 같다는 뜻이다.
 4) 靑天(청천) 구 - 무산 사이로 보이는 하늘에 닿을 수가 없다는 뜻이다.
 5) 黃牛(황우) - 지금의 호북성 의창宜昌 북서쪽에 있는 황우협의 가장 높은 곳에 큰 바위가 있는데 마치 사람이 칼을 짊어지고 소를 끌고 가는 형상을 닮았다. 바위가 높고 게다가 강물이 이곳을 돌아 흐르기 때문에 장시간 이 바위를 볼 수 있다. 그래서 당시 "아침에 황우협을 출발하여 저녁에 황우협에서 묵는다. 삼일 아침과 삼일 저녁 동안 황우는 그대로이다.(朝發黃牛, 暮宿黃牛. 三朝三暮, 黃牛如故.)"라는 노래가 있었다고 한다.
 6) 行太遲(행태지) - 힘들어서 가는 것이 느려졌다는 뜻이다.
 7) 不覺(불각) - 부지불식간에. 어느새.
    鬢成絲(빈성사) - 머리칼이 하얀 실이 되다. 힘이 들어 노쇠해진 모습을 표현한다.

743. 自巴東舟行經瞿唐峽, 登巫山最高峰晚還題壁

맹파동에서 배를 타고 구당협을 지나다가
무산 최고봉에 오르고 저녁에 돌아오며 벽에 쓰다

江行幾千里　　海月十五圓[1]
始經瞿唐峽　　遂步巫山巓[2]
巫山高不窮　　巴國盡所歷[3]
日邊攀垂蘿　　霞外倚穹石[4]
飛步凌絶頂[5]　極目無纖煙[6]
卻顧失丹壑[7]　仰觀臨青天
青天若可捫[8]　銀漢去安在[9]
望雲知蒼梧[10]　記水辨瀛海[11]
週遊孤光晚[12]　歷覽幽意多[13]
積雪照空谷　　悲風鳴森柯
歸途行欲曛[14]　佳趣尚未歇[15]
江寒早啼猿　　松暝已吐月
月色何悠悠　　清猿響啾啾[16]
辭山不忍聽[17]　揮策還孤舟[18]

강 따라 수천리 길
바다에 뜬 달이 열다섯 번 찼는데,
비로소 구당협을 지나면서
드디어 무산 꼭대기를 걸어 오르네.
무산은 높기가 끝이 없어서
파 땅 다닌 곳을 다 둘러보며,
태양 가에서 늘어진 여라를 더위잡고
노을 밖에서 커다란 바위에 기대네.
날 듯 걸어서 꼭대기를 오르니
눈 닿는 곳까지 보아도 조그만 이내도 없는데,
돌아보니 붉은 골짜기는 보이지 않고
고개 들어보니 푸른 하늘이 가까이 보이네.
푸른 하늘은 마치 손에 닿을 듯한테
은하수는 어디에 있는가?
구름을 바라보니 창오산에서 나온 것임을 알겠고
물을 알아보니 영해로 가는 것임을 알겠네.
이리저리 다니다 보니 해가 저물고
둘러보다 보니 그윽한 정취가 많았는데,
쌓인 눈이 텅 빈 계곡을 비추고
슬픈 바람이 빼곡한 나뭇가지에 울리네.
돌아가는 길은 곧 어두워지려하지만
아름다운 흥취는 여전히 가시질 않는데,
차가운 강에 원숭이는 일찌감치 울고
어둑한 소나무가 이미 달을 토해내었네.
달빛은 매우 아득하고

743. 自巴東舟行經瞿唐峽, 登巫山最高峰晚還題壁

처량한 원숭이 소리는 끽끽거리는데,
차마 듣지 못하고 산을 떠나
지팡이 흔들며 외로운 배로 돌아간다네.

【해제】

'파동巴東'은 지금의 호북성 파동현으로 무산의 동쪽에 있는데, 혹자는 고파동군古巴東郡으로 보아 무산의 서쪽에 있는 봉절현奉節縣을 가리킨다고 하였다. '구당협瞿唐峽'은 장강의 삼협 중의 하나이고, '무산巫山'은 지금의 중경시와 호북성 경계에 있는 산으로 그 가운데를 장강이 지나간다. 이 시는 구당협을 지나다가 무산에 올라 그 감회를 쓴 것으로, 높은 곳에 올라 깨끗하고 멀리까지 보이는 장관을 묘사한 후에, 해가 지고 달이 뜨는 가운데 원숭이 울음소리를 들으면서 쓸쓸한 감정을 이기지 못해 다시 산을 내려갔다는 내용을 표현하였다. 개원 13년(725)에 촉을 떠날 때 지었다는 설과 건원 2년(759)에 야랑으로 유배 갈 때 또는 사면 받아 돌아올 때 지었다는 설이 있는데, 시의 정감으로 보아 유배 가면서 지은 것으로 보인다.

【주석】

1) 十五圓(십오원) - 달이 열다섯 번 둥글어지다. 15개월이 지났음을 말하다.
2) 巓(전) - 산꼭대기.
3) 所歷(소력) - 다닌 곳.
   이 구절은 무산에서 내려다 본 파 땅이 모두 다 가본 곳이라는 뜻이다.
4) 穹石(궁석) - 큰 바위.
   이상 두 구절은 높은 곳에 오르니 태양 가에 있는 듯하고 하늘 바깥에 있는 듯하다는 뜻이다.

5) 飛步(비보) - 날듯이 걷다. 빨리 걷다.

   凌(릉) - 넘다. 오르다.

   絶頂(절정) - 꼭대기.

6) 極目(극목) - 눈 닿는 곳까지 멀리 보다.

   纖煙(섬연) - 조그만 안개나 이내. 시야를 가리는 희뿌연 기운을 말한다.

7) 卻顧(각고) - 뒤돌아보다.

   이 구절은 높이 올라왔기 때문에 아래에 있는 붉은 골짜기가 보이지 않는다는 뜻이다.

8) 可捫(가문) - 문지를 수 있다. 만질 수 있다.

9) 銀漢(은한) - 은하수.

   安在(안재) - 어디에 있는가?

   이 구절은 하늘이 가까워서 은하수가 있을 것 같지만 낮이라서 보이지 않는다는 뜻이다.

10) 蒼梧(창오) - 산 이름. 전설에 따르면 이곳에서 구름이 나온다고 한다.

11) 記(기) - 기억하다. 알아보다.

    瀛海(영해) - 세상 끝에 있다는 큰 바다.

    이상 두 구절은 높은 곳에 올라오니 창오산에서 온 구름과 영해까지 이어진 물이 보인다는 뜻이다.

12) 週遊(주유) - 이리저리 돌아보다.

    孤光(고광) - 햇빛이나 달빛. 여기서는 햇빛을 가리킨다.

13) 幽意(유의) - 한가한 정취.

14) 行(행) - 장차.

    曛(훈) - 석양.

15) 未歇(미헐) - 다하지 않다. 그치지 않다.

16) 淸猿(청원) - 처청悽淸한 원숭이 울음소리.

    啾啾(추추) - 동물이 우는 소리. 여기서는 원숭이의 처량한 울음소리를 가리킨다.
17) 辭山(사산) - 산을 떠나다.
18) 揮策(휘책) - 지팡이를 흔들다.

744. 早發白帝城

아침에 백제성을 떠나다

朝辭白帝彩雲間[1]　千里江陵一日還[2]
兩岸猿聲啼不盡　輕舟已過萬重山[3]

아침노을 속에 백제성을 떠나니
천리 먼 강릉을 하루에 돌아가네.
양쪽 강둑의 원숭이 울음소리 그치지 않았는데
가벼운 배는 이미 만 겹의 산을 지났네.

【해제】
'백제성白帝城'은 지금의 중경시 봉절현奉節縣이다. 이 시는 백제성을 떠나면서 지은 것으로, 뱃길이 빠르고 상쾌한 감정을 속도감 있게 표현하였다. 건원 2년(759) 야랑으로 유배 가다가 백제성에서 사면을 받아 다시 강릉으로 돌아가면서 지은 것으로 추정하지만 확실치는 않다.

【주석】
1) 辭(사) - 떠나다.
2) 江陵(강릉) - 지금의 호북성 강릉.
3) 萬重山(만중산) - 만 겹의 산. 파 땅의 많은 산을 가리킨다. 이상 두 구절은 파 땅의 원숭이 소리가 아직 들리는 것 같은데 이

미 그 많은 산을 지나쳤다고 하면서 배가 얼마나 빨리 가는지를 표현하였으며, 이를 통해 이백의 경쾌한 마음을 드러내었다.

745. 秋下荊門

가을에 형문을 내려가다

霜落荊門江樹空[1]　布帆無恙挂秋風[2]
此行不爲鱸魚鱠[3]　自愛名山入剡中[4]

형문에 서리가 내리니 강가의 나무는 텅 비었는데
베로 만든 돛은 아무 탈 없이 가을바람에 걸려있네.
이번 길은 농어회 때문이 아니라
명산을 좋아해서 섬중에 가는 것이라네.

【해제】
'형문荊門'은 지금의 호북성 의도현宜都縣 북서쪽 장강 서안에 있는 산이다. 이 시는 섬중을 가던 도중 형문을 지나다가 느낀 감회를 쓴 것이다. 가을이 오자 낙엽이 졌지만 자신의 배는 순조롭게 가며, 이번 노님은 명산을 좋아해서 찾아가는 길이라고 하여 그 흥취를 말하였다. 개원 13년(725)에 지은 것이라는 설이 있다.

【주석】
1) 樹空(수공) - 나뭇잎이 다 떨어진 것을 말한다.
2) 布帆(포범) - 베로 만든 돛.
　 無恙(무양) - 별 탈이 없다.

이 구절은 진晉나라 고개지顧愷之의 말을 빌렸다. 그가 은중감殷仲堪의 참군參軍을 지낼 때 은중감이 형주에 있었는데, 고개지가 휴가를 내어 집에 돌아가고 싶어 하였다. 그런데 은중감은 특별히 베로 만든 돛을 빌려주었다. 고개지가 파총破冢에 도달했을 때 풍랑을 만나 배가 크게 부서졌다. 고개지가 은중감에게 글을 써서 말하기를 "지명이 파총破冢인데 진짜 무덤을 깨고 나온 듯합니다. 저는 무사하고 돛도 별 탈이 없습니다."라고 하였다.(≪진서·고개지전≫ 참조)

3) 鱸魚鱠(노어회) - 농어회. 오군吳郡(지금의 강소성 소주蘇州) 사람인 장한張翰이 진晉나라 제왕齊王 사마경司馬冏의 부름을 받아 대사마동조연大司馬東曹掾이 되었는데, 가을바람이 이는 것을 보고는 고향인 오 땅의 음식이 그리워져서 "인생에서 귀한 것은 뜻에 맞게 사는 것인데, 어찌 수 천리 떨어진 곳에서 벼슬살이하면서 명예와 작위를 구하리요!"라고 하고는 관직을 그만두고 돌아갔다.(≪진서·장한전≫ 참조)

4) 剡中(섬중) - 지금의 절강성 소흥紹興.

746. 江行寄遠

강을 가면서 멀리 부치다

刳木出吳楚[1]　　危檣百餘尺[2]
疾風吹片帆　　日暮千里隔
別時酒猶在　　已爲異鄉客
思君不可得　　愁見江水碧

배를 타고 오 땅과 초 땅으로 가는데
높은 돛대가 백 여 자나 되어,
빠른 바람이 한 조각 돛에 불어와
해가 질 때는 천 리나 떠나왔네.
이별할 때의 술기운이 아직 있으나
이미 타향의 나그네가 되었네.
그대 그리워하지만 만날 수 없어
근심스레 푸른 강물만 쳐다보네.

【해제】

이 시는 누군가를 떠나와 오 땅으로 가면서 그를 그리워하며 지은 것이다. 하루 사이에 이별하여 천 리 먼 곳에 떨어지게 되니 그 그리움이 더 커진다는 내용을 표현하였다. 개원 13년(725)년 촉 땅을 떠나온 뒤에 지었다는 설이 있다.

【주석】

1) 刳木(고목) - 통나무 속을 파낸다는 뜻으로, 배를 만드는 것을 의미한다. ≪주역·계사(繫辭)≫에서 "나무를 파내어 배를 만든다.(刳木爲舟)"라고 하였다.
   出吳楚(출오초) - 오 땅과 초 땅으로 나가다.
2) 危槎(위사) - 높은 돛을 단 배를 의미한다. '사'는 원래 뗏목이지만 이후 널리 배를 가리키게 되었다.

747. 宿五松山下荀媼家

오송산 아래 순씨 할머니의 집에서 묵다

我宿五松下　　寂寥無所歡[1]
田家秋作苦[2]　鄰女夜舂寒[3]
跪進雕胡飯[4]　月光明素盤[5]
令人慚漂母[6]　三謝不能餐[7]

내가 오송산 아래에서 묵는데
적막하여 즐거울 일이 없네.
농가에 가을 일이 힘들지만
이웃 여인은 밤에 절구질하느라 추위에 떠네.
꿇어 앉아 줄밥을 올리니
달빛으로 흰 쟁반이 환하네.
빨래하는 아낙에게 부끄러워지니
세 번 사양하며 먹지 못하네.

【해제】
'오송산五松山'은 지금의 안휘성 동릉시銅陵市 남쪽에 있다. '온媼'은 늙은 아낙네이고 '순荀'씨에 대해서는 알려져 있지 않다. 이 시는 오송산 순씨 부인의 집에 묵으면서 느낀 것을 쓴 것으로 고생하면서도 공손하게 자신을 대접해주는 부인에게 감동하여 차마 밥을 먹지 못한다는 내용을 적었다. 상원 2년(761)에 지은 것으로 추정된다.

【주석】

1) 寂寥(적료) - 적막하고 무료하다.
2) 秋作(추작) - 가을 농사일.
3) 舂(용) - 절구질을 하다.
4) 跪進(궤진) - 꿇어 앉아 바치다. 아주 공손한 모습이다.
   雕胡飯(조호반) - 쌀과 비슷한 곡식인 줄[菰]로 만든 밥. 줄은 강남에 많이 나며 흉년일 때 사람들이 이로 식량을 대신하였다.
5) 月光(월광) - 소반에 담긴 밥이 빛나는 모습을 비유하였다.
   素盤(소반) - 흰 쟁반. 또는 소박한 밥상을 뜻한다.
6) 漂母(표모) - 빨래하는 아낙. 한신韓信이 관직에 나아가지 못하고 굶주리고 있을 때 빨래하던 아낙이 그에게 밥을 먹여주었는데, 그가 공을 이루고 난 뒤 그녀에게 천금을 하사하였다.(≪사기·회음후열전(淮陰侯列傳)≫ 참조)
   이 구절은 이백이 한신과 같은 인재가 되지 못한다는 뜻이다.
7) 謝(사) - 사양하다.

748. 下涇縣陵陽溪至澀灘

경현 능양계를 타고 내려가 삽탄에 이르다

澀灘鳴嘈嘈[1]　兩山足猿猱[2]
白波若卷雪[3]　側石不容舠[4]
漁子與舟人　撐折萬張篙[5]

삽탄은 좔좔 소리 내며 흐르고
양쪽 산에는 원숭이가 많네.
하얀 물결은 마치 휘몰아치는 눈보라 같고
기우뚱한 바위는 배를 가로막으니,
어부와 뱃사공은
만 개의 삿대를 젓다가 부러뜨린다네.

【해제】

'경현涇縣'은 지금의 안휘성 경현이고 '능양계陵陽溪'는 경현 남서쪽의 강이며 '삽탄澀灘'은 경현 서쪽 90 여리 떨어진 곳에 있는 여울이다. 이 시는 배를 타고 삽탄에 이르러 쓴 것으로 그곳의 물결이 매우 험악한 것을 묘사하였다. 대략 천보 14재(755)에 쓴 것으로 추정된다.

【주석】

1) 嘈嘈(조조) - 시끄러운 소리. 여기서는 물이 세차게 흘러가는 소리

를 가리킨다.
2) 兩山(양산) - 강의 양쪽에 있는 산.
　　足(족) - 많다.
　　猿猱(원노) - 원숭이.
3) 卷雪(권설) - 휘몰아치는 눈.
4) 容舠(용도) - 작은 배를 용납하다. 작은 배가 겨우 지나갈 정도로 좁다는 뜻이다.
5) 撑(탱) - 삿대를 저어 배를 나아가게 하다.
　　張(장) - 삿대의 수량사.
　　篙(고) - 삿대.

749. 下陵陽沿高溪三門六刺灘

능양산을 내려와 고계의 삼문산 육자탄을 따라가다

三門橫峻灘[1]　六刺走波瀾
石驚虎伏起　水狀龍縈盤[2]
何慚七里瀨[3]　使我欲垂竿[4]

삼문산은 험준한 여울에 가로놓여있고
육자탄은 물결을 일으키며 흘러가네.
바위의 놀란 모습은 호랑이가 엎드렸다 일어나는 듯하고
물의 모습은 용이 구불구불 똬리 튼 것같네.
어찌 칠리뢰에 부끄럽겠는가?
나로 하여금 낚싯대를 드리우고 싶게 하네.

【해제】

'능양陵陽'은 지금의 안휘성 선주宣州에 있는 산의 이름으로 능양자명陵陽子明이 신선이 된 곳이다. '고계高溪', '삼문산三門山', '육자탄六剌灘'은 모두 안휘성 경현에 있는 삽탄澀灘의 상류에 있다. 이 시는 배를 타고 육자탄을 지나가며 쓴 것으로, 그곳의 빼어난 경관이 칠리뢰七里瀨에 못지않다고 찬탄하였다. 대략 천보 14재(755)에 지은 것으로 추정된다.

【주석】
1) 峻灘(준탄) - 험준한 여울.
2) 縈盤(영반) - 구불구불 휘감아 돌다.
3) 七里瀨(칠리뢰) - 지금의 절강성 동려현桐廬縣 서쪽에 있다. 사영운의 시 〈칠리뢰〉에서 "눈은 엄자릉의 여울을 보고 생각은 임공자의 낚시질에 이어지니, 누가 옛날과 지금이 다르다 말하는가? 시대는 달라도 지향은 같이 할 수 있는데.(目覩嚴子瀨, 想屬任公釣. 誰謂古今殊, 異世可同調.)"라고 하였다. 엄자릉은 후한 엄광嚴光으로 광무제光武帝와 어릴 때부터 친했는데, 광무제가 즉위한 뒤 그를 관직으로 불렀지만 사양하고 지금의 절강성 부춘산富春山에 가서 농사를 지으며 은거하였으며 칠리뢰 근처의 엄릉뢰에서 낚시를 하며 지냈다.(≪후한서·일민전(逸民傳)·엄광전≫참조) 임공자는 ≪장자·외물(外物)≫에 나오는 전설상의 인물로 황소를 미끼로 하여 아주 큰 물고기를 낚았다고 한다.
4) 垂竿(수간) - 낚싯대를 드리우다. 엄광처럼 은거하고 싶은 뜻과 임공자처럼 호방한 기상을 가지고자 하는 뜻을 표현한 것으로 보인다.

750. 夜泊黃山聞殷十四吳吟

밤에 황산에서 머물다 은씨가 부르는 오 땅의 노래를 듣다

昨夜誰爲吳會吟[1]　　風生萬壑振空林
龍驚不敢水中臥　　猿嘯時聞巖下音
我宿黃山碧溪月　　聽之卻罷松間琴
朝來果是滄洲逸[2]　　酤酒提盤飯霜栗[3]
半酣更發江海聲[4]　　客愁頓向杯中失

어제 밤에 누가 오 땅의 노래를 불렀던가?
수많은 골짜기에 바람 일어 빈 숲을 흔드는 듯.
용도 놀라 감히 물속에 누워있지 못하고
원숭이도 울다가 때때로 바위 아래서 나는 소리를 들었으며,
나도 푸른 계곡에 달이 뜬 황산에 묵다가
그 소리 듣고는 소나무 사이에서 타던 금을 그만 두었네.
아침에 와서 보니 과연 푸른 물가에 숨어사는 자라
술을 사고 쟁반을 들고 가 잘 익은 밤을 대접했더니,
반쯤 취하여 강과 바다 같은 소리를 다시 쏟아내기에
나그네 수심은 단번에 술잔 속으로 사라졌네.

【해제】

이백의 시에서 '황산黃山'은 대개 지금의 안휘성 당도현當塗縣 북쪽의 산, 황산시의 산, 지주시池州市 남쪽의 황산령黃山嶺을 가리키는데, 이 시에서는 어느 것인지 확실치 않다. '은殷'씨에 대해서는 알려진 것이 없으며 '십사十四'는 형제 중의 순서이다. 이 시는 황산에 머물다가 오 땅의 노래를 잘하는 이를 만나서 지은 것으로, 앞부분에서는 그의 노랫소리에 감응한 자신과 경물들을 표현하였고 뒷부분에서는 그와 같이 술 마시며 노래하여 나그네 근심을 씻어버리는 내용을 적었다. 천보 13재(754) 선성을 유람하다가 지은 것으로 추정된다.

【주석】

1) 吳會(오회) - 오군吳郡과 회계會稽 지역으로 지금의 강소성 남동부이다. 여기서는 오 땅을 널리 가리킨다.
2) 果是(과시) - 과연.
   滄洲逸(창주일) - 푸른 물가에 은일한 사람.
3) 酤酒(고주) - 술을 사다.
   提盤(제반) - 쟁반을 들다. 밤이 담긴 쟁반을 가리킨다.
   霜栗(상율) - 서리 맞은 밤. 아주 달고 맛있다고 한다.
4) 江海聲(강해성) - 강물이 흘러가고 바다의 파도가 치는 듯한 소리. 매우 유창하고 힘 있는 노랫소리를 비유한다.

751. 宿鰕湖

하호에 묵다

雞鳴發黃山[1]　暝投鰕湖宿
白雨映寒山　森森似銀竹[2]
提攜採鉛客[3]　結荷水邊沐[4]
半夜四天開[5]　星河爛人目[6]
明晨大樓去[7]　崗隴多屈伏[8]
當與持斧翁　前溪伐雲木[9]

닭이 울자 황산을 출발하여
저물녘에 하호에 묵노라니,
하얀 비가 차가운 산에 비치는데
빽빽하기가 은빛 대나무 같네.
납을 캐는 나그네를 데리고 가서
연잎을 엮어 놓고 물가에서 씻는데,
한 밤에 사방 하늘이 열려
은하수가 사람 눈을 현란하게 하네.
새벽에 대루산으로 갈 때
언덕과 구릉이 여기저기 오르락내리락할 테니,
마땅히 도끼를 든 노인과 함께

앞개울에서 커다란 나무를 베야 하리라.

【해제】

'하호鰕湖'는 정확히 어디인지 모르지만 시의 내용으로 보아 지금의 안휘성 지주시池州市 대루산大樓山과 황산黃山 사이에 있던 호수로 추정된다. 이 시는 하호에 묵으면서 있었던 일을 적은 것으로 비가 그친 후 본 야경을 묘사하고 다음날 새벽에 대루산에 갈 것을 이야기하였다. 천보 13재(754)에 지은 것으로 추정된다.

【주석】

1) 黃山(황산) - 이백의 시에서 '황산'은 대개 지금의 안휘성 당도현當塗縣 북쪽의 산, 황산시의 산, 지주시 남쪽의 황산령黃山嶺을 가리키는데, 이 시에서는 아마도 지주시의 황산령을 가리킬 것이다.
2) 森森(삼삼) - 빽빽한 모습. 빗줄기가 많은 것을 표현하였다.
   銀竹(은죽) - 은빛 대나무. 빗줄기를 비유한다.
3) 採鉛客(채연객) - 납을 캐는 나그네. 납은 단약을 만드는 재료이며, 대루산 부근에 있는 청계靑溪에 납이 많이 난다고 한다. 〈고풍 59수(古風五十九首)〉중 제4수에서 "단약의 재료가 바다와 산에 숨어있기에 청계의 물가에서 납을 캐는데, 때때로 대루산에 올라 고개를 들어 신선이 있었던 곳을 바라보네.(藥物祕海嶽, 採鉛靑溪濱. 時登大樓山, 擧首望仙眞.)"라고 하였다.
4) 結荷(결하) - 연잎으로 지붕을 엮는 것을 뜻한다. 포조鮑照의 〈대뢰의 강둑에 올라 누이에게 보내는 편지(登大雷岸與妹書)〉에 "돌을 깔고 별을 보며 밥을 먹고 연잎을 엮어 물가에서 자네.(棧石星飯, 結荷水宿.)"라는 말이 있다.
   沐(목) - 씻다.
5) 半夜(반야) - 한밤중.

四天開(사천개) - 사방 하늘이 열리다. 별빛으로 환한 것을 말한다.
6) 星河(성하) - 은하수.
爛(란) - 어지럽히다.
7) 明晨(명신) - 내일 새벽.
大樓(대루) - 지금의 안휘성 지주시 남쪽에 있다.
8) 岡隴(강롱) - 구릉과 언덕.
屈伏(굴복) - 산이나 언덕이 구불구불하고 오르락내리락하는 모습.
9) 雲木(운목) - 구름까지 높이 자란 나무.
이 구절은 길을 만들기 위해 나무를 베야 한다는 뜻이다.

10
회고 懷古

752. 西施

서시

西施越溪女　　出自苧蘿山
秀色掩今古¹　　荷花羞玉顔
浣紗弄碧水²　　自與淸波閑
皓齒信難開³　　沈吟碧雲間⁴
勾踐徵絶豔⁵　　揚蛾入吳關⁶
提攜館娃宮⁷　　杳渺詎可攀⁸
一破夫差國　　千秋竟不還⁹

서시는 월나라 시내의 여인으로
저라산에서 태어났는데,
빼어난 외모는 고금을 덮어
연꽃도 옥 같은 얼굴에 부끄러워했다네.
깁을 빨면서 푸른 물을 희롱하니
절로 맑은 물결과 더불어 한가로웠는데,
입을 열어 하얀 치아를 보이는 적이 거의 없었고
푸른 구름 사이에서 나직이 읊조렸다네.
구천이 천하절색을 찾아 내어
눈썹을 치켜든 미인이 오나라 관문으로 들어갔는데,

부차가 관왜궁에 데리고 가니
아득히 높은 곳이라 어찌 닿을 수 있으리오?
부차의 나라를 한번 무너뜨리고서는
천추에 결국 돌아오지 않았다네.

【해제】
'서시西施'는 춘추 말 월나라의 저라苧蘿(지금의 절강성 제기諸暨) 사람이다. 월왕 구천句踐이 미인계를 쓰려고 서시를 데려다가 오왕 부차夫差에게 바쳤다. 부차가 서시에 빠져서 주색을 탐닉하고 정사를 돌보지 않자 구천은 오나라를 멸망시켰다. 전설에 따르면 이후 서시는 월나라의 대부인 범려范蠡와 더불어 오호五湖로 떠났다고 한다.(≪사기·월왕구천세가≫ 참조) 이 시에서는 이러한 사건을 순서대로 읊었다.

【주석】
1) 掩今古(엄금고) - 고금에 최고였다는 뜻이다.
2) 浣紗(완사) - 깁을 빨다. 서시가 빨래하던 강을 완사계浣紗溪라고 부른다.
3) 皓齒(호치) 구 - 서시가 삶이 곤궁하여 잘 웃지 않았다는 뜻이다. 성품이 고고孤高하여 잘 웃지 않았다는 설도 있다.
4) 沈吟(침음) 구 - 자신의 박명함을 탄식하였다는 뜻이다.
5) 徵(징) - 부르다. 찾다.
   絶豔(절염) - 미모가 빼어난 여인.
6) 揚蛾(양아) - 높이 치켜 올린 눈썹. 교태로운 모습을 한 미인을 가리킨다.
7) 館娃宮(관왜궁) - 오 땅에서는 미녀를 '왜'라고 불러서 미녀를 살게 하는 궁궐이란 뜻이다. 서시를 위해 지었다고 하는데 그 유적지가

지금의 강소성 소주蘇州에 있다.
8) 杳渺(묘묘) - 멀리 있어 아득한 모습.
　　詎(거) - 어찌.
　　이 구절은 서시의 총애가 남달리 높아서 다른 이들은 함부로 바라볼 수도 없었다는 뜻이다.
9) 千秋(천추) 구 - 서시가 범려와 함께 떠난 것을 말한다.

753. 王右軍

왕희지

右軍本淸眞　　瀟灑在風塵¹
山陰遇羽客²　　要此好鵝賓³
掃素寫道經⁴　　筆精妙入神
書罷籠鵝去　　何曾別主人⁵

왕희지는 본래 맑고 참되니
세속에 있으면서도 구속받지 않았다네.
산음에서 도사를 만났는데
이 거위 좋아하는 손님에게 청하기에,
흰 비단을 펼쳐 ≪도덕경≫을 써주었으니
필치가 정묘하여 그 오묘함이 신의 경지였다네.
글을 다 쓰고는 거위를 새장에 넣어 갈 때
어찌 주인에게 고별을 했겠는가?

【해제】
'왕우군王右軍'은 진晉나라의 문장가이자 서예가인 왕희지王羲之인데, 일찍이 우군장군右軍將軍을 지냈다. 왕희지는 평소 거위를 좋아하였는데 산음山陰에서 거위를 기르는 도사를 만나 ≪도덕경(道德經)≫을 써주고 거위를 얻어온 적이 있다.(《진서·왕희지전》 참조) 이 시는 이러한 고사를 적으면서 세속을 벗어난 그의 소탈한 품성과 빼어난 서예 실력을 찬미하였다.

【주석】
1) 瀟灑(소쇄) - 탈속한 모습.
   在(재) - '出출'로 된 판본도 있다. 그러면 이 구절은 "구속받지 않고 세속을 벗어났다."라고 해석된다.
   風塵(풍진) - 세속.
2) 山陰(산음) - 지금의 절강성 소흥紹興의 회계산會稽山 북쪽에 있는 마을.
   羽客(우객) - 도사.
3) 要(요) - 요청하다. 또는 초청하다.
   好鵝賓(호아빈) - 거위를 좋아하는 손님. 왕희지를 가리킨다.
4) 掃素(소소) - 하얀 비단을 깨끗이 하고 펴놓다.
   道經(도경) - 도가의 경전. 《진서·왕희지전》에 의하면 왕희지가 써준 것이 《도덕경》인데, 《태평어람(太平御覽)》에 인용된 《진중흥서(晉中興書)》에서는 《황정경(黃庭經)》을 써주고 거위를 얻었다고 되어있다.
5) 書罷(서파) 두 구 - 글씨를 써주고는 자신이 원하는 거위를 챙겨서 이별 인사도 하지 않고 떠나는 왕희지의 모습을 통해 격식에 얽매이지 않은 초탈함과 소박함을 표현하였다.

754. 上元夫人

상원부인

上元誰夫人　　偏得王母嬌[1]
嵯峨三角髻[2]　餘髮散垂腰
裘披靑毛錦[3]　身著赤霜袍[4]
手提嬴女兒[5]　閑與鳳吹簫
眉語兩自笑[6]　忽然隨風飄

상원은 누구의 부인인가?
오롯이 서왕모의 총애를 받았다네.
높다랗게 머리칼을 세 군데로 묶었고
남은 머리칼은 허리까지 풀어 늘어뜨렸으며,
갓옷은 푸른 털 비단으로 만든 것을 걸쳤고
몸에는 서리 맞은 붉은 단풍색의 외투를 입었네.
진목공의 딸인 농옥의 손을 잡고서
한가롭게 봉황과 소를 불다가,
눈짓으로 말을 하며 둘이 절로 웃더니
홀연 바람 따라 날아가 버렸다네.

【해제】

'상원부인上元夫人'은 고대의 신선이다. 노자의 제자로 도가 서적을 관리하였다고 전해진다. 한 무제 때 서왕모가 한나라 궁궐을 방문하였는데, 시녀인 곽밀향郭蜜香을 시켜 상원부인을 초대해 연회에 동석하게 했다.(≪한무내전漢武內傳≫ 참조) 이 시는 당시 연회에 참석한 상원부인의 모습을 묘사하였다.

【주석】

1) 王母嬌(왕모교) - 서왕모의 총애.
2) 嵯峨(차아) - 높다란 모습.
   三角髻(삼각계) - 세 군데의 머리를 묶은 것.
3) 披(피) - 옷을 걸치다.
4) 赤霜(적상) - 서리 맞은 단풍의 붉은 색.
5) 嬴女兒(영녀아) - 영씨의 딸. 진목공秦穆公의 딸인 농옥弄玉으로 진나라 왕족의 성이 '영'이었다. 당시 소를 잘 불던 소사簫史라는 사람이 있었는데, 소를 불면 공작과 백학이 내려와 놀았다고 한다. 소사는 농옥과 결혼하여 그녀에게 소 부는 법을 가르쳐주어 봉황소리를 낼 수 있게 하였다. 목공이 봉대鳳臺를 지어주자 이들은 이곳에서 수년 동안 머물다가 봉황을 따라 하늘로 올라갔다.(≪열선전列仙傳≫ 참조)
6) 眉語(미어) - 눈짓으로 의사소통하다.
   兩(량) - 상원부인과 농옥을 가리킨다.

755. 蘇臺覽古

고소대에서 옛 유적을 둘러보다

舊苑荒臺楊柳新　　菱歌淸唱不勝春[1]
只今惟有西江月[2]　曾照吳王宮裏人

옛 궁원과 황폐해진 누대에 버드나무는 새로운데
마름 따며 부르는 맑은 노랫소리는 봄기운을 이기지 못하네.
이제는 다만 서쪽 강의 달만 남았는데
예전에는 오왕 궁궐 안의 사람을 비추었겠지.

【해제】
'소대蘇臺'는 고소대姑蘇臺로 지금의 강소성 소주蘇州 남서쪽 고소산 위에 그 옛터가 남아있다. 오나라 왕 부차夫差가 세운 누대로 매우 크고 화려했나. 그는 궁녀 천 명을 불러다가 밤새도록 노래를 하게하고 천석의 술을 담을만한 술잔을 만들었다. 또 부차는 큰 연못을 만들고 청룡선을 띄우고는 배 안에 기녀악사를 가득 태우고 매일같이 서시西施와 함께 물놀이를 하였다. 이 시는 고소대에 오른 후의 감회를 적은 것으로, 번성했던 곳이 이제는 황폐해진 것을 보고 느낀 인생무상의 감정을 표현하였다. 이 시의 마지막 두 구절은 당나라 위만衛萬(현종 시기 문인)의 〈오나라 궁궐의 원망(吳宮怨)〉과 같은데, 그 선후를 파악할 수는 없다.

【주석】
1) 菱歌(능가) - 마름을 따며 부르는 노래.
2) 西江(서강) - 소주 서쪽에 있는 장강일 것이다.

756. 越中覽古

월중에서 옛 유적을 둘러보다

越王句踐破吳歸[1]　義士還家盡錦衣
宮女如花滿春殿　只今惟有鷓鴣飛[2]

월왕 구천이 오나라를 물리치고 돌아올 때
의로운 전사들이 모두 금의환향하였고,
꽃 같은 궁녀가 봄 궁전에 가득하였지만
지금은 다만 자고새만 날아다니네.

【해제】
'월중越中'은 지금의 절강성 소흥紹興 일대이며 여기서는 춘추시대 월나라의 수도를 가리킨다. 이 시는 월나라의 수도를 돌아보면서 지은 것으로, 옛날의 화려했던 상황을 묘사한 뒤 마지막 구절에서 지금의 상황을 서술하여 고금의 대비를 통해 인생무상의 감정을 표현하였다.

【주석】
1) 句踐(구천) - 월나라 왕으로 오나라 왕 부차夫差에게 나라를 빼앗겼다가 서시西施의 미인계를 사용하여 오나라를 멸망시켰다.
2) 鷓鴣(자고) - 자고새. 주로 남방에 서식한다.

757. 商山四皓

상산사호

白髮四老人	昻藏南山側¹
偃蹇松雲間²	冥翳不可識³
雲窓拂靑靄⁴	石壁橫翠色
龍虎方戰爭⁵	於焉自休息
秦人失金鏡⁶	漢祖昇紫極⁷
陰虹濁太陽⁸	前星遂淪匿⁹
一行佐明兩¹⁰	欻起生羽翼¹¹
功成身不居	舒卷在胸臆¹²
窅冥合元化¹³	茫昧信難測¹⁴
飛聲塞天衢¹⁵	萬古仰遺跡

백발의 네 노인이
남산 옆에서 초연하게 살았는데,
구름 있는 소나무 사이에 누웠으니
숨겨져 있어 누구도 알아보지 못했네.
구름 창가에는 푸른 구름이 스치고
석벽에는 비취빛이 일렁이는데,

용과 호랑이가 싸울 때에
여기에서 쉬고 있었다네.
진시황이 치국의 도를 잃어버려
한나라 고조가 황제의 지위에 올라갔는데,
음기의 무지개가 태양을 흐리게 하니
태자의 별이 가려졌네.
네 명이 같이 가서 태자를 보좌하여
홀연 날개가 생겼는데,
공을 이루고는 더 이상 머물지 않았으니
나서고 물러서는 것이 마음 먹기에 달렸다네.
은미하게 조화와 부합하였으니
아득한 경지는 정말로 헤아리기 어려운데,
날 듯한 명성이 수도를 가득 채우고 있으니
남겨진 자취를 만고에 우러러보리라.

【해제】

'상산商山'은 지금의 섬서성 상현 남동쪽에 있는 산이고, '사호四皓'는 네 명의 늙은이로 진秦나라의 전횡을 피해 상산에 은거한 동원공東園公, 녹리선생甪里先生, 기리계綺里季, 하황공夏黃公을 가리킨다. 상산사호가 은거한 후에 한나라 고조가 불렀으나 나가지 않았는데, 고조가 태자를 폐위하고 척부인戚夫人의 아들을 태자로 세우려고 하자, 태자의 어머니인 여후呂后가 유후留侯 장양張良의 계책을 따라 상산사호를 불러 태자를 따르게 하였다. 고조가 태자를 보위하고 있는 이들을 본 뒤 척 부인에게 "태자에게 날개가 생겼다."라고 하며, 애초의 계획을 포기했다.(≪사기·유후세가留侯世家≫ 참조) 이 시는 이러한 내용을 말하면서 상산사호의 인품과 덕망을 칭송하였는데, 이를 통해 은일하다가 나라의 위기에 출사해서 공적을 세우고자 하는 이백의 열망을 표현하였다. 천보 3재(744) 궁궐을 떠나 상산을 지나면서 지은 것으로 보인다.

【주석】
1) 昻藏(앙장) - 기개가 높은 모습.
    南山(남산) - 상산을 가리킨다.
2) 偃蹇(언건) - 편안하게 눕다. 은거한 모습을 나타낸다.
3) 冥翳(명예) - 깊숙한 모습. 고원한 모습.
4) 靑靄(청애) - 푸른 구름.
    이하 두 구절은 상산사호가 머무는 곳의 신비롭고 고아한 풍경을 묘사하였다.
5) 龍虎(용호) - 진나라 말에 여러 군웅들이 천하를 놓고 다툰 것을 말하며, 특히 유방劉邦과 항우項羽를 가리킨다.
6) 金鏡(금경) - 청동 거울. 나라를 다스리는 도道를 의미한다.
    이 구절은 진시황의 폭정으로 나라가 혼란해졌다는 뜻이다.
7) 漢祖(한조) - 한 고조 유방.
    紫極(자극) - 궁궐을 비유하여 황제의 지위를 가리킨다.
8) 陰虹(음홍) - 음기를 가진 무지개. 척 부인을 비유한다.
    太陽(태양) - 천자를 뜻한다.
9) 前星(전성) - 태자를 상징하는 별이다. 심성心星에 별이 세 개 있는데, 가운데는 천자이며 앞의 별은 태자이고 뒤의 별은 여러 아들이다.
    淪匿(윤닉) - 가리다.
    이상 두 구절은 한 고조가 태자를 폐위하려는 것을 가리킨다.
10) 一行(일행) - 같이 가다.
    明兩(명량) - ≪주역·이(離)≫의 상전象傳에서 "밝음이 둘인 것이 이 괘가 되니, 대인이 이로써 밝음을 이어 사방을 비춘다.(明兩作離, 大人以繼明, 照於四方.)"라고 하여 임금의 자리를 세습하여 세상을 비추는 것임을 뜻하였다. 이로부터 제왕이나 태자를 가리키는데, 여기서는 태자를 가리킨다.
11) 欻(훌) - 갑자기.
生羽翼(생우익) - 날개가 생기다. 태자에게 보좌하는 사람이 생긴 것을 말한다.
12) 舒卷(서권) - 뜻을 펴서 세상에 나아가는 것과 뜻을 접어서 은거하는 도리.
在胸臆(재흉억) - 마음속에 있다. 마음먹은 대로 할 수 있다.
13) 窅冥(요명) - 심원한 모습.
元化(원화) - 자연의 이치.
14) 茫昧(망매) - 어두워서 분명하지 않은 모습. 정확히 파악할 수 없음을 말한다.
信(신) - 진실로.
15) 飛聲(비성) - 날 듯한 높은 명성.
塞(색) - 가득 채우다.
天衢(천구) - 수도의 거리.

758. 過四皓墓

상산사호의 묘에 들르다

我行至商洛¹　幽獨訪神仙²
園綺復安在³　雲蘿尚宛然⁴
荒涼千古蹟　蕪沒四墳連
伊昔鍊金鼎⁵　何年閟玉泉⁶
隴寒惟有月⁷　松古漸無煙⁸
木魅風號去⁹　山精雨嘯旋¹⁰
紫芝高詠罷¹¹　靑史舊名傳
今日並如此　哀哉信可憐¹²

내가 상락산에 와서
깊고 적적한 곳에서 신선들을 찾았는데,
동원공과 녹리계는 또 어디에 있는가?
구름 같은 여라는 여전히 그대로인데.
천고의 자취가 황량하고
네 무덤은 무성한 풀에 묻혀있는데,
예전에는 금 솥에서 단약을 만들었지만
언제 옥천에 갇혀버렸는가?

무덤에는 쓸쓸히 단지 달빛만 비추고
소나무는 오래되어 점차 안개도 사라졌으며,
나무 도깨비가 바람에 소리 지르며 다니고
산도깨비가 비에 휘파람불며 돌아다니네.
자줏빛 영지 높이 읊조리던 노래 끝나도
푸른 역사에 옛 이름이 전해질 터이지만,
지금 모두 이와 같으니
슬프도다, 정말로 가련하구나.

【해제】

'사호四皓'는 상산사호商山四皓를 가리키며 앞 시의 주석에 상세하게 설명하였다. 그들의 묘는 지금의 섬서성 상현商縣에 그 유적이 남아있다. 이 시는 상산사호의 묘를 지나면서 느낀 감회를 적은 것으로, 그들의 명성과는 달리 이제는 황폐해진 그들의 묘와 스산한 분위기를 보면서 안타까움을 토로하였다. 앞의 시와 같은 시기에 쓰인 것으로 추정된다.

【주석】

1) 商洛(상락) - 상락산. 상산이라고도 하며 상산사호가 은거한 곳이다. 주위에 낙수洛水가 흐른다.
2) 幽獨(유독) - 고요하고 외롭다.
3) 園綺(원기) - 동원공東園公과 기리계綺里季. 여기서는 상산사호를 아울러 가리킨다.
   安在(안재) - 어디에 있는가?
4) 雲蘿(운라) - 구름같이 얽힌 무성한 여라.
   宛然(완연) - 전과 다름없는 모습. 모양이 흡사한 모습.
5) 伊昔(이석) - 옛날.

鍊金鼎(연금정) - 금 솥에서 단련하다. 장생불사약을 만드는 것을 말한다.
6) 玉泉(옥천) - 황천. 사람이 죽은 후에 매장하는 곳을 뜻한다.
7) 隴(롱) - 무덤.
8) 無煙(무연) - 안개가 없다. 생동하는 기운이 사라졌다는 뜻이다.
9) 木魅(목매) - 나무 도깨비.
10) 山精(산정) - 산의 정령. 역시 산의 귀신을 가리킨다.
이상 두 구절은 바람 불고 비 내리는 모습을 도깨비와 귀신의 소리에 비유하여 그 분위기가 스산함을 나타내었다.
11) 紫芝(자지) - 자줏빛 영지. 상산사호가 상산에 은거하면서 "아득하게 산은 높고 깊은 계곡은 구불구불하네. 빛나는 자줏빛 영지로 배고픔을 면할 수 있으리라.(莫莫高山, 深谷逶迤. 曄曄紫芝, 可以療飢.)"라고 노래하였다.
12) 信(신) - 진실로.

759. 峴山懷古

현산에서 옛 일을 생각하다

訪古登峴首[1]　憑高眺襄中[2]
天淸遠峰出　水落寒沙空[3]
弄珠見遊女[4]　醉酒懷山公[5]
感嘆發秋興　長松鳴夜風

옛 자취를 찾아 현산 정상에 올라
높은 곳에서 양양을 바라보니,
하늘 맑아 멀리 있는 봉우리가 나타나고
물이 빠져 차가운 모래언덕은 광활하네.
구슬 가지고 놀고 있는 여인도 보고 싶고
술에 취한 산공도 생각나니,
감탄하며 가을 흥취가 솟아나는데
큰 소나무가 밤바람에 우네.

【해제】

'현산峴山'은 지금의 호북성 양양시襄陽市 남쪽에 있다. 이 시는 현산에 올라서 느낀 감회를 쓴 것이다. 현산 정상에서 바라본 경관을 묘사한 뒤에 현산에 얽힌 여인과 산간山簡의 일을 읊으면서 가을 흥취를 맘껏 즐기는 모습을 그렸다. 개원 22년(734) 양양을 처음 노닐 때 지었다는 설이 있지만 확실치 않다.

【주석】
1) 峴首(현수) - 현산의 정상.
2) 憑高(빙고) - 높은 곳에 의지하다. 높은 곳에 올라 있다.
   襄中(양중) - 양양을 가리키며 현산이 있는 곳이다.
3) 空(공) - 텅 비어 광활한 모습을 뜻한다.
4) 弄珠(농주) 구 - ≪문선≫에 나오는 장형張衡의 〈남도부(南都賦)〉에서 "여인이 한고의 굽이에서 구슬을 갖고 노네.(遊女弄珠於漢皐之曲)"라고 하였는데, 한고는 양양현에 있다. 또 ≪열선전(列仙傳)≫에 따르면 정교보鄭郊甫라는 사람이 초 땅에 가다가 한고대漢皐臺 아래에서 두 여인을 만났는데 그들이 차고 있던 구슬이 달걀만 하였다고 한다.
5) 山公(산공) - 진晉나라의 산간山簡. 그는 양양이 있는 형주荊州에서 자사刺史를 지냈는데, 수시로 습가지習家池에 나가 술을 흐드러지게 마셨다고 한다.(≪세설신어(世說新語)·임탄(任誕)≫ 참조)

760. 蘇武

소무

蘇武在匈奴　十年持漢節[1]
白雁上林飛[2]　空傳一書札[3]
牧羊邊地苦　落日歸心絶
渴飮月窟水[4]　飢餐天上雪
東還沙塞遠　北愴河梁別[5]
泣把李陵衣　相看淚成血

소무는 흉노족에게 잡혔지만
십년동안 한나라의 부절을 지녔는데,
흰 기러기가 상림원에 날아와
헛되이 편지 한 통을 전해주었네.
양을 치면서 변방에서 고달파하고
해가 질 때면 돌아가고픈 마음이 끊어졌으며,
목마르면 월굴의 물을 마시고
배고프면 하늘의 눈을 먹었네.
머나먼 사막에서 동쪽으로 돌아가며
북쪽 다리에서 구슬피 이별하였으니,
울면서 이릉의 옷을 붙들고서는

서로 바라보며 피눈물을 흘렸네.

【해제】

'소무蘇武'는 한나라의 대신으로 흉노족에게 사신으로 갔다가 뜻하지 않게 억류되었다. 흉노의 선우單于는 그를 투항시키기 위해 깊은 구덩이 속에 넣고 음식을 주지 않았는데, 소무는 눈과 전모氈毛를 먹으면서 여러 날이 지나도 죽지 않자 흉노족은 그를 신이라고 여겼다. 후에 북해의 사람 살지 않는 곳으로 보내 숫양을 치고 살도록 하였고 당시 흉노에게 투항한 한나라의 장군인 이릉李陵의 회유에도 그 뜻을 굽히지 않았다. 무제가 죽고 소제昭帝가 즉위한 뒤에 흉노와 한나라의 관계가 호전되어, 한나라 조정에서 소무를 찾았는데 흉노는 그가 죽었다고 속였다. 후에 한나라 사신이 흉노에 도착하자 소무와 함께 사신 갔다 억류되었던 상혜常惠가 자초지종을 말하고는 "한나라 황제가 상림원上林苑에서 사냥을 하다가 기러기를 한 마리 잡았는데 다리에 소무가 살아있다는 사실을 적은 편지가 있었다."는 말로 선우를 문책하라고 하였다. 사신이 상혜의 계책대로 하자 선우는 어쩔 수 없이 소무를 19년 만에 다시 한나라로 돌아가게 하였다.(≪한서·소무전≫ 참조) 이 시는 이러한 소무의 이야기를 적어서 우국충정의 마음을 표현하였다.

【주석】

1) 漢節(한절) - 한나라의 부절符節. 부절은 사신이나 지방관으로 파견할 때 황제가 신하에게 주는 것이다.
2) 上林(상림) - 한나라 궁원의 이름.
3) 空傳(공전) 구 - 실제로 기러기가 소무의 편지를 전한 적이 없음을 암시한다.
4) 月窟(월굴) - 달이 머무는 곳이라고 전해지는데, 일반적으로 서쪽 먼 곳을 의미한다. 여기서는 흉노족의 영토를 가리킨다.

5) 河梁(하량) - 강에 놓인 다리. 이릉李陵의 〈소무에게 주는 시(與蘇武詩)〉에서 "손을 잡고 강의 다리에 올라섰는데, 떠나가는 그대는 저 물녘에 어디로 가는가?(携手上河梁, 遊子暮何之)"라고 하였다.

761. 經下邳圯橋懷張子房

하비의 이교를 지나면서 장자방을 생각하다

子房未虎嘯　破産不爲家[1]
滄海得壯士[2]　椎秦博浪沙[3]
報韓雖不成　天地皆振動
潛匿遊下邳[4]　豈曰非智勇[5]
我來圯橋上　懷古欽英風[6]
惟見碧流水　曾無黃石公[7]
嘆息此人去[8]　蕭條徐泗空[9]

장자방이 호랑이 울음소리를 내지 못했을 때
파산하여 집안을 다스리지 않았으니,
창해군에게서 장사를 얻어
박랑사에서 진시황을 철퇴로 쳤다네.
한韓나라의 원수를 비록 갚지는 못했지만
그 기개는 하늘과 땅을 모두 뒤흔들었고,
하비에서 숨어서 노닐었으니
어찌 지혜롭고 용맹하지 않다 하겠는가?
내가 이교에 와서

옛 일을 생각하며 빼어난 기풍을 공경하는데,
다만 푸른 물결만 보일 뿐
도리어 황석공은 없네.
이 사람이 떠나고 없음을 탄식하노라니
서주와 사주가 쓸쓸히 비었구나.

【해제】

'하비下邳'는 지금의 강소성 수녕현睢寧縣 북서쪽이며, '이교圯橋'는 그곳에 있는 다리의 이름이다. '장자방張子房'은 장양張良으로 한韓나라 재상의 후예이다. 그는 젊어서 한나라를 멸망시킨 진秦나라에 복수하기 위해 창해군을 알현하고는 120근이나 되는 철퇴를 부릴 수 있는 힘센 장사 한 명을 얻어서, 진시황이 동으로 순시할 때 박랑사博浪沙에서 진시황을 습격하였으나 수레를 잘못 선택해서 실패하였다. 그 후 하비에 숨어 살다가 다리 위에서 우연히 황석공黃石公을 만나 ≪태공병서(太公兵書)≫를 얻었는데, 이를 공부한 장양은 유방劉邦의 스승이 되어 한나라가 흥성하는데 도움을 주었다.(≪사기·유후세가(留侯世家)≫ 참조) 이 시는 하비의 이교에서 장양을 생각하며 느낀 감회를 적은 것으로, 그의 행적을 서술하면서 호방한 기개를 찬미하였다. 마지막 네 구절에서는 황석공과 장양이 없음을 안다까워하였는네 이를 통해 장양처럼 기개를 떨쳐 나라를 부흥시킬 수 있는 기회가 자신에게 주어지지 않은 것을 한탄하였다.

【주석】

1) 不爲家(불위가) - 집안을 건사하지 않다. 자객을 구하기 위하여 집안의 재산을 다 사용한 것을 말한다.
2) 滄海(창해) - 창해군. 그에 대해서는 정확하게 알려져 있지 않다.
3) 椎秦(추진) - 진시황을 철퇴로 치다.

博浪沙(박랑사) - 지금의 하남성 원양현原陽縣 남동쪽에 있으며 장양이 진시황을 암살하려다 실패한 곳이다.
4) 潛匿(잠닉) - 숨다.
5) 智勇(지용) - 지혜와 용맹함. 박랑사에서 진시황을 내려친 것이 용맹함이고 후에 하비에 숨어 산 것이 지혜이다.
6) 欽(흠) - 존경하다. 흠모하다.
7) 曾(증) - 도리어.
黃石公(황석공) - 장양이 하비에 숨어살 때 그에게 병서를 주었던 도인. 그가 장양에게 병서를 주고는 "13년 후 그대가 나를 볼 것인데, 제齊 땅 북쪽 곡성산谷城山 아래 누런 돌이 바로 나다."고 하였다. 장양이 한 고조를 보위하고 제 땅 북쪽을 평정한 뒤 곡성산 아래에 가니 누런 돌이 있어서 그것을 가져다가 제사를 지냈다.(≪사기·유후세가≫ 참조)
8) 此人(차인) - 장양을 가리킨다.
9) 蕭條(소조) - 쓸쓸한 모습.
徐泗(서사) - 서주와 사주. 하비 지역이다.

762. 金陵三首 其一

금릉 3수 제1수

晉家南渡日[1]　此地舊長安[2]
地卽帝王宅　山爲龍虎盤[3]
金陵空壯觀　天塹淨波瀾[4]
醉客迴橈去[5]　吳歌且自歡」

진나라가 남쪽으로 옮겨온 이후
이곳은 옛날의 장안이었으니,
땅은 제왕의 집터이고
산은 용과 호랑이가 서린 곳이었다네.
금릉의 웅장한 경관은 텅 비고
장강의 넘실대던 파도도 조용한데,
취한 나그네 노를 돌려 떠나가며
오 땅의 노래를 불러 잠시 스스로 즐거워하네.

【해제】
'금릉金陵'은 지금의 강소성 남경시로 동진 이래로 여섯 왕조의 수도였다. 이 시는 금릉에 와서 느낀 감회를 적은 것으로 옛날의 화려했던 모습이 이제는 사라진 것을 보고는 인간사의 무상함을 표현하였다. 개원

14년(726)에 지었다는 설과 천보 6재(747)에 지었다는 설이 있지만 확실치 않다.
제1수는 금릉이 오랫동안 제왕의 수도였지만 이제는 몰락하였음을 말하였다.

【주석】
1) 晉家(진가) 구 - 진나라 민제愍帝 건흥建興 4년(316)에 유요劉曜가 장안을 공격하니 황실이 남쪽으로 이동하였다. 후에 사마예司馬睿가 즉위한 뒤 수도를 금릉으로 삼았다. 역사에서는 그 이전을 서진西晉이라고 하고 그 이후를 동진東晉이라고 한다.
2) 此地(차지) 구 - 금릉이 옛날의 장안과 같은 수도가 되었다는 뜻이다.
3) 地即(지즉) 두 구 - 제갈양이 금릉을 돌아보고 "말릉秣陵(금릉)의 지형을 보면 종산鍾山은 용이 서려있고 석성石城은 호랑이가 웅크리고 있는 형세이니 진정으로 제왕이 도읍으로 삼을만한 곳이다."라고 감탄하였다.(≪태평어람太平御覽≫ 권156에 인용된 ≪오록吳錄≫ 참조)
4) 天塹(천참) - 하늘이 판 물길이란 뜻으로 장강을 가리킨다. 진陳나라 정명禎明 3년(589)에 수나라 군대가 장강에 다다르니 후주後主가 느긋하게 말하기를 "제나라 군대가 세 번 침범하고 주나라 군대가 두 번 쳐들어왔지만 우리를 패배시키지 못했는데 저들은 뭐하자는 것인가?"라고 하니, 도관상서都官尙書 공범孔範이 "장강은 하늘이 판 물길이라서 예로부터 남북을 갈라놓았으니 지금 북쪽 군대가 어찌 날아서 넘어오겠습니까?"라고 하였다.(≪수서隋書·오행지五行志≫ 참조)
5) 迴橈(회요) - 노를 돌리다. 뱃머리를 돌리다.

763. 金陵三首 其二

금릉 3수 제2수

地擁金陵勢[1]　城回江水流
當時百萬戶　夾道起朱樓[2]
亡國生春草[3]　王宮沒古丘
空餘後湖月[4]　波上對瀛洲[5]

땅은 금릉산의 기세에 둘러싸여있고
성은 장강이 휘감아 돌고 있네.
당시에는 백만 가구가 살았고
길 가에는 붉은 누대가 솟아있었는데,
망한 나라에 봄풀이 돋아나니
왕궁은 옛 언덕에 묻혔구나.
부질없이 후호의 달만 남아
물결 위에서 영주를 마주하고 있네.

【해제】
제2수는 예전의 화려했던 모습과 지금의 황폐한 모습을 대비하여 금석지감을 표현하였다.

【주석】

1) 金陵勢(금릉세) - 금릉산의 기세. 금릉산은 종산鍾山이다.
2) 夾道(협도) - 길 양쪽.
   朱樓(주루) - 붉은 누대. 화려하고 아름다운 건물.
3) 亡國(망국) - 망한 나라의 도읍지. 금릉을 가리킨다.
4) 後湖(후호) - 금릉성 북쪽에 있는 호수. 현무호玄武湖라고 하기도 하며 장강과 연결되어있다.
5) 瀛洲(영주) - 동해에 신선이 산다는 산. '강주江洲'로 된 판본도 있는데, 이를 따르면 호수 부근의 모래섬을 말한다.

764. 金陵三首 其三

금릉 3수 제3수

六代興亡國[1]　　三杯爲爾歌
苑方秦地少[2]　　山似洛陽多[3]
古殿吳花草　　深宮晉綺羅[4]
並隨人事滅　　東逝與滄波

여섯 나라가 흥하고 망한 도읍지
술 세 잔 올리고 너를 위해 노래하네.
궁의 정원은 진나라에 비해 작았으나
산은 낙양처럼 많은데,
오래된 궁궐에는 오 땅의 꽃과 풀이 자랐고
깊은 궁에는 진나라의 비단이 있었겠지.
이 모든 것이 인간사와 함께 사라졌으니
동해로 흘러가기를 푸른 파도와 함께했네.

【해제】
제3수 역시 예전에 화려했던 금릉의 모습을 이제 찾아볼 수 없음을 안타까워하였다.

【주석】

1) 六代(육대) - 금릉에 수도를 두었던 여섯 왕조, 즉 동오東吳, 동진東晉, 송宋, 제齊, 양梁, 진陳을 말한다.
   國(국) - 나라의 수도를 뜻한다.
2) 方(방) - 비교하다.
   秦地(진지) - 진나라 땅. 여기서는 진나라의 수도였던 함양을 가리킨다.
3) 山似(산사) 구 - 낙양과 금릉이 모두 주위가 산으로 둘러싸여 있다는 뜻이다.
   이상 두 구절은 금릉을 함양 및 낙양과 견주어 봄으로써 수도로 삼기에 손색이 없음을 말하였다.
4) 古殿(고전) 두 구 - 금릉이 오나라와 진나라의 수도로 있으면서 화려했던 모습을 묘사하였다.

765. 秋夜板橋浦泛月獨酌懷謝朓

가을밤 판교포에서 배 띄워 달구경하며 혼자 술 마시다가 사조를 생각하다

天上何所有　　迢迢白玉繩[1]
斜低建章闕[2]　耿耿對金陵[3]
漢水舊如練[4]　霜江夜淸澄
長川瀉落月[5]　洲渚曉寒凝
獨酌板橋浦　　古人誰可徵[6]
玄暉難再得[7]　灑酒氣塡膺[8]

하늘 위에는 무엇이 있는가?
하얀 옥승이 높이 빛나는데,
건장의 궁궐로 비껴 내려와
환하게 금릉을 마주하고 있네.
한수는 예로부터 비단 같았고
서리 내리는 강은 밤에 맑고 깨끗한데,
긴 강은 달이 질 때 쏟아져 흐르고
모래섬에는 새벽의 찬 기운이 엉겨있네.
판교포에서 홀로 술을 마시는데
옛 사람 중 누구를 불러낼 수 있을까?
사조 같은 이를 다시 만나기 어려워

술을 강에 뿌리자니 가슴이 답답해지네.

【해제】

'판교포板橋浦'는 지금의 강소성 남경 남서쪽에 있는 포구의 이름이다. '범월泛月'은 배를 타고 달구경하는 것이다. '사조謝朓'는 제나라의 시인이다. 이 시는 달밤에 뱃놀이를 하며 술을 마시다가 사조를 생각하면서 지은 것으로, 당시의 아름다운 풍경을 묘사하고는 이를 시로 표현하고자 하지만 사조 같은 재능이 없음을 안타까워하였다. 개원 14년(726)에 지었다는 설과 천보 8재(749)에 지었다는 설이 있지만 확실치 않다.

【주석】

1) 迢迢(초초) - 높은 모양.
   玉繩(옥승) - 옥형玉衡, 즉 북두칠성의 다섯 번째 별 북쪽에 있는 두 개의 작은 별. 일반적으로 별을 가리킨다.
2) 建章(건장) - 남조시대 송나라 때 지은 궁궐 이름.
3) 耿耿(경경) - 밝게 빛나는 모습.
4) 漢水(한수) - 강 이름. 장강이라는 설과 은하수를 가리킨다는 설이 있다.
5) 長川(장천) 구 - 긴 강물이 지는 달의 달빛을 쏟아 흐르게 한다라고 풀이할 수도 있다.
6) 徵(징) - 불러오다.
7) 玄暉(현휘) - 사조의 자. 그는 〈선성군을 가려고 신림포를 나서서 판교로 향하다(之宣城郡出新林蒲向板橋)〉에서 "강 길은 남서쪽으로 긴데 돌아가는 물줄기는 북동으로 치달리네. 하늘가에서 돌아가는 배를 알겠고 구름 속에서 강가 나무를 분별하겠네.(江路西南永, 歸流東北鶩. 天際識歸舟, 雲中辨江樹)"라고 하였다.
8) 氣塡膺(기전응) - 가슴에 숨이 막히다.
   이상 두 구절은 판교를 읊은 사조가 생각났지만 만날 수 없음을 안타까워하였다.

766. 過彭蠡湖

팽려호를 지나다

謝公入彭蠡[1]　因此遊松門[2]
余方窺石鏡[3]　兼得窮江源
前賞跡可見[4]　後來道空存[5]
而欲繼風雅　豈惟淸心魂[6]
雲海方助興　波濤何足論
靑嶂憶遙月[7]　綠蘿鳴愁猿
水碧或可採[8]　金膏秘莫言[9]
余將振衣去[10]　羽化出囂煩[11]

사영운이 팽려호로 가서는
이로 인해 송문산을 노닐었으니,
내가 이제 석경을 보고
또 강의 근원지를 다 둘러보았네.
앞서 노닐던 자취를 여전히 볼 수 있지만
뒤에 오니 길만 공연히 남아있는데,
고아한 풍취를 잇고자 함이지
어찌 다만 마음을 맑게 하려는 것이겠는가?

구름 바다가 흥을 도우니
파도는 무어 말할 것이 있겠는가?
푸른 산에서 먼 달을 그리워하는데
푸른 여라에는 근심스런 원숭이가 울고 있네.
수벽을 어쩌다 캘 수 있다면
금고는 비밀로 하고 말하지 말아야지.
내가 장차 옷을 털고 떠나가
신선이 되어 시끄럽고 번다한 곳을 떠나리라.

【해제】

'팽려호彭蠡湖'는 지금의 강서성에 있는 파양호鄱陽湖이다. 이 시는 팽려호를 돌아보다가 느낀 감회를 적은 것으로 이곳을 노닐면서 사영운謝靈運의 고아한 풍취를 잇고 장차 신선술을 배우겠다고 다짐하였다. ≪문선≫ 권26에 사영운의 〈팽려호 입구를 들어가서(入彭蠡湖口)〉가 있는데, "나그네로 떠도니 물 위에서 자는 것이 지겨운데 바람과 조수는 이루 말하기 어렵다네. 물가 섬을 재빨리 돌아 흘러가 합쳐지고 굽은 언덕을 여러 번 무너뜨릴 듯 치달리네. 달빛을 타고 슬픈 원숭이 소리를 듣고 이슬에 젖은 향초는 향기를 풍기네. 봄이 늦으니 푸른 들은 아름답고 바위가 높으니 흰 구름이 머무네. 천 가지 생각이 밤낮으로 모여들고 만 가지 상념이 아침저녁으로 가득하네. 벼랑에 올라 석경에 비추어보고 잎을 끌어당겨 송문으로 들어가네. 삼강에 전하는 일은 다 지나갔고 구파의 이치는 공연히 남아있네. 영물들은 진기한 면모를 아끼고 신선들은 정신과 혼령을 감추었네. 금고의 밝은 빛은 사라졌고 수벽에 흐르던 온기는 그쳤네. 부질없이 〈천리에 학과 이별하다(千里別鶴)〉를 연주하나니 곡이 끝나도 시름은 더욱 심하네.(客游倦水宿, 風潮難具論. 洲島驟迴合, 圻岸屢崩奔. 乘月聽哀狖, 浥露馥芳蓀. 春晩綠野秀, 巖高白雲屯. 千念集日夜, 萬感盈朝

昏, 攀崖照石鏡, 牽葉入松門. 三江事多往, 九派理空存. 靈物吝珍怪, 異人祕精魂. 金膏滅明光, 水碧綴流温. 徒作千里曲, 絃絶念彌敦.)"라고 하였다. 같은 운목을 사용하고 비슷한 표현이 많은 것으로 보아 이백은 이 시를 염두에 두었던 것으로 보인다. 상원 원년(760) 심양尋陽과 예장豫章 일대를 노닐면서 지은 것으로 추정된다. 이 시는 다음에 나오는 시와 대동소이하여 같은 시로 여겨진다.

【주석】

1) 謝公(사공) - 사영운謝靈運. 그는 임천臨川으로 가는 도중 팽려호에 도착해서 〈팽려호 입구를 들어가서(入彭蠡湖口)〉를 지었다.
2) 松門(송문) - 파양호 남서쪽에 있는 산
3) 石鏡(석경) - 송문산 정상에 있는 바위로 거울처럼 반짝인다고 한다.
4) 前賞(전상) - 예전 사영운의 감상을 가리킨다.
5) 後來(후래) - 지금 이백이 팽려호를 노닐러 온 것을 가리킨다.
   道空存(도공존) - 이는 사영운 시의 "이치는 공연히 남아있네.(理空存)"의 표현을 빌린 것이다. 자연을 감상하는 도를 후인들이 제대로 알지 못한다는 뜻이다.
6) 而欲(이욕) 두 구 - 팽려호를 노니는 것이 단순히 기분전환을 하여 마음을 맑게 하는 것만이 아니라 사영운의 고아한 풍취를 계승하기 위함이라는 뜻이다.
7) 靑嶂(청장) - 푸른 산.
8) 水碧(수벽) - 수정의 일종. 벽옥. 단약을 만드는 재료이다.
9) 金膏(금고) - 신선들이 먹는 선약.
10) 振衣(진의) - 옷을 털다. 세속에 미련을 버리고 떠나는 것을 말한다.
11) 羽化(우화) - 신선이 되다.
    囂煩(효번) - 시끄럽고 번다하다. 세속을 가리킨다.

767. 入彭蠡經松門觀石鏡,
緬懷謝康樂題詩書遊覽之志

팽려호로 들어가 송문산을 지나다가 석경을 보고
사영운이 그리워서 시를 지어 유람하는 뜻을 적다

謝公之彭蠡[1]　　因此遊松門
余方窺石鏡　　兼得窮江源
將欲繼風雅　　豈徒清心魂[2]
前賞逾所見[3]　　後來道空存[4]
況屬臨泛美　　而無洲渚喧
漾水向東去[5]　　漳流直南奔[6]
空濛三川夕[7]　　廻合千里昏[8]
青桂隱遙月　　綠楓鳴愁猿
水碧或可采[9]　　金精秘莫論[10]
吾將學仙去　　冀與琴高言[11]

사영운이 팽려호로 가서는
이로 인해 송문산을 노닐었으니,
내가 이제 석경을 보고

또 강의 근원지를 다 둘러보았는데,
고아한 풍취를 잇고자하여서니
어찌 다만 마음을 맑게 하려는 것이겠는가?
예전의 감상이 내 본 바를 뛰어넘었고
뒤에 와보니 도만 공연히 남아 있는데,
하물며 마침 아름다운 곳에서 배 띄우고
물가에는 소란스러움이 없음에랴.
양수는 동쪽으로 흘러가고
장수는 곧장 남쪽으로 내달리며,
세 강이 저녁에 아득하고
천 리에 황혼녘 감돌다 합쳐지는데,
푸른 계수나무에 먼 달이 가려있고
푸른 단풍나무에는 근심스런 원숭이가 울고 있네.
수벽을 어쩌다 캘 수 있다면
금정은 비밀로 해서 논하지 않고,
내가 장차 신선술을 배워 떠날 테니
금고와 더불어 말하기를 바란다네.

【해제】

'팽려彭蠡'는 지금의 강서성에 있는 파양호鄱陽湖이며 '송문松門'은 파양호 남서쪽에 있는 산이고 '석경石鏡'은 송문산 정상에 있는 바위로 거울처럼 반짝인다고 한다. '사강락謝康樂'은 사영운謝靈運이며 '강락'은 그의 자이다. 이 시는 앞의 시와 대동소이하여 같은 시로 여겨진다.

【주석】

1) 謝公(사공) - 사영운. 그는 임천臨川으로 가는 도중 팽려호에 도착해

서 〈팽려호 입구를 들어가서(入彭蠡湖口)〉를 지었다. 이 시의 내용은 앞 시의 해제에 있다.
2) 將欲(장욕) 두 구 - 팽려호를 노니는 것이 단순히 기분전환을 하여 마음을 맑게 하려는 것만이 아니라 사영운의 고아한 풍취를 계승하기 위함이라는 뜻이다.
3) 前賞(전상) - 예전 사영운의 감상을 가리킨다.
逾(유) - 뛰어넘다.
所見(소견) - 이백의 식견을 가리킨다.
4) 後來(후래) - 지금 이백이 팽려호를 노닐러 온 것을 가리킨다.
道空存(도공존) - 이는 사영운 시의 "이치는 공연히 남아있네.(理空存)"의 표현을 빌린 것이다.
이 구절은 후인들이 자연을 감상하는 도를 제대로 알지 못한다는 뜻이다.
5) 漾水(양수) - 한수漢水의 상류에 있는 강.
6) 漳流(장류) - 양양襄陽을 지나며 흐르는 장하漳河.
7) 空濛(공몽) - 멀어서 아득한 모습.
三川(삼천) - 사영운 시의 '삼강(三江)'과 같다. 여러 가지 설이 있으나, 정현鄭玄의 설에 의하면, 왼쪽에서 한수와 합쳐지는 것이 북강北江이고 오른쪽에서 팽려호와 합쳐지는 것이 남강南江이며 민강岷江은 그 가운데 있어서 중강中江이라고 한다.
8) 廻合(회합) - 감돌아 흐르다 합쳐지다.
9) 水碧(수벽) - 수정의 일종. 벽옥. 단약을 만드는 재료이다.
10) 金精(금정) - 신선들이 먹는 단약의 일종.
11) 冀(기) - 바라다.
琴高(금고) - 동주 말엽의 조趙나라 사람. 그는 금을 잘 연주해서 송나라 강왕康王의 사인舍人이 되었다. 신선술을 써서 기주冀州 탁군涿郡(지금의 하북성 탁주)에서 200년을 이리저리 돌아다녔다. 후에 탁

수涿水로 들어가 용왕의 아들을 잡았다. 여러 제자들과 기약하기를 목욕재계하고 물가에서 기다리라고 하였다. 금고가 과연 잉어를 타고 나왔으며, 한 달을 머물고는 다시 물속으로 들어가 버렸다.(≪열선전(列仙傳)≫ 참조)

768. 廬江主人婦

여강의 주인집 부인

孔雀東飛何處棲　　廬江小吏仲卿妻[1]
爲客裁縫石自見[2]　城烏獨宿夜空啼[3]

공작이 동쪽으로 날아가 어디에서 머무는가?
여강의 작은 관리 중경의 처가 있는 곳이라네.
손님을 위해 옷을 기워주나 마음이 맑아 돌이 절로 보이는데
성의 까마귀는 홀로 머물며 밤에 괜스레 울어대네.

【해제】
'여강廬江'은 지금의 안휘성 합비合肥이다. 이 시는 여강에 머물다가 주인집 부인을 읊은 것이다. 여인과 관련된 세 악곡을 인용하면서 홀로 지내는 애달픈 신세와 자신에게 친절하게 해주는 모습을 묘사하였다. 천보 7재(748) 곽산霍山에 놀러가 여강에 머물 때 지었다는 설이 있다.

【주석】
1) 孔雀(공작) 두 구 - 〈공작이 남동쪽으로 날아가다孔雀東南飛〉의 서문에 "한나라 말기 건안 연간에 여강부廬江府의 하급관리 초중경焦仲卿의 아내는 유씨劉氏인데 시어머니 때문에 쫓겨났다. 스스로 재혼하지 않겠다고 다짐했지만 친정에서 계속 강요하니 물에 몸을 던져

죽었다. 초중경이 이 소식을 듣고는 또한 마당의 나무에 목매달아 죽었으니 당시 사람들이 모두 애통해했다."라고 되어있다.

2) 爲客(위객) 구 - 한나라 민간 악부인 〈염가행(豔歌行)〉에 "형제 두세 사람이 타향을 이리저리 떠도는데, 오래된 옷은 누가 수선해주고 새 옷은 누가 기워줄까? 어진 안주인에게 의지하니 가져다가 터진 곳을 기워주네. 남편이 문에서 들어와서는 비스듬히 기대어 북서쪽을 쳐다보니, '그대는 흘겨보지 마세요. 물이 맑으면 돌은 절로 보이는 법이예요'라고 말하네.(兄弟兩三人, 流宕在他縣. 故衣誰當補, 新衣誰當綻. 賴得賢主人, 覽取爲吾綻. 夫婿從門來, 斜倚西北眄, 語卿且勿眄, 水淸石自見.)"라고 되어있다. 안주인이 이백에게 호의를 가지고 잘 대접해주지만 다른 사심이 있는 것은 아니라는 뜻이다.

石(석) - 왕기본王琦本에는 '군君'으로 되어있지만 문의가 순통하지 않아 다른 판본의 글자로 바꾸었다.

3) 城烏(성오) - 성의 까마귀. 남편이 오기를 기다리는 여인을 비유한다. 夜空啼(야공제) - 장화張華의 ≪금경주(禽經注)≫에서 "까마귀가 수컷을 잃으면 암컷이 밤에 운다.(烏之失雄, 雌則夜啼.)"라고 하였다. 이 구절은 악부시인 〈까마귀 밤에 울다(烏夜啼)〉의 내용을 이용하였다.

769. 陪宋中丞武昌夜飮懷古

송약사 중승을 모시고 무창에서 밤에 술을 마시다가 옛 일을 회상하다

清景南樓夜　　風流在武昌¹
庾公愛秋月　　乘興坐胡床²
龍笛吟寒水³　　天河落曉霜
我心還不淺⁴　　懷古醉餘觴⁵

남루에 밤이 되어 경치가 맑았을 때
걸출한 인재들이 무창에 있었는데,
유양이 가을 달을 사랑하여
흥이 나서 접는 의자에 앉아 놀았지.
차가운 물에는 용의 피리소리 들리고
은하수는 새벽 서리를 내리는데,
내 흥취 또한 적지 않으니
옛 일을 생각하며 남은 술에 취해보네.

【해제】

'송宋'씨는 송약사宋若思이며 천보 15재(756) 6월에 감찰어사監察御使로서 어사중승御使中丞이 되었다. 그는 이백이 영왕永王의 일로 인해 감옥에 갇혔을 때 석방될 수 있도록 있도록 도와주었다. '무창武昌'은 지금의 호

북성 무한武漢이다. 이 시는 송약사와 함께 밤에 술을 마시다가 옛날 유양庾亮이 노닐던 것을 생각하면서 지은 것으로, 맑은 경치 속에서 고아하게 즐기는 흥취를 표현하였다. 지덕 2재(757) 송약사를 따라 무창에 왔을 때 지은 것으로 추정된다.

【주석】
1) 風流(풍류) - 걸출한 인재. 풍류가 있는 인물. 유양庾亮의 고사에 나오는 은호殷浩와 왕호지王胡之 등을 가리킨다.
2) 庾公(유공) 두 구 - '유공'은 동진東晉의 대신인 유양을 가리키며, 여기서는 송약사를 비유한다. 그가 무창의 태수太守로 있을 때, 어느 가을밤 분위기도 좋고 경치도 맑아서 수하의 관리인 은호와 왕호지 등의 무리가 남쪽 누각에 올라 시를 읊었다. 마침 유양이 그곳을 지나다가 들렀는데 여러 관리들이 그 자리를 피하려고 일어서자 "그대들은 잠시 머물러 있으라. 이 늙은이도 이곳에 오니 감흥이 적지 않네."라고 하고는 간이 의자胡床에 앉아서 여러 사람들과 함께 즐겁게 놀았다.(≪세설신어(世說新語)·용지(容止)≫ 참조)
3) 龍笛(용적) - 용의 울음소리를 내는 피리.
4) 不淺(불천) - 위 주석에 있는 유양의 말을 인용하여 이백 자신의 뜻을 표현하였다.
5) 懷古(회고) - 옛 일을 회상하다. 유양의 일을 생각하는 것이다.

770. 望鸚鵡洲懷禰衡

앵무주를 바라보며 예형을 생각하다

魏帝營八極[1]　蟻觀一禰衡[2]
黃祖斗筲人[3]　殺之受惡名
吳江賦鸚鵡　落筆超群英[4]
鏘鏘振金玉[5]　句句欲飛鳴
鷙鶚啄孤鳳[6]　千春傷我情
五嶽起方寸[7]　隱然詎可平[8]
才高竟何施　寡識冒天刑[9]
至今芳洲上[10]　蘭蕙不忍生[11]

위나라 황제가 천하를 경영하였으니
개미처럼 여긴 이는 오직 예형뿐이었는데,
황조는 속이 좁은 사람이라
그를 죽이고서 악명을 얻었네.
오강에서 앵무새를 읊었는데
글을 쓰자 뭇 인재들을 뛰어넘어,
쟁쟁하게 금옥 소리 떨치고
구절구절 앵무새가 날아 우는 것 같았네.

흉악한 새가 외로운 봉황을 쪼았으니
천년이 지나도 내 마음을 아프게 하는데,
오악이 내 작은 마음속에 솟아나니
아픈 마음을 어찌 달랠 수 있을까?
재주가 높아도 결국 어찌 펼칠 수 있을까?
식견이 적어서 천형을 받았으니,
지금까지 향기로운 물가에는
난초와 혜초도 차마 자라나질 않는구나.

【해제】

'앵무주鸚鵡洲'는 지금의 호북성 무한武漢 장강에 있는 모래톱이다. '예형 禰衡'은 동한 말의 문인으로 당시 강하태수江夏太守 황조黃祖의 큰 아들인 황역黃射이 빈객을 모아 연회를 열었는데, 어떤 이가 앵무새를 바치자 황역이 예형에게 앵무새에 관한 글을 지어달라고 요청하였다. 이에 일필휘지로 〈앵무부(鸚鵡賦)〉를 지었는데 문장이 매우 아름다웠다.(《문선》의 〈앵무부 서문〉 참조) 후에 예형이 황조에게 무례하게 굴자 화가 난 황조는 그를 죽여 버렸다. 예형은 장강의 모래톱에 묻혔는데 그 곳을 앵무주라고 하였다. 이 시는 앵무주에 들렀다가 예형을 생각하며 지은 것으로, 그의 재능과 기개에도 불구하고 황조 같은 이에게 죽임을 당해 자신의 뜻을 펼치지 못한 것을 안타까워하였는데, 이를 통해 당시 자신의 신세를 투영하였다. 건원 2년(759) 야랑夜郎으로 유배 가다가 사면받아 강하로 돌아와서 지은 것으로 추정된다.

【주석】

  1) 魏帝(위제) - 위나라 무제인 조조曹操.
     八極(팔극) - 천하.

2) 蟻觀(의관) - 개미 같이 여기다. 하찮게 여기다. ≪후한서·예형전≫에 있는 기록은 다음과 같다. 예형은 기상이 높고 오만하였다. 공융孔融이 그와 친분이 있어 조조에게 천거하였지만, 예형은 광증狂症이 있다고 거절하며 방자한 말을 하였다. 조조는 분한 마음이 있었지만 그의 재주와 명성 때문에 참조서 그를 유표劉表에게 보냈는데, 유표 역시 그의 오만함을 받아들이지 못하여 황조에게 보냈다. 이 구절을 조조가 일개 예형을 개미처럼 보았다라고 풀이하는 설도 있으나 옳지 않다.
3) 斗筲人(두소인) - 아량이 좁은 사람을 가리킨다. '소筲'는 두 되 정도의 용량이다.
4) 落筆(낙필) - 글을 쓰다.
5) 鏘鏘(장장) - 옥이나 금속이 부딪히며 내는 소리. 아름다운 음률을 비유한다.
  金玉(금옥) - 금과 옥. 좋은 소리를 내는 것들이다.
6) 鷙鶚(지악) - 맹금류. 사나운 새로서 여기서는 황조를 비유하였다.
  啄(탁) - 쪼다.
  孤鳳(고봉) - 외로운 봉황. 예형을 비유하였다.
7) 五嶽(오악) - 중국의 오대 명산. 여기서는 마음속에 울분이 불끈 솟아오르는 것을 비유하였다.
  方寸(방촌) - 마음.
8) 隱然(은연) - 애통한 모습. 조심스러운 모습.
  詎(거) - 어찌.
9) 寡識(과식) - 식견이 짧다. 예형이 세상의 이치를 헤아리지 못해 자신의 수명을 온전히 하지 못한 것을 의미한다.
  冒天刑(모천형) - 천형을 받다. 죽임을 당하다.
10) 芳洲(방주) - 향기로운 물가. 예형이 묻힌 앵무주를 가리킨다.
11) 蘭蕙(난혜) - 난초와 혜초.

이상 두 구절은 예형이 묻힌 앵무주에 그의 죽음을 애도하여 난초와 혜초도 피지 않는다고 하여, 뜻을 펼치지 못하고 세상의 인정을 받지 못하는 안타까운 마음을 표현하였다.

771. 宿巫山下

무산 아래에서 머물다

昨夜巫山下　　猿聲夢裏長
桃花飛淥水¹　　三月下瞿塘²
雨色風吹去　　南行拂楚王³
高丘懷宋玉⁴　　訪古一霑裳」

지난 밤 무산 아래에서
원숭이 소리가 꿈속에 길게 들렸네.
복숭아꽃은 맑은 물에 날려
삼월에 구당협을 내려오는데,
비를 머금은 바람은 불어가
남쪽으로 가 초왕을 스치겠지.
고구산에서 송옥을 생각하여
옛 자취를 찾다가 눈물이 옷깃을 적셨네.

【해제】
'무산巫山'은 지금의 중경시 무산현巫山縣 동쪽에 있는 산이다. 이 시는 장강을 내려가다가 무산에 머물면서 지은 것이다. 송옥宋玉이 지은 〈고당부(高唐賦)〉의 무산 신녀 이야기를 끌어와서 신비로운 분위기를 연출

하였으며, 훌륭한 재주를 가지고도 펼치지 못하는 자신의 신세를 안타까워하였다. 이백은 개원 13년(725)과 건원 2년(759)에 무산을 지나간 것으로 추정되는데, 시의 분위기로 보아 건원 2년에 지었을 가능성이 높다.

【주석】

1) 桃花(도화) 구 - 음력 2월이면 비가 오기 시작하고 얼음이 녹아 강물이 불어나는데, 이때에 마침 복숭아꽃이 피기 때문에 이때의 강물을 '도화수桃花水'라고 한다.

2) 瞿塘(구당) - 장강이 지금의 중경시를 지나는 곳에 있는 협곡 중의 하나.

3) 楚王(초왕) - 〈고당부〉에 나오는 초나라 왕을 가리킨다. 옛날 초나라 양왕襄王이 송옥과 함께 운몽雲夢의 누대에서 노닐다가 고당高唐의 누대를 바라보니 그 위로 구름기운이 있었다. 양왕이 그것을 보고 송옥에게 "저게 무슨 기운인가?"라고 물으니, "옛날 선왕께서 일찍이 고당에서 노닐 때, 곤해서 낮잠을 주무시는데 꿈에 한 부인이 나타나더니 '저는 무산의 신녀로 고당에 머물고 있는데 임금께서 고당에 놀러 오셨단 말을 듣고는, 잠자리를 시중들까 합니다.'고 하였습니다. 그래서 왕은 그녀를 사랑하셨으며 그녀가 떠날 때 말하기를 '저는 무산 남쪽 고구의 험한 곳에 사는데, 아침에는 구름이 되고 저녁에는 비가 되어 아침저녁마다 양대陽臺 아래에 있겠습니다.'고 하였는데, 아침에 바라보니 과연 여자의 말과 같았습니다."라고 하였다.

이상 두 구절은 지금 무산의 비와 바람은 무산의 신녀가 변한 것이니 응당 불어가서 양왕을 만날 것이라는 뜻으로, 당시 현종이 이백의 재능을 알아주기를 바라는 상황을 투영하였다.

4) 高丘(고구) - 무산 근처의 산 이름. ≪태평환우기(太平寰宇記)≫에 따

르면, 무산현에 고도산高都山이 있다고 했는데, 아마 이 산을 뜻할 것이다.

772. 金陵白楊十字巷

금릉 백양로의 십자 골목

白楊十字巷　北夾潮溝道[1]
不見吳時人　空生唐年草
天地有反覆　宮城盡傾倒[2]
六帝餘古丘[3]　樵蘇泣遺老[4]

백양로의 십자 골목은
북쪽으로 조구도를 끼고 있는데,
오나라 때의 사람은 보이질 않고
당나라 때의 풀만 괜히 자라있네.
천지가 엎치락뒤치락하여
궁성은 모두 기울고 무너졌으니,
육조의 제왕은 옛 언덕으로 남아
나무하고 풀 베는 이가 있어 늙은이를 눈물 흘리게 하네.

【해제】

'금릉金陵'은 지금의 강소성 남경시이고 '백양白楊'은 금릉 남쪽에 있는 길 이름이다. '십자항十字巷'은 십자 모양의 골목이다. 이 시는 금릉 백양로에 있는 조구도潮溝道를 보면서 느낀 감회를 적은 것으로, 화려한 옛 모습은 사라지고 황폐하여 나무꾼만 다니는 현실을 통해 인간사의 무상함을 그렸다. 개원 14년(726)과 천보 6재(748) 등 이백은 여러 번 금릉을 들렀는데, 이 시는 처음 방문했을 때 지은 것으로 추정된다.

【주석】
1) 潮溝道(조구도) - 왕기본王琦本에는 '호구도湖溝道'로 되어있는데, 조구도가 옳다. 조구도는 오나라 손권孫權이 조수를 끌어들여 판 수로인데 서쪽으로는 운하와 통하고 북쪽으로는 후호後湖로 이어진다.
2) 天地(천지) 두 구 - 세상의 권력구도가 변하는 동안 여섯 왕조의 수도였던 금릉도 황폐해졌다는 뜻이다. 동오東吳, 동진東晉, 송宋, 제齊, 양梁, 진陳이 이곳을 수도로 삼았다.
3) 六帝(육제) - 금릉을 수도로 삼은 여섯 왕조의 황제들.
   古丘(고구) - 옛 언덕. 오래된 무덤.
4) 樵蘇(초소) - 나무를 하고 풀을 베다.
   遺老(유로) - 금릉에 사는 나이 많은 사람을 가리킨다.
   이상 두 구절은 옛날 화려했던 제왕의 도시가 이제는 오래된 무덤만 남은 곳으로 변하여 그곳 사람들이 나무하고 풀을 베니, 이를 보고 부귀영화의 허망함과 인생의 무상함을 느껴 안타까워한 것이다.

773. 謝公亭

사공정

謝亭離別處　風景每生愁
客散靑天月　山空碧水流
池花春映日　窗竹夜鳴秋¹
今古一相接²　長歌懷舊遊

사공정은 이별하는 곳이라
풍경이 매번 근심을 일으키니,
나그네 흩어질 때 푸른 하늘에 달이 떠있고
산은 비었는데 푸른 물은 흘러가네.
연못의 꽃은 봄 햇살에 일렁이고
창가의 대나무는 가을밤에 소리 내어,
옛날과 지금이 하나로 이어지니
길게 노래 부르며 옛 노님을 생각해보네.

【해제】

'사공정謝公亭'은 지금의 안휘성 선성宣城의 경정산敬亭山 자락에 있었으며, 사조謝朓가 선성의 태수太守로 있을 때 지은 정자로 이곳에서 범운范雲과 이별하였다. 이 시는 사공정에서 느낀 감회를 적은 것으로 사조가 여기서 범운과 이별하며 느낀 감정을 다시 되살려보면서 그들의 풍취를 계승하고자 하는 마음을 담았다. 대략 천보 12재(753) 선성을 노닐 때 지은 것으로 추정된다.

【주석】
1) 池花(지화) 두 구 - 사공정의 모습이 예나 지금이나 항상 그대로임을 말한 것으로 아래 구절의 고금의 정취를 이어주는 배경이 된다.
2) 今古(금고) - 현재와 옛날. 옛날 사조의 노님과 현재 이백의 노님을 말한다.

774. 紀南陵題五松山

남릉의 일을 적어 오송산에 쓰다

聖達有去就[1]　　潛光愚其德[2]
魚與龍同池　　龍去魚不測[3]
當時板築輩[4]　　豈知傅說情[5]
一朝和殷人[6]　　光氣爲列星
伊尹生空桑[7]　　捐庖佐皇極[8]
桐宮放太甲[9]　　攝政無愧色
三年帝道明　　委質終輔翼[10]
曠哉至人心[11]　　萬古可爲則
時命或大繆[12]　　仲尼將奈何[13]
鸞鳳忽覆巢　　麒麟不來過[14]
龜山蔽魯國　　有斧且無柯[15]
歸來歸去來　　宵濟越洪波[16]

통달한 성인들은 나아가고 물러남의 도리가 있어
때로는 빛을 감추고 그 덕을 어리석게 보이게 하니,
물고기가 용과 같은 연못에 있어도
용이 떠나는 것을 물고기는 헤아리지 못한다네.

당시 판자로 흙이나 다지는 이들이
어찌 부열의 마음을 알았으리요?
하루아침에 은나라 사람들을 감화시켰으니
그 빛나는 기운은 하늘의 별이 되었네.
이윤은 빈 뽕나무 안에서 태어나
요리를 바쳐 황제를 보좌하였으며,
동궁으로 태자인 태갑을 쫓아내고
정치를 맡을 때 부끄러운 기색이 없었으며,
삼년 만에 태자가 황제의 도를 밝게 깨치니
그의 신하가 되어 끝까지 보위하였다네.
드넓구나, 도에 지극한 사람들의 마음이여
만고에 모범으로 삼을 만하도다.
시운이 때로는 크게 어긋나는 법이라
공자도 어찌할 수 없었으니,
갑자기 난새와 봉황의 둥지가 뒤엎어져
기린은 다시 오지 않았고,
노나라를 보려 해도 귀산에 가려있는데
도끼는 있으나 자루가 없었다네.
돌아가야지, 돌아가야지
밤새도록 큰 파도를 넘어 건너가야지.

【해제】
시의 내용에 남릉과 오송산에 관한 내용이 없어서 시의 제목에 오류가 있음이 분명하다. 이 시의 제목이 〈남릉 오송산에서 시국에 느낀 것을 적어 이별하면서 주다(南陵五松山感時贈別)〉라고 된 판본도 있는데, 시의 내용으로 보아 이 제목이 합당한 것으로 보인다. '남릉南陵'은 지금의 안휘성 남릉현이고 '오송산五松山'은 남릉 동정銅井 서쪽 5리쯤에 있다. 이 시에서 이백은 부열傅說, 이윤伊尹, 공자를 예로 들어 시국과 운명이 잘 맞아서 자신의 능력을 발휘한 경우와 그렇지 못한 경우를 언급한 뒤에, 자신의 재능을 인정받지 못하는 상황을 한탄하면서 은거하고자 하는 마음을 표현하였다. 시의 내용에 서로 연관성이 떨어져서 환운한 것을 기준으로 각기 다른 작품으로 보는 경우도 있다. 천보 13재(754) 즈음 남릉에 있을 때 지은 것으로 추정된다.

【주석】
1) 聖達(성달) - 통달한 성인.
   去就(거취) - 관직을 떠나는 것과 나아가는 것.
2) 潛光(잠광) 구 - 통달한 성인이 때로는 자신의 능력을 감추고 덕을 아둔하게 보인다는 뜻이다.
3) 魚與(어여) 두 구 - 성인이 특정 상황에서 은거하려는 뜻을 일반인들은 헤아리지 못한다는 것을 용과 물고기에 비유하였다.
4) 板築(판축) - 판자와 공이를 이용해 담장을 쌓는 것. 토목공사를 말하며 신분이 아주 저급한 사람들이 했던 일이다.
5) 傅說(부열) - 은나라의 재상. 은왕 무정武丁이 자신을 도와줄 어진 이를 찾고 있었는데, 마침 꿈에서 하늘이 현인을 보내주니 부열이었다. 무정이 천하를 뒤져 그를 찾게 하였는데, 부암傅巖의 들에서 판축板築 일을 하던 부열을 찾아 재상으로 삼았다.(≪사기·은본기(殷本紀)≫ 참조)
6) 和殷人(화은인) - 은나라 사람들을 감화시키다. '화'는 조화로운 정치를 하였음을 말한다. '우은인雨殷人'으로 된 판본도 있는데, 이는 "은나라 사람들에게 비를 내리다"는 뜻으로 가뭄에 단비와 같은 존재라는 뜻이다. 은殷 고종高宗이 재상인 부열에게 "만약 큰 내를 건

넌다면 너를 기용하여 배로 삼고, 만약 큰 가뭄이 들면 너를 기용하여 장마비로 삼겠다.(若濟巨川, 用汝作舟楫, 若歲大旱, 用汝作霖雨.)"라고 하였다.(≪서경·열명(說命)≫ 참조)

7) 伊尹(이윤) - 은나라의 대신. 그는 신야莘野(지금의 산동성 조현曹縣)에서 농사일을 하였는데, 탕왕湯王을 알현하고자 하였지만 기회를 찾지 못하다가 신씨莘氏가 시집갈 때 잉신媵臣이 되어 솥과 도마를 짊어지고 탕왕을 알현하여, 음식 맛으로 왕도를 깨우쳐주고 그를 보좌하여 나라를 흥하게 하였다.(≪사기·은본기≫ 참조)

生空桑(생공상) - 신씨莘氏의 여인이 이천伊川에서 뽕잎을 따다가 속이 빈 뽕나무 안에서 아이를 얻었는데, 그가 이윤이라고 한다.(≪수경주(水經注)≫ 참조)

8) 捐庖(연포) - 요리를 바치다.

皇極(황극) - 황제.

9) 桐宮(동궁) 구 - 탕임금의 손자인 태갑太甲이 즉위한 뒤 폭정과 전횡을 일삼아 정치가 문란해지니 이윤이 그를 동궁桐宮으로 쫓아내고 자신이 섭정하였다. 3년 후에 태갑이 반성하니 그에게 다시 정권을 돌려주었다.(≪사기·은본기≫ 참조)

10) 委質(위질, 위지) - 신하가 되는 것을 뜻한다. 이에 대해서는 두 가지 풀이가 있다. 하나는 '質'을 몸으로 보아 무릎을 꿇어 주군을 잘 받들어 모시겠다는 의사를 표시하는 것이며, 다른 하나는 '質'을 폐백의 뜻으로 보아 예물을 바치고 신하가 되는 것이다.

輔翼(보익) - 보위하다.

11) 至人(지인) - 도덕 수양이 최고의 경지에 도달한 사람. 여기서는 부열과 이윤을 가리킨다.

12) 時命(시명) - 시운.

大繆(대무) - 크게 잘못되다.

13) 仲尼(중니) - 공자.

奈何(내하) - 어찌할 수 없다.
14) 鸞鳳(난봉) 두 구 - 공자가 위衛나라에서 등용되지 못하고 진晉나라의 조간자趙簡子를 만나려고 가던 중 두주명독竇犨鳴犢과 순화舜華가 피살되었다는 소식을 듣고 탄식하였다. 두 사람은 진나라의 어진 대부인데 조간자가 이들을 죽이고 정권을 장악했으니, 이는 배를 갈라 어린 것을 죽이면 기린이 그 들판에는 이르지 않고 둥지를 뒤엎어 알을 깨뜨리면 봉황이 그 마을에는 날아오지 않는 것과 같은 것이라고 하였다. 짐승들도 자신의 무리가 상하는 것을 꺼리는데 하물며 내가 그것을 피하지 않겠는가라고 하고는 되돌아갔다.(≪사기·공자세가孔子世家≫ 참조)
15) 龜山(귀산) 두 구 - 공자가 지은 〈귀산조(龜山操)〉에서 "노나라를 바라보려고 하나 귀산이 가리고 있는데, 손에 도끼자루가 없으니 귀산을 어찌할 수가 없구나.(予欲望魯兮, 龜山蔽之, 手無斧柯, 奈龜山何.)"라고 하였다. 당시 계환자季桓子가 제나라에서 보낸 가무하는 기녀들을 받아들이자 공자는 그렇게 하지 말도록 간언하고자 했지만 할 수가 없었음을 한탄하였다.
柯(가) - 도끼자루. 대개 권력을 비유하는데, 여기서는 관직에 올라 자신의 재능을 펼칠 수 있는 기회를 얻는 것을 말한다.
16) 濟(제) - 강을 건너다.

775. 夜泊牛渚懷古

밤에 우저에서 머물며 옛 일을 생각하다

牛渚西江夜¹　　青天無片雲
登舟望秋月　　空憶謝將軍²
余亦能高詠　　斯人不可聞³
明朝挂帆席⁴　　楓葉落紛紛⁵

서강 우저의 밤
푸른 하늘에는 구름 한 점 없는데,
배에 올라 가을 달을 바라보다가
괜스레 사상 장군을 생각하네.
나 또한 높이 읊조릴 수 있는데
이 사람은 들을 수가 없구나.
내일 아침에 돛을 펼칠 때
단풍잎이 우수수 떨어지겠지.

【해제】

'우저牛渚'는 지금의 안휘성 마안산시馬鞍山市 채석강采石江 가에 있는 우저기牛渚磯로 채석기采石磯라고도 한다. 이 시는 가을밤 우저에 머물면서 느낀 감회를 쓴 것으로, 옛날 사상謝尙 장군이 원굉袁宏의 노래를 듣고 그를 발탁한 일을 상기하고는 지금은 자신의 노래를 들어줄 이가 없음을 한탄하였다. 개원 15년(727)에 지었다는 설과 개원 27년(739)에 지었다는 설이 있지만 확실치 않다.

【주석】
1) 西江(서강) - 지금의 강서성 구강시九江市에서 남경시 사이를 북동쪽으로 흐르는 장강의 일부. 우저기가 이곳에 있다.
2) 謝將軍(사장군) - 진晉나라의 장군인 사상謝尙. 그가 우저를 진수鎭守할 때 가을 달밤에 뱃놀이를 하다가 누군가 읊는 노래를 들었는데, 그 노래 소리가 아주 정취가 있었다. 사람을 보내 알아보니 원굉袁宏이 직접 지은 〈영사(詠史)〉시였다. 사상은 그를 자신의 배로 불러다가 담론을 하면서 밤을 새웠으며, 후에 불러다가 막부의 참모로 썼다.(≪세설신어(世說新語)·문학(文學)≫ 참조)
3) 斯人(사인) - 그 사람. 여기서는 사상을 가리킨다.
   이상 두 구절은 이백 역시 원굉처럼 노래를 부를 수 있지만 그 노래를 들어줄 사람이 없음을 안타까워하였다.
4) 明朝(명조) - 내일 아침.
   挂帆席(괘범석) - 돛을 달다. 배를 타고 떠나는 것을 말한다.
5) 紛紛(분분) - 나뭇잎이 우수수 떨어지는 모습.

776. 姑孰十詠 姑孰溪

고숙의 열 가지 경치를 읊다 - 고숙계

愛此溪水閑　　乘流興無極
漾楫怕鷗驚[1]　垂竿待魚食[2]
波翻曉霞影[3]　岸疊春山色
何處浣紗人[4]　紅顔未相識[5]

이 시냇물의 한가로운 풍취를 좋아하여
그 흐름을 타노라니 흥이 끝이 없네.
노를 저으며 갈매기 놀랄까 두려워하고
낚싯대를 드리우고 물고기가 먹기를 기다리네.
파도에 새벽노을 그림자 일렁이고
강 언덕에는 봄 산의 빛이 겹겹이라네.
어느 집안의 빨래하는 여인인가?
아리따운 얼굴의 모르는 아가씨라네.

【해제】
'고숙姑孰'은 지금의 안휘성 마안산시 당도현當塗縣으로, 이 시는 고숙의 열 가지 경관을 보고 지은 것이다. 만년에 당도에 머물면서 지은 것으로 추정된다. 당대의 이적李赤이 지었다는 설이 있지만 확실치 않다.

제1수는 고숙계姑孰溪를 읊었다. 고숙계는 지금의 고계하姑溪河로 당도현을 관통하여 장강으로 들어간다. 강물에 배를 띄운 흥취를 읊으면서 자신의 행동과 주위의 경관들을 생동감 있게 그려내었다.

【주석】
 1) 漾楫(양즙) - 노가 출렁거리다. 노를 젓다.
 2) 垂竿(수간) - 낚싯대를 드리우다.
    待魚食(대어식) - 물고기가 미끼를 먹기를 기다리다.
 3) 翻(번) - 뒤집히다. 일렁이다.
 4) 浣紗(완사) - 깁을 빨다. 빨래하는 것을 뜻한다.
 5) 紅顔(홍안) - 젊고 아리따운 얼굴.

777. 姑孰十詠 丹陽湖

고숙의 열 가지 경치를 읊다 - 단양호

湖與元氣連[1]　風波浩難止
天外賈客歸[2]　雲間片帆起
龜遊蓮葉上　鳥宿蘆花裏
少女棹輕舟[3]　歌聲逐流水

호수는 하늘과 이어져 있고
바람에 일렁이는 파도가 아득하여 그칠 것 같지 않은데,
하늘 너머에서 상인들이 돌아오는지
구름 사이로 한 척 돛단배가 나타나네.
거북이가 연잎 위에서 노닐고
새들은 갈대꽃 안에서 잠자는데,
젊은 여인이 노를 저어 돌아가니
노랫소리가 흐르는 물을 좇아가네.

【해제】

제2수는 단양호^{丹陽湖}를 읊었다. 단양호는 당도현 남동쪽에 있었고 둘레가 300여 리나 되었다고 하는데, 지금은 거의 없어졌다. 상인들이 타고 돌아오는 배와 젊은 여인이 연을 따고 돌아가는 배가 각각 원경과 근경

을 이룬 가운데 호숫가에 있는 거북이와 새의 모습을 그렸다.

【주석】
 1) 元氣(원기) - 우주의 기운. 여기서는 하늘을 가리킨다.
 2) 賈客(고객) - 상인.
 3) 棹(도) - 노를 젓다.

778. 姑孰十詠 謝公宅

고숙의 열 가지 경치를 읊다 - 사공택

青山日將暝　　寂寞謝公宅
竹裏無人聲　　池中虛月白
荒庭衰草徧　　廢井蒼苔積[1]
惟有淸風閑　　時時起泉石

청산에 해가 지려는데
사공택은 적막하구나.
대나무 숲 속에는 사람 소리 들리지 않고
연못 안에는 하얀 달빛이 희미하며,
황량한 정원에는 온통 시든 잡초뿐이고
버려진 우물에는 푸른 이끼만 쌓여있네.
다만 맑은 바람만 한가로이
때때로 샘가 돌에 일어나네.

【해제】

제3수는 사공택謝公宅을 읊었다. 사공택은 사조謝朓가 선성태수宣城太守로 있을 때 지은 집으로 그 옛터가 당도현 청산靑山 남쪽에 있다. 고즈넉한 저녁 풍경을 그린 뒤 황량한 자취 속에서 느낀 옛 사람의 정취를 표현하였다.

【주석】
1) 廢井(폐정) - 버려진 우물.
   蒼苔(창태) - 푸른 이끼.

779. 姑孰十詠 凌歊臺

고숙의 열 가지 경치를 읊다 - 능효대

曠望登古臺[1]　臺高極人目[2]
疊嶂列遠空[3]　雜花間平陸[4]
閑雲入窓牖[5]　野翠生松竹[6]
欲覽碑上文　苔侵豈堪讀[7]

드넓은 곳 바라보려 옛 누대에 오르니
누대가 높아 한껏 바라볼 수 있네.
첩첩 산은 먼 하늘에 늘어서 있고
갖가지 꽃들은 평원에 여기저기 보이며,
한가로운 구름은 창문으로 들어오고
들판 푸른 곳에는 소나무와 대나무가 자라네.
비석의 글씨를 보려 했으나
이끼가 끼여 도무지 읽을 수가 없네.

【해제】
제4수는 능효대凌歊臺를 읊었다. 능효대는 당도현 북쪽 황산黃山 위에 있는데, 남조시대 송나라의 효무제孝武帝가 황산에 올라보고 이궁離宮을 지었다. 높은 곳에 올라서 보이는 광활한 경관을 묘사한 뒤 이끼로 인해 읽을 수 없는 옛 비석을 통해 금석지감을 드러내었다.

【주석】
1) 曠望(광망) - 멀리 바라보다.
2) 極人目(극인목) - 사람이 볼 수 있는 한계까지 멀리 바라보다.
3) 疊嶂(첩장) - 첩첩이 놓인 높은 산.
   遠空(원공) - 먼 하늘.
4) 平陸(평륙) - 평원.
5) 窓牖(창유) - 창문.
6) 野翠(야취) - 들판의 푸른 곳.
7) 豈堪(기감) - 어찌 ~할 수 있으리오. 할 수 없다.

780. 姑孰十詠 桓公井

고숙의 열 가지 경치를 읊다 - 환공정

桓公名已古　　廢井曾未竭¹
石甃冷蒼苔²　　寒泉湛孤月³
秋來桐暫落　　春至桃還發⁴
路遠人罕窺　　誰能見清澈⁵

환공의 이름은 이미 오래되었는데
버려진 우물은 일찍이 마른 적이 없었다네.
돌로 쌓은 우물 벽은 차가운 이끼로 덮여있고
차가운 샘에는 외로운 달이 잠겨있는데,
가을이 되면 오동잎이 잠시 떨어졌다가
봄이 오면 복숭아꽃이 다시 피네.
길이 멀어 보러 오는 이가 드무니
누가 이 맑고 깨끗함을 볼 수 있을까?

【해제】

제5수는 환공정桓公井을 읊었다. 환공정은 동진의 대사마大司馬 환온桓溫이 지은 우물로 당도현 동쪽에 있었다. 환공정이 이제는 버려져 아무도 찾아오지 않는 상황을 아쉬워하는 마음을 표현하였다.

【주석】

1) 竭(갈) - 마르다.
2) 石甃(석추) - 돌로 쌓은 우물 벽.
3) 湛(침) - 잠기다.
4) 秋來(추래) 두 구 - 환공정은 버려졌지만 그 주위 경물은 여전히 맑고 깨끗한 정취를 가지고 있음을 말하였다.
5) 淸澈(청철) - 맑고 깨끗하다.

781. 姑孰十詠 慈姥竹
고숙의 열 가지 경치를 읊다 - 자모죽

野竹攢石生[1]　含煙映江島[2]
翠色落波深[3]　虛聲帶寒早[4]
龍吟曾未聽[5]　鳳曲吹應好[6]
不學蒲柳凋[7]　貞心常自保[8]

야생 대나무가 바위틈에 모여 자라
이내를 머금고 강 가운데 섬에 비치는데,
푸른빛은 깊은 파도에 떨어지고
공허한 소리는 이른 추위를 띠고 있네.
용의 소리는 일찍이 들어본 적이 없는 것이고
봉황의 노래는 불어보면 응당 좋을 터인데,
버들의 시듦을 배우지 않고
곧은 마음을 항상 스스로 보전하네.

【해제】
제6수는 자모산慈姥山의 대나무를 읊었다. 자모산은 당도현의 장강 동쪽 언덕에 있는데, 원래는 장강 안에 있었다. 이 산에서 나는 대나무로 만든 생황이나 피리는 좋은 소리를 내었다고 한다. 강가에 비친 대나무의 모습을 그린 뒤 이 대나무로 만든 악기인 피리나 생황의 소리가 좋음을 찬미하였다. 마지막에는 쉽게 시들지 않고 곧은 마음을 항상 보전하는 것을 찬미하였는데, 이는 이백 자신에 대한 바람이기도 하다.

【주석】

1) 攢(찬) - 모이다.
2) 江島(강도) - 강의 섬. 대나무가 자라는 자모산을 가리킨다.
3) 翠色(취색) - 대나무의 푸른 빛.
   落(락) - 떨어지다. 물에 비치다.
4) 虛聲(허성) - 대나무가 바람에 흔들리는 소리를 말한다.
5) 龍吟(용음) - 용의 소리. 마융馬融의 〈장적부長笛賦〉에서 "용이 물속에서 울어 그 몸은 보이질 않았는데, 대나무를 잘라서 부니 그 소리가 비슷하네.(龍鳴水中不見己, 截竹吹之聲相似.)"라고 하였다.
6) 鳳曲(봉곡) - 봉황의 소리. 옛날에 소簫를 잘 불던 소사簫史라는 사람이 있었는데, 소를 불면 공작과 백학이 내려와 놀았다고 한다. 소사는 진목공秦穆公의 딸인 농옥弄玉과 결혼하여 그녀에게 소 부는 법을 가르쳐주어 봉황소리를 낼 수 있게 하였다. 목공이 봉대鳳臺를 지어주자 이들은 이곳에서 수년 동안 머물다가 봉황을 따라 하늘로 올라갔다.(《열신전列仙傳》 참조)
   이상 두 구절은 자모죽이 영험하여 훌륭한 음악 소리를 내는 것을 칭송하였다.
7) 蒲柳(포류) - 수양水楊, 갯버들. 가을이 되자마자 잎이 시든다고 한다.
8) 貞心(정심) - 곧은 마음.

782. 姑孰十詠 望夫山

고숙의 열 가지 경치를 읊다 - 망부산

顒望臨碧空[1]　怨情感離別
江草不知愁　　巖花但爭發
雲山萬重隔　　音信千里絶[2]
春去秋復來　　相思幾時歇[3]

푸른 하늘가에서 우러러 바라보는데
원망스런 마음으로 이별을 안타까워하네.
강가 풀은 근심을 모르고
바위의 꽃은 다만 다투어 필 줄만 아는데,
구름 덮인 만 겹의 산 너머로
천 리나 떨어져 소식은 끊어졌네.
봄이 가고 가을이 또 왔지만
그리워하는 마음 언제나 그칠까?

【해제】

제7수는 망부산望夫山을 읊었다. 망부산은 지금의 마안산시 채석진採石鎭 북서쪽에 있다. ≪태평환우기(太平寰宇記)≫에 의하면 예전에 어떤 사람이 초나라에 가서 여러 해 동안 돌아오지 않자 그 처가 산에 올라가서 남편이 간 곳을 바라보다가 돌이 되었다고 한다. 이 시에서는 떠나간 남편을 그리워하며 매일 같이 산에 올라 바라보던 여인의 슬픔을 그렸다.

【주석】
1) 顒望(옹망) - 우러러 바라보다. 망부석의 모습을 표현하였다.
2) 音信(음신) - 소식.
3) 幾時(기시) - 언제.
  歇(헐) - 그치다.

783. 姑孰十詠 牛渚磯

고숙의 열 가지 경치를 읊다 – 우저기

絶壁臨巨川　　連峰勢相向[1]
亂石流洑間[2]　迴波自成浪
但驚群木秀[3]　莫測精靈狀[4]
更聽猿夜啼[5]　憂心醉江上[6]

깎아지른 절벽은 거대한 강을 굽어보고
연이은 봉우리는 형세가 서로 마주보는데,
소용돌이 속에 돌이 어지러우니
선회하는 물결은 절로 파도를 이루네.
다만 숲의 빼어남에 놀랄 뿐
물속 정령의 형상은 상상하기 어려운데,
게다가 밤중에 원숭이 울음소리도 듣노라니
근심스러움에 강가에서 취하네.

【해제】

제8수는 우저기牛渚磯를 읊었다. 지금의 안휘성 마안산시 채석강采石江 가에 있으며 채석기采石磯라고도 한다. 깎아지른 양 쪽의 절벽 사이에 물결이 소용돌이치는 모습을 묘사하였고, 밤에 듣는 원숭이 울음소리에 근심스러운 자신을 표현하였다.

【주석】

1) 相向(상향) - 서로 마주보고 서있다.
2) 洑(보) - 소용돌이.
3) 群木(군목) - 숲.
4) 精靈(정령) - 진晉나라의 온교溫嶠가 우저기에 와보니 물 아래에서 음악소리가 들렸고 물은 헤아릴 수 없이 깊었다고 한다. 물 밑에 괴물이 많이 산다는 말을 전해 듣고는 무소뿔을 태워서 비추며 보니 물에 사는 족속들이 불을 꺼버렸는데, 그 생김새가 기이했으며 어떤 것은 수레와 말을 타고 붉은 옷과 두건을 하고 있었다. 그날 밤 꿈에 어떤 사람이 나타나 말하기를 "그대와는 유명幽明을 달리하는데 어째서 우리를 비추어 보시오?"라고 하였다고 한다.(류경숙劉敬叔의 ≪이원(異苑)≫ 참조)
5) 更(갱) - 게다가. 또.
6) 醉(취) - 근심스러움이 취한 것과 같다는 뜻으로, ≪시경·진풍(秦風)≫의 〈새매(晨風)〉에 있는 "근심스런 마음이 취한 것과 같네.(憂心如醉)"를 활용하였다. 또는 실제 근심을 해소하기 위해 술을 마시고 취했을 수도 있나.

784. 姑孰十詠 靈墟山

고숙의 열 가지 경치를 읊다 - 영허산

丁令辭世人　　拂衣向仙路
伏鍊九丹成[1]　方隨五雲去[2]
松蘿蔽幽洞[3]　桃杏深隱處[4]
不知曾化鶴[5]　遼海歸幾度[6]

정령위는 세속 사람과 헤어져
옷을 털고 신선의 길을 가서,
은거하여 구단九丹을 만들자
곧 오색구름을 따라 떠나갔다네.
송라가 그윽한 동굴을 덮었고
복숭아와 살구는 은거한 곳에 깊숙이 피었는데,
일찍이 학으로 변한 뒤에
요동으로 몇 번이나 돌아갔는지 모르겠네.

【해제】
제9수는 영허산靈墟山을 읊었다. 영허산은 당도현 동쪽 30 리에 있는데, 요동遼東 사람인 정령위丁令威가 신선술을 이루어 학으로 변한 곳이라고 한다.(≪수신후기(搜神後記)≫ 참조) 이 시는 정령위의 이러한 고사를 묘사하였다.

【주석】
1) 九丹(구단) - 도가에서 말하는 아홉 종류의 단약. 이를 먹으면 하늘을 날 수 있으며 인간 세상에 머무는 것도 자유자재로 할 수 있다고 한다. 또는 아홉 번 단련한 구전단九轉丹을 가리키는 것으로 볼 수도 있다.
2) 五雲(오운) - 오색구름.
3) 松蘿(송라) - 소나무의 여라.
4) 隱處(은처) - 은거한 곳.
이상 두 구절은 정령위가 은거하여 신선술을 이룬 곳을 묘사한 것으로 영허산의 경관이다.
5) 化鶴(화학) - 학으로 변하다. 정령위가 학으로 변한 것을 말한다.
6) 遼海(요해) - 요동의 바다.
幾度(기도) - 몇 차례.

785. 姑孰十詠 天門山

고숙의 열 가지 경치를 읊다 - 천문산

迥出江上山¹　　雙峰自相對²
岸映松色寒　　石分浪花碎
參差遠天際³　　縹緲晴霞外⁴
落日舟去遙　　回首沈青靄⁵

높이 강 위로 솟은 산
두 봉우리가 절로 마주보고 있는데,
강 언덕에는 차가운 소나무 빛이 비추고
바위에는 부서진 파도가 꽃처럼 흩어지네.
먼 하늘가에 삐죽삐죽하고
맑은 노을 밖으로 아득한데,
해 저물녘에 배를 타고 멀리 떠나다가
머리 돌려 바라보니 푸른 빛 속에 잠겨있네.

【해제】

제10수는 천문산天門山을 읊었다. 당도현 남서쪽 장강의 양쪽 강안에 동량산東梁山과 서량산西梁山이 마주하고 있는데 그 모양이 천문 같아서 이렇게 이름 붙였다. 이 시에서는 높이 마주보고 있는 두 바위산, 그 아래 비치는 소나무와 부서지는 파도를 묘사한 후 그곳을 떠나는 장면을 표현하였다.

【주석】
1) 逈(형) - 아주 높은 것을 뜻한다.
2) 雙峰(쌍봉) - 천문산은 장강을 사이에 두고 양쪽으로 두 개의 봉우리가 마주보고 서있다.
3) 參差(참치) - 가지런하지 않고 삐죽삐죽한 모습.
4) 縹緲(표묘) - 멀리 아득히 보이는 모습.
5) 靑靄(청애) - 푸른 안개. 산의 푸른 기운을 가리킨다.
이 구절은 천문산이 여러 산의 푸른 기운 속에 들어가 구별되지 않음을 말한다.

11
한적 閑適

786. 與元丹丘方城寺談玄作

원단구와 함께 방성사에서 현담하며 짓다

茫茫大夢中¹　惟我獨先覺²
騰轉風火來³　假合作容貌⁴
滅除昏疑盡⁵　領略入精要⁶
澄慮觀此身⁷　因得通寂照⁸
朗悟前後際⁹　始知金仙妙¹⁰
幸逢禪居人¹¹　酌玉坐相召¹²
彼我俱若喪¹³　雲山豈殊調¹⁴
清風生虛空　明月見談笑
怡然青蓮宮¹⁵　永願恣遊眺¹⁶

망망한 큰 꿈속에서
오직 나만 홀로 먼저 깨어났으니,
바람과 불이 솟아올라 돌다가
잠시 모여서 모습을 만들었음을 알았네.
혼미함과 의심을 모두 없애버리고
깨달음을 얻어 정밀한 요체에 들어가서,
생각을 맑게 하고 이 몸을 바라보니

고요하고 깨끗한 상태로 통해서,
과거와 미래를 환히 깨우치고
비로소 부처의 오묘함을 알게 되었네.
다행히 참선하는 스님을 만나
옥액을 따르다가 우리를 불러주었는데,
그와 우리가 모두 몸을 잊은 듯하였으니
구름 산이 아마도 격조가 달라서겠지.
맑은 바람이 허공에서 생겨나고
밝은 달이 담소하는 모습을 보고 있으니,
즐겁구나, 이 절에서
마음껏 노닐기를 길이 바라네.

【해제】

'원단구元丹丘'는 이백의 절친한 친구이며, '방성사方城寺'는 지금의 하남성 섭현葉縣 남서쪽 방성산에 있는 절로 추정된다. 이 시는 방성사에서 원단구와 만나 현담을 하고서 지은 것으로, 앞부분에서는 불교의 이치에 대해 논하였고 뒷부분에서는 절에서 머물며 느낀 정취를 말하였다. 천보 10재(751)에 지은 것으로 추정된다.

【주석】

1) 大夢(대몽) - 큰 꿈. 인생이 허환虛幻한 것임을 비유한다. ≪장자·제물(齊物)≫에서 "깨어난 후에 그것이 꿈이었음을 안다. 또한 크게 깨어난 뒤에 그것이 큰 꿈이었음을 안다."라고 하였다.
2) 覺(교) - 잠이 깨다. 깨닫는 것을 뜻한다.
3) 風火(풍화) - 불교에서 흙, 물, 불, 바람을 사대四大라고 하는데, 인간을 포함한 모든 세상의 물질은 이 네 가지 요소가 잠시 모여 이

루어지며, 결국에는 흩어진다고 한다.
4) 假合(가합) - 잠시 합쳐지다.
容貌(용모) - 사람의 신체 외형을 말한다.
5) 昏疑(혼의) - 어리석음과 의심스러움.
6) 領略(영략) - 이해하다.
精要(정요) - 정밀한 요체. 불교의 핵심 교리를 의미한다.
7) 澄慮(징려) - 생각을 맑게 하고 근심과 걱정을 없애다.
觀身(관신) - 자신의 마음속을 들여다보며 성찰하는 것을 말한다.
8) 寂照(적조) - 고요하고 깨끗한 상태.
9) 朗悟(낭오) - 환히 깨우치다.
前後際(전후제) - 전제前際는 과거이고 후제後際는 미래를 의미한다. 윤회에 따라 변화하는 자신의 모습을 말한다.
10) 金仙(금선) - 부처.
11) 禪居人(선거인) - 참선하는 사람. 방성사의 스님을 가리킨다.
12) 酌玉(작옥) - 옥액玉液을 따르다. 여기서 옥액은 차를 가리키는 것으로 보인다.
坐(좌) - 때문에.
13) 若喪(약상) - 마치 잃어버린 것 같다. ≪장자·제물≫에서 "남곽자기南郭子綦가 안궤에 기대어 앉아서 하늘을 우러러 한숨을 쉬는데 그 몸을 잃은 것 같았다."라고 하였다.
이 구절은 무아지경에 빠진 것을 말한다.
14) 雲山(운산) - 구름 덮인 산. 신선 같은 경지를 말한다.
殊調(수조) - 격조를 달리하다. 여타의 것과 다른 특별한 격조가 있다는 뜻이다.
이 구절은 방성사가 있는 산의 격조가 특별하여 사람들로 하여금 무아의 경지에 들게 하는 것 같다는 뜻으로, 방성사의 주위 환경을 칭송한 말이다.

15) 怡然(이연) - 즐거운 모습.
　　靑蓮宮(청련궁) - 사찰. '청련'은 푸른 연꽃으로 부처세계를 상징한다.
16) 恣(자) - 마음껏.
　　遊眺(유조) - 노닐다. 유람하다.

787. 尋高鳳石門山中元丹丘

고봉이 은거했던 석문산의 원단구를 찾아가다

尋幽無前期[1]　乘興不覺遠[2]
蒼崖渺難涉　白日忽欲晚
未窮三四山　已歷千萬轉[3]
寂寂聞猿愁　行行見雲收[4]
高松來好月　空谷宜清秋
谿深古雪在　石斷寒泉流
峰巒秀中天[5]　登眺不可盡[6]
丹丘遙相呼　顧我忽而哂[7]
遂造窮谷間[8]　始知靜者閒[9]
留歡達永夜[10]　清曉方言還[11]

미리 약속도 하지 않고 그윽한 곳을 찾는데
흥을 타니 먼 지를 모르겠네.
푸른 벼랑이 아득하여 건너기 힘든데
밝은 태양은 갑자기 어둑어둑,
산을 서너 개도 안 넘었지만
이미 천 굽이 만 굽이를 돌았네.

적막한 가운데 원숭이 근심스런 울음소리 들리고
가고 가다가 구름 걷히는 것을 보네.
높은 소나무에 좋은 달이 와서
빈 계곡이 맑은 가을과 어울리는데,
깊은 계곡에는 오래된 눈이 있고
갈라진 바위에는 차가운 샘물이 흐르네.
우뚝한 봉우리가 하늘에 빼어나니
올라가 보려 해도 다 오를 수가 없는데,
원단구가 멀리서 부르고는
나를 돌아보며 홀연히 웃음 짓네.
드디어 깊은 계곡 안에 들어가
비로소 고요히 사는 자의 한가로움을 알고는,
머무르며 즐기다 긴 밤을 다하고서
맑은 새벽이 되어서야 돌아가겠다고 말하네.

【해제】

'고봉高鳳'은 후한시기 은일자로서 자가 문통文通이며 남양南陽사람인데 지금의 하남성에 있는 서당산西唐山에 은거하였다. '석문산石門山'은 서당산과 마주한 산인데 고봉이 이곳에서 독서하였다고 한다. '원단구元丹丘'는 이백의 절친한 친구이다. 이 시는 석문산에 은거한 원단구를 찾아가서 지은 것으로, 그를 찾아가는 도중의 풍경과 그와 만나 노니는 장면을 차례로 표현하였다. 천보 10재(751) 가을에 지은 것으로 추정된다.

【주석】

1) 尋幽(심유) - 그윽한 곳을 찾아가다. 원단구가 은거해 있는 곳을 찾아가다.

前期(전기) - 만나겠다는 사전의 약속.
2) 乘興(승흥) - 흥을 타다. 진晉나라의 왕휘지王徽之가 회계산會稽山 북쪽에 있는 산음山陰에 살 때, 어느 날 밤 눈이 오자 이리저리 배회하며 시를 읊조리다 대규戴逵가 생각나서 배를 타고 그가 있던 섬계剡溪로 갔다가 그를 만나지 않고 다시 돌아왔다. 그는 흥취가 나서 찾아갔다가 흥취가 다해 돌아온 것이니 반드시 그를 만나야할 필요는 없다고 하였다.(≪세설신어(世說新語)·임탄(任誕)≫ 참조)
3) 未窮(미궁) 두 구 - 산이 아주 험악하여 산등성을 몇 개 넘지도 않았는데 이미 수만 굽이를 지났다는 뜻이다.
4) 行行(행행) - 끊임없이 가다.
5) 秀(수) - 높이 솟아있다.
中天(중천) - 하늘 가운데.
6) 登眺(등조) 구 - 높이 솟아있는 봉우리를 올라가보려 해도 너무 높아서 정상까지 못가겠다는 뜻이다.
7) 哂(신) - 웃다.
8) 造(조) - 가다.
窮谷(궁곡) - 깊은 골짜기.
9) 靜者(정자) - 여기서는 은거하며 도를 닦는 사람을 뜻하는데, 원단구를 가리킨다.
10) 留歡(유환) - 머물며 즐기다.
永夜(영야) - 기나긴 밤.
11) 言(언) - 뜻 없는 허사로 볼 수도 있다.

788. 安州般若寺水閣納凉, 喜遇薛員外乂

안주 반야사의 물가 전각에서 더위를 피하다가
설예 원외랑과 만난 것을 기뻐하다

儵然金園賞[1]　遠近含晴光
樓臺成海氣[2]　草木皆天香[3]
忽逢青雲士[4]　共解丹霞裳[5]
水退池上熱　風生松下凉
呑討破萬象[6]　搴窺臨衆芳[7]
而我遺有漏[8]　與君用無方[9]
心垢都已滅[10]　永言題禪房[11]

한가로이 절을 감상하니
먼 곳과 가까운 곳이 모두 밝은 빛을 머금은 채,
누대는 신기루를 이루고
초목은 모두 천상의 향기라네.
갑자기 청운의 선비를 만나서
함께 붉은 노을 옷을 벗으니,
물은 못가의 열기를 물리치고
바람은 소나무 아래를 시원하게 하네.
일체를 아울러 토론하여 만상의 허영虛影을 깨면서

주렴을 걷어 올리고 뭇 꽃을 굽어보네.
그리하여 나는 번뇌를 떨쳐버리고
그대와 함께 무방의 도를 사용하고서,
마음속의 티끌이 이미 모두 사라졌기에
노래를 읊어 선방에 써놓네.

【해제】

'안주安州'는 지금의 호북성 안륙安陸이고 '반야사般若寺'는 아마 안륙에 있던 절일 것이다. '원외員外'는 상서성尙書省의 종육품從六品에 해당하는 관직인 원외랑員外郞이며 '설예薛乂'에 관해서는 자세하게 알려진 것이 없다. 이 시는 반야사에서 더위를 피하다가 설예를 만나서 지은 것으로, 반야사의 신비스러운 풍광을 서술한 뒤 오묘한 도리를 깨치는 즐거움을 적었다. 개원 연간에 지은 것으로 추정된다.

【주석】

1) 儵然(소연) - 구속받지 않는 모습.
   金園(금원) - 절의 정원. 기원祇園과 같은 말이다. 인도의 부유한 상인인 수닷타가 제타祇陀 태자의 정원을 사서 부처가 머물 곳으로 삼고자 하자, 태자가 우스갯소리로 "온 땅을 금으로 덮으면 팔겠다."고 하였는데, 수닷타가 금으로 정원을 다 덮으니 그 두께가 다섯 치였고 둘레가 10리였다. 그래서 수닷타가 그 정원을 사서 여래에게 바치고는 정사精舍를 지었다.
2) 海氣(해기) - 신기루. 이는 절의 누대가 신기루처럼 신비하게 보인다는 뜻이며, 또한 물가에 있음을 말해준다.
3) 天香(천향) - 천상의 향기. 초목의 향기가 인간 세상의 것이 아니라는 뜻이다.

4) 靑雲士(청운사) - 뜻이 깨끗하고 덕이 높은 선비. 설예를 가리킨다.
5) 解(해) - 옷을 벗다. 더위를 피하는 행동이다.
   丹霞裳(단하상) - 붉은 노을 옷. 원래 신선이 입는 옷인데 여기서는 두 사람의 옷을 가리킴으로써 두 사람의 신선다운 풍취를 표현하였다.
6) 呑討(탄토) - 일체를 아울러서 토론하는 것을 말한다.
   萬象(만상) - 삼라만상.
   이 구절은 삼라만상을 아울러 탐토探討하여 그 진상眞相을 찾는다는 뜻이다.
7) 搴(건) - 걷어 올리다. 여기서는 주렴을 걷는 것이다.
8) 遺(유) - 버리다. 떨쳐 없애다.
   有漏(유루) - 불교 용어로서 세상에서 번뇌를 가진 모든 사물을 가리킨다.
9) 無方(무방) - 규범에 구속되지 않고 사물에 따라 변화하는 것을 말한다.
10) 心垢(심구) - 잡념이나 번뇌.
11) 永言(영언) - 노래를 읊조리다.

789. 魯中都東樓醉起作

노 땅 중도의 동쪽 누각에서 취했다가 일어나 짓다

昨日東樓醉　　還應倒接䍦[1]
阿誰扶上馬[2]　不省下樓時[3]

어제 동쪽 누각에서 취했으니
또 응당 접리를 거꾸로 썼겠지.
누가 날 부축해서 말을 태웠을까?
누각에서 내려온 때도 기억나지 않네.

【해제】

'중도中都'는 지금의 산동성 문상현汶上縣이다. 이 시는 지난 밤 만취하여 돌아왔다가 아침에 깨어나서 지난 일이 기억나지 않는 상황을 적었다. 천보 5재(746)년 동로東魯에 머물 때 지은 것으로 보인다.

【주석】

1) 倒接䍦(도접리) - 모자를 거꾸로 쓴 것으로 매우 취한 모습이다. '접리'는 모자의 이름이다. 진晉나라의 산간山簡이 형주자사荊州刺史가 되어서는 수시로 양양襄陽의 습가지習家池로 가서 술을 마시고는 취했다. 사람들이 이를 두고 노래를 지어 부르기를 "산공은 때로 한번 취하면, 그 길로 고양지로 간다네. 날이 저물면 쓰러져 실려 돌

아오는데, 곤드레만드레 정신이 하나도 없다네. 또 준마에 오를 줄은 알아도 흰 접리 모자는 거꾸로 쓴다네. 손을 들어 갈강에게 물어보노라니, 병주의 사내인 자네와 비하면 어떠한가?(山公時一醉, 徑造高陽池. 日暮倒載歸, 酩酊無所知. 復能乘駿馬, 倒著白接䍦. 擧手問葛彊, 何如幷州兒.)"라고 하였다.(≪세설신어(世說新語)·임탄(任誕)≫ 참조)

2) 阿誰(아수) - 누구.
3) 不省(불성) - 살피지 못하다. 기억하지 못하다.

790. 對酒醉題屈突明府廳
술을 마시다 취해서 굴돌 건창현령의 관청에 쓰다

陶令八十日[1]　長歌歸去來[2]
故人建昌宰[3]　借問幾時迴
風落吳江雪　紛紛入酒杯
山翁今已醉[4]　舞袖爲君開

도연명은 80일 만에
길게 노래하고 돌아갔으니,
친구인 건창 현령에게
언제 돌아갈 거냐고 물어보네.
바람에 오 지역 강의 눈이 날려서
어지러이 술잔 속으로 들어오는데,
산간은 이제 이미 취하여
춤사위를 그대 위해 펼치네.

【해제】
'명부明府'는 현령縣令의 별칭이고 '굴돌屈突'씨에 대해서는 알려진 것이 없지만 시의 내용으로 보아 건창현령建昌縣令이었을 것이다. 이 시는 굴돌 현령과 같이 술을 마시다가 쓴 것으로 도연명이 벼슬하다가 고향으로 돌아갔듯이 그도 관직을 그만두고 자신과 같이 한가롭고 호방하게 노닐 것을 권유하였다. 대체로 상원 원년(760) 겨울에 지은 것으로 추정된다.

【주석】

1) 陶令(도령) - 도연명. 그는 팽택령彭澤令을 지내다가 80 여일 만에 그만두고 고향으로 돌아갔다.
2) 歸去來(귀거래) - 도연명이 지은 〈귀거래사(歸去來辭)〉를 가리키는 것으로 볼 수도 있다.
3) 建昌(건창) - 예장군豫章郡에 속했던 현. 지금의 강서성 수수현修水縣 부근이다.
  宰(재) - 대개 현령을 가리킨다.
4) 山翁(산옹) - 진晉나라의 산간山簡(앞의 시 주석 참조). 여기서는 이백 자신을 비유하였다.

791. 月下獨酌四首 其一

달 아래서 홀로 술을 마시다 4수 제1수

花間一壺酒　獨酌無相親[1]
舉杯邀明月[2]　對影成三人
月旣不解飮[3]　影徒隨我身
暫伴月將影[4]　行樂須及春
我歌月徘徊　我舞影零亂[5]
醒時同交歡　醉後各分散
永結無情遊[6]　相期邈雲漢[7]

꽃 사이에서 술 한 병 놓고
친한 이 없어 홀로 마시다가,
잔을 들어 밝은 달을 청해오고
그림자를 마주하니 세 사람이 되었네.
달은 본래 술 마실 줄 모르고
그림자는 그저 나를 따라할 뿐이지만,
잠시 달과 그림자와 어울려
모름지기 이 봄에 즐겨야 하리.
내가 노래하면 달은 서성이고

내가 춤추면 그림자는 어지러이 움직이는데,
깨어 있을 때는 함께 즐기며 기뻐하지만
취한 후에는 각각 흩어지니,
무정한 교류 영원히 맺고자
아득한 은하수 너머를 서로 기약하네.

【해제】
이 시는 달밤에 홀로 술을 마시며 느낀 감회를 쓴 것으로, 술을 마시면 근심을 잊고 번잡한 세속을 떠나서 자연의 이치와 합치되어 무아지경과 신선의 경지에 들어갈 수 있다고 설파하였다. 하지만 그 기저에는 세상일이 자신의 뜻대로 되지 않아 고뇌하며 세상을 피하고자 하는 마음이 깔려있다. 대체로 천보 3재(744)에 장안에서 지은 것으로 보인다. 제1수는 홀로 술을 마시는 모습을 그린 것으로, 그림자와 달을 불러다가 함께 술을 즐기면서 세상의 사욕을 뛰어넘는 무정한 교류를 영원히 맺자는 다짐을 하였다.

【주석】
1) 相親(상친) - 친구나 친척들. 아는 사람.
2) 邀(요) - 초청하다.
3) 解(해) - 할 줄 알다.
4) 將(장) - 그리고.
5) 零亂(영란) - 어지러이 움직이는 모습.
6) 無情遊(무정유) - ≪장자·덕충부(德充符)≫에서 "내가 말하는 무정無情이란 것은 사람이 좋아하고 싫어하는 것으로써 자신의 몸을 안으로 상하게 하지 않는 것을 말하니, 항상 자연의 이치를 따르면서 삶을 증가시키지 않는다."라고 하였는데, 달과 그림자는 자연 그대

로의 모습을 가지고 있어 세속의 욕망을 초월한 사귐을 할 수 있다
　　는 뜻이다.
7) 雲漢(운한) - 은하수. 이들이 무정한 교유를 할 수 있는 곳으로 세
　　속을 떠난 곳이다.

792. 月下獨酌四首 其二
달 아래서 홀로 술을 마시다 4수 제2수

天若不愛酒　酒星不在天[1]
地若不愛酒　地應無酒泉[2]
天地旣愛酒　愛酒不愧天
已聞淸比聖　復道濁如賢[3]
賢聖旣已飮　何必求神仙
三杯通大道　一斗合自然
但得酒中趣　勿爲醒者傳

하늘이 만일 술을 사랑하지 않았다면
주성이 하늘에 있지 않았고,
땅이 만일 술을 사랑하지 않았다면
주천이 땅에 있지 않았을 터,
하늘과 땅이 이미 술을 사랑했으니
술을 사랑해도 하늘에 부끄럽지 않네.
청주를 성인에 비한다고 이미 들었고
탁주를 현인과 같다고 또 말하는데,
현인과 성인들이 이미 술을 마셨으니

어찌 반드시 신선을 추구하겠는가?
석 잔이면 큰 도에 통하고
한 말이면 자연과 합쳐지니,
다만 술 속의 흥취를 얻을 뿐
깨어있는 자들에게 전하지 말아야지.

【해제】
제2수는 술은 하늘과 땅, 성인과 현인 모두가 좋아했던 것이며 술을 마시면 자연의 이치와 합치될 수 있다고 하였다.

【주석】
1) 酒星(주성) - 헌원軒轅의 오른쪽 귀퉁이 남쪽에 있는 세 개의 별을 주기酒旗라고 한다. 주기는 주관酒官의 깃발로서 향연의 음식과 술을 관장한다.
2) 酒泉(주천) - 지금의 감숙성 주천현. 이곳에 금천金泉이라는 샘이 있는데, 그 물맛이 술과 같았다고 한다.
3) 已聞(이문) 두 구 - 위魏나라 태조가 금주령을 내렸는데 서막徐邈은 몰래 술을 마시며 심하게 취하기도 하였다. 교사校事 조달趙達이 관청 사무에 관해 물으니, 서막이 말하기를 "성인을 만났을 뿐이네"라고 했다. 조달이 태조에게 이를 아뢰니 태조가 매우 노하였는데, 도료장군度遼將軍 선우보鮮于輔가 아뢰기를 "평소 술 취한 사람들이 청주를 성인이라 하고 탁주를 현인이라 합니다. 서막은 성격이 신중한데 어쩌다 취해서 그렇게 말했을 뿐입니다"고 해서 결국 벌을 면했다.(≪삼국지·위지(魏志)·서막전≫ 참조)

793. 月下獨酌四首 其三

달 아래서 홀로 술을 마시다 4수 제3수

三月咸陽城　千花晝如錦[1]
誰能春獨愁　對此徑須飮[2]
窮通與修短[3]　造化夙所稟[4]
一樽齊死生[5]　萬事固難審[6]
醉後失天地[7]　兀然就孤枕[8]
不知有吾身　此樂最爲甚

삼월 함양성은
천 가지 꽃이 대낮에 비단 같은데,
누가 봄에 홀로 근심하리오?
이 경치 대하고 곧장 술을 마셔야지.
곤궁과 통달, 장수와 요절은
자연의 조화가 일찍이 부여한 것이지만,
한 단지 술에 삶과 죽음이 같아지니
세상만사가 진실로 알기 어렵네.
취한 후에는 천지를 잃어버리고
아무 것도 모른 채 홀로 잠이 드는데,
내 몸이 있는지도 모르니

이러한 즐거움이 최고로다.

【해제】

제3수는 출세와 수명은 타고난 것이지만, 술을 마시면 이 모든 것을 잊고 무아지경에 빠지는 즐거움을 누리게 된다고 하였다.

【주석】
1) 三月(삼월) 두 구 - 송본의 주석에 의하면 이상 두 구절이 "예쁜 새가 맑은 바람 속에 지저귀고, 떨어진 꽃잎이 흩어져 비단 같구나.(好鳥吟淸風, 落花散如錦.)"로 된 판본이 있고, 또 "정원의 새가 지저귀니 노래가 되고, 정원의 꽃이 웃으니 비단 같네.(園鳥語成歌, 庭花笑如錦.)"로 된 판본도 있다.
   咸陽城(함양성) - 장안을 가리킨다.
2) 徑(경) - 곧장.
3) 窮通(궁통) - 시운이 따르지 않는 것과 따르는 것. 벼슬길에서의 곤궁과 통달通達.
   修短(수단) - 길고 짧음. 수명을 가리킨다.
4) 造化(조화) - 조화옹. 자연의 이치를 뜻한다.
   夙(숙) - 일찍이.
   稟(품) - 부여하다.
5) 齊(제) - 같이 여기다. 차별을 두지 않고 동일하게 생각한다는 뜻이다.
6) 萬事(만사) 구 - 술을 마시면 어떤 일의 시비, 선악, 우열 등에 대해서 정확히 살필 수 없다는 뜻으로, 분별심을 버리고 만물제동萬物諸同의 경지에 들게 된다는 말이다.
7) 失天地(실천지) - 천지를 잃어버리다. 무아지경의 상태에 빠지는 것을 말한다.
8) 兀然(올연) - 혼연히 아무 것도 모르는 모습. 술에 많이 취한 상태이다.

794. 月下獨酌四首 其四

달 아래서 홀로 술을 마시다 4수 제4수

窮愁千萬端[1]　　美酒三百杯[2]
愁多酒雖少　　酒傾愁不來
所以知酒聖　　酒酣心自開[3]
辭粟臥首陽[4]　　屢空飢顔回[5]
當代不樂飮　　虛名安用哉[6]
蟹螯卽金液[7]　　糟丘是蓬萊[8]
且須飮美酒　　乘月醉高臺』

곤궁의 시름은 천만 갈래인데
좋은 술은 삼백 자이어서,
시름은 많고 술은 비록 적으나
술을 기울이자 시름이 오지 않으니,
술의 성인이
술이 거나해지면 그 마음이 절로 열리는 것을 알겠네.
백이 숙제는 곡식을 사양하고 수양산에 누웠고
안회는 자주 쌀독이 비어 굶주려서,
당시에는 즐겁게 술을 마시지 못했으니
헛된 명성을 어디다 쓰겠는가?

게 앞발은 신선의 단약이고
지게미 언덕은 봉래산이니,
또 모름지기 좋은 술을 마시고
달을 타고 높은 누대에서 취해보리라.

【해제】
제4수는 근심을 잊기 위해서는 술이 가장 좋으며, 헛된 명성을 추구하는 것보다는 지금 술을 마시고 취하는 것이 더 좋다고 하였다.

【주석】
1) 窮愁(궁수) - 곤궁의 시름. 곤궁과 근심.
 千萬端(천만단) - '유천단有千端'으로 된 판본도 있다.
2) 三百杯(삼백배) - '유수배唯數杯'으로 된 판본도 있다.
 이상 두 구절은 시름은 무궁한데 마실 술은 제한되어있다는 뜻이다.
3) 所以(소이) 두 구 - 이 두 구절은 "술이 성인임을 알겠으니 술이 거나해지면 마음이 절로 열리네."라고 풀이할 수도 있다.
4) 辭粟(사속) 구 - 주나라 무왕이 은나라를 정복하자 온 천하가 주나라를 받들었는데 백이伯夷와 숙제叔齊는 이를 부끄럽게 생각하여 주나라의 곡식을 먹지 않겠다고 다짐하고는 수양산首陽山에 들어가 고사리를 캐먹고 살다가 굶어죽었다.(≪사기·백이열전≫ 참조)
5) 屢空(누공) 구 - 공자의 제자인 안회顔回는 가난하여 쌀독이 자주 비었다고 한다.
6) 當代(당대) 두 구 - 백이 숙제나 안회가 절개를 지키고 안빈낙도했다고 하여 칭송되고 있지만, 생전에 즐기지 못했으니 사후의 명성은 헛된 것이라는 뜻이다.
7) 蟹螯(해오) - 게의 집게발. 옛날에 안주로 즐겨 먹었다. 동진 사람

인 필탁畢卓은 일찍이 이부랑吏部郎을 지냈는데 술을 먹어서 관직에서 쫓겨났다. 그가 말하기를 "한 손에는 게의 집게발을 들고 다른 한 손에는 술잔을 쥐고 술의 연못에서 헤엄치면 그걸로 한 평생 충분하다."라고 하였다.(≪세설신어世說新語≫·임탄任誕≫ 참조)

金液(금액) - 신선들이 먹는 단약.

8) 糟丘(조구) - 술지게미를 쌓아 놓은 무더기.

蓬萊(봉래) - 동해에 신선이 산다는 봉래산蓬萊山.

이상 두 구절은 술을 마시는 것이 신선술을 수련하는 것과 마찬가지라는 뜻이다.

795. 春歸終南山松龍舊隱

봄에 종남산 송룡의 옛 은거지로 돌아오다

我來南山陽[1]　事事不異昔
卻尋溪中水[2]　還望巖下石
薔薇緣東窓　女蘿遶北壁
別來能幾日　草木長數尺
且復命酒樽　獨酌陶永夕[3]

내가 종남산의 남쪽으로 와보니
모든 것이 옛날과 다름없어,
시냇가의 물도 다시 찾아보고
큰 바위 아래 돌도 다시 바라보네.
장미는 동쪽 창을 따라 자라고
여라는 북쪽 벽을 휘감았는데,
떠난 지 며칠이나 되었다고
초목이 여러 자나 자랐네.
또 다시 술 단지 가져오라 해서
홀로 마시며 긴 밤에 도취해보네.

【해제】

'종남산終南山'은 지금의 섬서성 서안시 남서쪽에 있으며 '송룡松龍'은 종남산 내의 지명으로 추정된다. 이 시는 다시 종남산의 은거지로 돌아와서 지은 것으로, 옛 자취를 돌아다보면서 다시금 은거지로 돌아온 것을 기뻐하는 마음을 표현하였다. 작시시기에 관해 여러 설이 있지만 모두 확실치 않으며, 다른 사람의 시가 잘못 섞여 들어간 것이라는 설도 있다.

【주석】

1) 南山(남산) - 종남산.
   陽(양) - 산의 남쪽.
2) 卻(각) - 다시.
3) 陶(도) - 즐거워하다.
   永夕(영석) - 기나긴 밤. 또는 밤을 읊다.

796. 冬夜醉宿龍門覺起言志
겨울 밤 취해서 용문에서 묵다가 깨어 일어나 뜻한 바를 말하다

醉來脫寶劍　旅憩高堂眠
中夜忽驚覺　起立明燈前
開軒聊直望　曉雪河冰壯[1]
哀哀歌苦寒[2]　鬱鬱獨惆悵[3]
傳說板築臣[4]　李斯鷹犬人[5]
欻起匡社稷[6]　寧復長艱辛[7]
而我胡爲者　嘆息龍門下
富貴未可期　殷憂向誰寫[8]
去去淚滿襟　攀聲梁甫吟[9]
青雲當自致　何必求知音

취해서 보검을 끌러놓고
여행 중에 쉬려고 높은 집에서 잠이 들었는데,
한밤에 홀연히 놀라 깨어서
일어나 밝은 등불 앞에 섰네.
창문을 열어놓고 애오라지 앞쪽을 바라보니
새벽 눈에 황하가 얼어 대단한데,

애달프게 〈매서운 추위〉를 부르니
답답하여 유독 서글프구나.
부열은 판자로 땅을 다지던 신하였고
이사는 매와 개로 사냥하던 사람이었는데,
갑자기 일어나 사직을 바로 잡았으니
어찌 또 오래도록 고생했겠는가?
하지만 나는 무엇을 하는 자이기에
용문에 와서 탄식하고 있는가?
부귀는 아직 기약할 수 없으니
깊은 근심은 누구를 향해 쏟아낼까?
떠나야지! 눈물이 옷깃에 가득한 채
소리 높여 〈양보〉를 노래하는데,
청운의 꿈은 마땅히 스스로 이룰 것이니
어찌 지음을 구해야하겠는가?

【해제】

'용문龍門'은 지금의 하남성 낙양시 남서쪽에 있다. 이 시는 용문에서 북다가 밤에 깨어나서 생각한 바를 적은 것이다. 부열傅說과 이사李斯는 하찮은 일을 하고 있었지만 황제의 인정을 받아 능력을 펼쳐 세상을 구제한 반면에 자신은 아직 재능을 인정받지 못하고 떠돌아다니고 있음을 안타까워하였다. 하지만 마지막에서는 청운의 꿈을 스스로 이룰 것이라며 자신감을 드러내었다. 친구에게 관직을 부탁했다가 거절당한 후의 심사를 적은 것으로 보인다. 개원 연간에 지었다는 설과 천보 9재(750)에 지었다는 설 등이 있지만 확실치 않다.

【주석】
1) 壯(장) - 대단하다.
2) 苦寒(고한) - 고악부인 〈매서운 추위(苦寒行)〉를 가리키며, 행역이 힘들고 괴롭다는 내용이다.
3) 鬱鬱(울울) - 답답한 모습.
   惆悵(추창) - 애달픈 모습.
4) 傅說(부열) - 은나라의 어진 재상. 은왕 무정武丁이 자신을 도와줄 어진 이를 찾고 있었는데, 마침 꿈에서 하늘이 현인을 보내주니 부열이었다. 무정이 천하를 뒤져 그를 찾게 하였는데, 부암傅巖의 들에서 판축板築 일을 하던 부열을 찾아 재상으로 삼았다.(≪사기·은본기(殷本紀)≫ 참조)
   板築臣(판축신) - 판자로 땅을 다지는 일을 하는 하급 관리.
5) 李斯(이사) - 진시황 때의 재상. 그는 관직에 나서기 전에 고향에서 누렁이와 매를 데리고 토끼사냥을 했다고 한다.(≪태평어람(太平御覽)≫ 권926에 인용된 ≪사기≫ 참조)
   이상 두 구절은 부열이나 이사가 훌륭한 재상이 되었지만 그 이전에는 하찮은 일을 하고 있었다는 뜻이다.
6) 欻起(훌기) - 갑자기 일어나다. 부열과 이사가 갑자기 발탁되어 재상이 된 것을 말한다.
   匡社稷(광사직) - 사직을 바로 잡다. 천하를 잘 다스리다.
7) 寧復(녕부) 구 - 두 사람이 더 이상 고생하지 않았다는 것을 말한다.
8) 殷憂(은우) - 깊은 근심.
   寫(사) - '사瀉'와 같아서, 쏟아내다는 뜻이다.
9) 梁甫吟(양보음) - 악부가사의 제목. '양보'는 태산 부근에 있는 산의 이름이다. 장형張衡의 〈네 가지 근심을 읊은 시(四愁詩)〉에서 "내 그리워하는 이가 태산에 있는데, 그를 따르고자 하지만 양보산이 험하구나.(我所思兮在泰山, 欲往從之梁父艱.)"라고 표현하였는데 이는 군주

를 잘 보좌하고 싶지만 간신들의 농간으로 인해 좌절된 상황을 비유하였다. 또한 제갈양이 〈양보음〉을 잘하였다고 하는데, 그는 일찍이 남양에서 밭을 갈면서 살면서 이 노래를 부르며 자신이 세상에 나가 공을 세울 기회를 얻기를 기다렸다. 이백 역시 동일한 제목의 악부시를 지었는데, 재능이 있는 자를 알아주지 않는 세태를 비판하면서도 자신을 알아줄 때가 반드시 오리라는 기대를 표현하였다.

797. 尋山僧不遇作

산의 스님을 찾아갔지만 만나지 못하고 짓다

石徑入丹壑　　松門閉青苔
閑階有鳥跡　　禪室無人開
窺窗見白拂[1]　挂壁生塵埃
使我空嘆息　　欲去仍徘徊
香雲徧山起[2]　花雨從天來[3]
已有空樂好[4]　況聞清猿哀
了然絶世事[5]　此地方悠哉」

돌길로 붉은 골짜기를 들어가니
소나무 문은 푸른 이끼 속에 닫혀있고,
한가한 섬돌에는 새의 자취가 있지만
참선하는 방에는 열어 줄 사람이 없네.
창문으로 들여다보니 흰 불자가 보이는데
벽에 걸린 채 먼지가 쌓여있어,
나는 공연히 탄식하고는
떠나려다가 또 서성이네.
향긋한 구름이 온 산에 피어오르고

꽃비가 하늘에서 내리며,
이미 공중에서 울리는 좋은 음악이 있는데다
하물며 맑고 애달픈 원숭이 소리도 들려서,
완전히 세속의 일과 단절했으니
이곳은 정말로 그윽하구나.

【해제】

'산승山僧'이 누구인지에 관해서는 알려진 것이 없다. 이 시는 산 속의 스님을 찾아갔다가 만나지 못하고 그 감회를 쓴 것이다. 비록 스님이 오랫동안 거처를 비워 그를 만나지는 못했지만 그곳의 풍경은 산사의 정취를 한껏 담고 있어서 세상사를 잊게 해준다고 감탄하였다.

【주석】

1) 白拂(백불) - 흰 털로 만든 불자拂子. 도사나 스님이 강설할 때 사용한다.
2) 香雲(향운) - 향기 나는 구름. 상서로운 구름을 뜻한다. 여러 보살이 부처에게 갔을 때 향운이 피어올랐다고 한다.(≪대방광불화엄경(大方廣佛華嚴經)≫ 참조)
3) 花雨(화우) - 꽃비. 부처가 대중에게 불법을 설할 때 하늘에서 내렸다고 한다.
  이상 두 구절은 구름이 일어나고 비가 내리는 것을 실제로 보고 읊은 것이지만, 절에 있었기 때문에 그것을 불법과 연관된 용어로 표현하였다.
4) 空樂(공악) - 공중에서 울리는 하늘의 음악 소리. 여기서는 자연의 소리를 뜻한다.
5) 了然(요연) - 확실히. 분명히.

798. 過汪氏別業二首 其一

왕윤의 별장에 들르다 2수 제1수

遊山誰可遊　　子明與浮丘[1]
疊嶺礙河漢[2]　連峰橫斗牛[3]
汪生面北阜[4]　池館淸且幽
我來感意氣　　搥炰列珍羞[5]
掃石待歸月　　開池漲寒流[6]
酒酣益爽氣　　爲樂不知秋[7]

산을 노니는데 누가 같이 노닐 수 있을까?
능양자명과 부구공이라네.
첩첩한 고개는 은하수를 가로막고
연이은 봉우리는 남두와 견우성을 가로지른 곳,
왕씨는 북쪽 언덕을 마주하고 사는데
연못 있는 관사는 맑고 그윽하네.
내가 와서 의기에 감동하였으니
잡고 구워 산해진미 늘어놓았으며,
바위를 쓸어 돌아오는 달을 기다리고
연못을 열어 차가운 물이 가득하게 하네.
술이 얼큰하여 상쾌한 기분이 더해지니

즐거워서 가을인지도 모르겠네.

【해제】

'왕씨汪氏'는 왕윤汪倫으로 이백이 지금의 안휘성 경현涇縣을 노닐 적에 환대한 적이 있다. '별업別業'은 별장이란 뜻이다. 이 시는 가을에 왕윤의 별장에 들렀다가 그 흥취를 적은 것으로 그의 융숭한 대접과 즐거운 연회에 대해 감사하는 내용을 담았다. 천보 14재(755) 선성을 노닐 때 지은 것으로 보인다.

제1수는 왕윤의 별장이 맑고 그윽한 분위기를 띠고 있는 것을 칭송하고, 그의 융숭한 대접으로 즐거운 시간을 보낸 것에 감사하였다.

【주석】

1) 子明(자명) - 한나라 사람인 능양자명陵陽子明. 그가 낚시를 하다가 흰 용을 잡았는데, 두려워하여 놓아주었다. 이후 흰 물고기를 잡아서 배를 갈라보니 책이 나왔는데, 그 책에 쓰인 대로 음식을 먹으니 3년 후에 용이 와서 그를 데리고 능양산으로 가서 수백 년 동안 살았다고 한다.(≪열선전列仙傳≫ 참조)
   浮丘(부구) - 황제黃帝시대의 신선인 부구공浮丘公.
   이상 두 구절은 이백이 같이 노닐만한 사람은 신선들뿐인데, 지금 찾아가는 왕윤 역시 신선다운 풍취를 가지고 있다는 것을 말하였다.
2) 河漢(하한) - 은하수.
3) 斗牛(두우) - 남두와 견우성. 대체로 남쪽의 별자리이다.
   이상 두 구절은 왕윤의 별장이 깊은 산 속에 자리 잡고 있다는 뜻이다.
4) 阜(부) - 언덕.
5) 搥炰(추포) - '추'는 몽둥이로 짐승을 잡는 것이고 '포'는 굽거나 찌는 것이다. 즉 소나 돼지를 잡아 구워 요리하는 것을 가리킨다.

珍羞(진수) - 진귀한 음식.
6) 開池(개지) - 연못에 물길이 잘 통하게 하는 것으로 보인다.
7) 不知秋(부지추) - 가을인지를 모르다. 지금 이백이 왕윤의 별장을 찾아온 것이 절기상 가을이지만 이곳에서 환대를 받다보니 마음이 즐거워서 가을날의 비애를 잊게 되었다는 뜻이다.

799. 過汪氏別業二首 其二
왕윤의 별장에 들르다 2수 제2수

疇昔未識君[1]　　知君好賢才
隨山起館宇[2]　　鑿石營池臺
星火五月中[3]　　景風從南來[4]
數枝石榴發　　一丈荷花開
恨不當此時[5]　　相過醉金罍
我行值木落　　月苦清猿哀
永夜達五更[6]　　吳歈送瓊杯[7]
酒酣欲起舞　　四座歌相催
日出遠海明　　軒車且徘徊
更遊龍潭去[8]　　枕石拂莓苔[9]

예전에 그대를 알지 못했을 때에도
그대가 어진 인재를 좋아하는 줄 알고 있었네.
산을 따라서 집을 짓고
돌을 뚫어 연못과 누대를 마련했으니,
화성이 뜨는 오월이 되어
남쪽에서 여름바람이 불어오면,

몇 가지에 석류꽃이 피고
한 길 높이로 연꽃이 피는데,
안타깝게도 그런 때에 맞추어
들러서 금 술잔에 취하지 못했네.
내가 오니 나뭇잎 떨어지는 때라서
달빛은 괴롭고 맑은 원숭이 소리는 슬픈데,
기나긴 밤에 새벽까지
오 땅의 노래를 부르며 옥잔을 돌리고,
술이 얼큰해져 일어나 춤추려 하니
사방에서 노래하며 나를 재촉하네.
해 뜨니 먼 바다가 밝아오는데
수레들은 또 배회하다가,
다시 용담에 놀러가서
이끼 털고 돌을 베고 눕네.

【해제】
제2수는 어진 인재를 좋아하는 왕윤의 인품을 찬미하고 별장의 풍광을 묘사한 뒤, 이어서 특히나 좋은 여름날의 경치를 구경하지 못하고 가을에 온 것에 대한 아쉬움과 그래도 밤새 즐겁게 놀게 된 기쁨을 표현하였다.

【주석】
1) 疇昔(주석) - 예전.
2) 隨山(수산) - 산의 형세를 따르다.
3) 星火(성화) - 대화성大火星. 음력 오월 한여름에 하늘의 정중앙에 위치하는데 여름의 대표적인 별자리이다.

4) 景風(경풍) - 하지 이후에 부는 바람. 여름 바람.
5) 此時(차시) - 위 구절에서 말한 석류와 연꽃이 피는 여름을 말한다.
6) 永夜(영야) - 긴 밤.
   五更(오경) - 새벽 세 시부터 다섯 시로 동틀 무렵을 가리킨다.
7) 吳歈(오유) - 오 땅의 노래. 왕윤의 별장이 있는 경현이 오 땅에 속한다.
   送瓊杯(송경배) - 옥 술잔을 돌리다.
8) 龍潭(용담) - 못의 이름으로 보이나 자세하게 알려져 있지는 않다.
9) 苺苔(매태) - 이끼.

800. 待酒不至

술을 기다리는 데 오지 않다

玉壺繫青絲[1]　沽酒來何遲[2]
山花向我笑　正好銜杯時
晚酌東窗下　流鶯復在茲[3]
春風與醉客　今日乃相宜

옥 술병을 푸른 실에 매달고 갔는데
술 사 오는 것이 왜 이리 늦을까?
산에 핀 꽃이 나를 향해 웃으니
술잔 물기 딱 좋은 때구나.
저녁에 동쪽 창가에서 마시다 보면
꾀꼬리가 다시 이곳에 있으리니,
봄바람과 취한 나그네가
오늘 정말 잘 어울리겠지.

【해제】
이 시는 술을 기다리면서 지은 것으로, 봄날 저녁 술 마실 때의 흥취를 표현하였다.

【주석】

1) 玉壺(옥호) - 옥 술병. 또는 흰 술병을 가리킨다.
   靑絲(청사) - 술병에 푸른 실을 매달아 들기 편하게 한 것이다.
2) 沽酒(고주) - 술을 사다.
3) 流鶯(유앵) - 꾀꼬리. '流'는 그 울음이 매끄러움을 표현한다. 또는 이리저리 잘 날아다니는 모습을 형용한 것으로 볼 수도 있다.
   玆(자) - 이곳.

801. 獨酌

홀로 술을 마시다

春草如有意　　羅生玉堂陰[1]
東風吹愁來　　白髮坐相侵[2]
獨酌勸孤影　　閑歌面芳林
長松爾何知　　蕭瑟爲誰吟[3]
手舞石上月　　膝橫花間琴
過此一壺外　　悠悠非我心[4]

봄풀도 정이 있는 듯
옥당 그늘에 늘어서 자라는데,
동풍이 시름을 불어오니
흰 머리칼이 나를 침범하네.
홀로 술 마시다 외로운 그림자에게 권하고
한가로이 노래하며 향기로운 수풀을 마주하는데,
높게 자란 소나무 너는 무엇을 알겠느냐?
소슬하게 누굴 위해 읊조리느냐?
손을 들어 바위 위의 달을 보고 춤추고
꽃 속에서 무릎 위에 금을 가로 놓았는데,
이 술 한 병 이외에는

근심스러워 내 마음이 아니라네.

【해제】

송본의 주석에 "봄풀이 온통 들에 푸르고 새로 나는 꾀꼬리는 좋은 소리 내지만, 지는 해에 즐거움 다할 수 없으니 아마도 근심이 침범해서라네. 홀로 술 마시다 외로운 그림자에게 권하고 한가로이 노래하며 향기로운 수풀을 마주하는데, 맑은 바람 괜스레 찾아와 바위 틈 소나무와 함께 읊조리네. 손을 들어 바위 위의 달을 보고 춤추고 꽃 속에서 무릎 위에 금을 가로 놓았네, 이 술 한 병 이외에는 근심스러워 내 마음이 아니라네.(春草遍綠野, 新鶯有佳音. 落日不盡歡, 恐爲愁所侵. 獨酌勸孤影, 閑歌面芳林. 淸風尋空來, 巖松與共吟. 手舞石上月, 膝橫花下琴. 過此一壺外, 悠悠非我心.)"라고 된 판본도 있다고 되어있다.

이 시는 홀로 술을 마시며 느낀 감회를 적은 것으로, 늙어가는 신세로 인한 쓸쓸한 심사를 풀 길은 술 마시는 것뿐이라고 하였다. 천보 초년 한림공봉으로 재직할 때 지은 것으로 보인다.

【주석】

1) 羅生(나생) - 줄지어 돋아나다.
   玉堂(옥당) - 한나라 때 옥당서玉堂署가 있었는데, 후대의 한림원에 해당한다. 여기서는 이백이 근무하던 한림원을 말하는 것으로 보인다.
2) 坐(좌) - 이로 인해.
3) 蕭瑟(소슬) - 바람이 소나무를 스치며 내는 소슬한 소리이다.
   이상 두 구절은 소나무가 바람에 소슬한 소리를 내지만 결코 이백의 심사를 이해하지는 못한다는 뜻이다.
4) 悠悠(유유) - 근심스러운 모습. 만 가지 일을 뜻하는 것으로 볼 수도 있다.
   이상 두 구절은 술을 마시는 것 외에는 모든 것이 근심스러워 마음에 맞지 않는다는 뜻이다.

802. 友人會宿

벗과 모여서 묵다

滌蕩千古愁[1]　留連百壺飲[2]
良宵宜淸談[3]　皓月未能寢
醉來臥空山　天地卽衾枕

천고의 시름을 씻어내려고
백 병의 술에 빠져드네.
좋은 밤이 청담을 나누기에 알맞고
밝은 달빛에 잠을 이룰 수 없는데,
취해서 빈산에 누우니
하늘과 땅이 바로 이불이고 베개로다.

【해제】
이 시는 벗과 모여 머물면서 지은 것으로 술을 마셔 근심을 잊어버리고 자연과 합일하는 경지를 묘사하였다.

【주석】
1) 滌蕩(척탕) - 씻어 버리다.
2) 留連(유련) - 좋아하여 차마 버리지 못하다. 아쉬워서 계속하다.

3) 良宵(양소) - 좋은 밤.
　　清談(청담) - 맑은 현담.

803. 春日獨酌二首 其一
봄날 홀로 술을 마시다 2수 제1수

東風扇淑氣¹　水木榮春暉²
白日照綠草　落花散且飛
孤雲還空山　衆鳥各已歸
彼物皆有託³　吾生獨無依
對此石上月　長醉歌芳菲⁴

동풍이 온화한 기운을 부채질하여
물가 나무가 봄볕에 꽃을 피우더니,
밝은 태양이 푸른 풀을 비추자
떨어진 꽃잎은 흩어져 날리네.
외로운 구름은 빈산으로 돌아가고
무리지은 새들도 각기 이미 돌아가,
저들은 모두 의탁할 곳이 있는데
내 삶은 홀로 의지할 곳이 없어서,
여기 바위위에 뜬 달을 대하고는
오래도록 취해 향기로운 꽃과 풀을 노래하네.

【해제】

이 시는 봄날 홀로 술을 마시면서 지은 것으로, 만물이 모두 의지할 곳이 있지만 자신은 그렇지 못한 상황을 한탄하면서 술을 마셔 근심을 잊고 봄날을 즐기려는 마음을 표현하였다.

제1수는 봄날 여러 사물이 자연의 이치대로 살아가면서 각자 의탁할 곳을 가지고 있다는 사실을 말한 뒤, 의지할 바를 잃고 홀로 지내면서 다만 달과 술을 벗 삼는 자신의 처지를 감개하였다.

【주석】

1) 淑氣(숙기) - 온화한 기운. 만물을 생동하게 하는 봄의 기운을 가리킨다.
2) 榮(영) - 꽃이 피다. 번성하다.
3) 彼物(피물) - 위의 구절에 묘사된 여러 사물을 가리킨다.
4) 芳菲(방비) - 향기로운 꽃과 풀.

804. 春日獨酌二首 其二
봄날 홀로 술을 마시다 2수 제2수

我有紫霞想[1]　緬懷滄洲間[2]
且對一壺酒　澹然萬事閑[3]
橫琴倚高松　把酒望遠山
長空去鳥沒　落日孤雲還
但恐光景晚[4]　宿昔成秋顏[5]

나는 자줏빛 노을을 생각하여
푸른 물가를 멀리 그리워하였는데,
잠시 술 한 병을 대하니
담담히 만사가 한가해지네.
금을 가로로 놓고 높은 소나무에 기대어
술잔을 쥐고 먼 산을 바라보는데,
넓은 하늘에 날아간 새는 사라졌고
해지는 저녁에 외로운 구름이 돌아가네.
다만 두려운 것은 세월이 저물어
조만간에 가을빛 얼굴이 되는 것이라네.

【해제】
제2수는 신선세계를 동경하였지만 이루지 못한 채 술을 마시며 경물을 바라보다가 의지할 곳 없이 늙어만 가는 자신의 상황을 한탄하였다.

【주석】
1) 紫霞想(자하상) - 신선이 되고자 하는 생각.
2) 緬懷(면회) - 멀리서 그리워하다.
   滄洲(창주) - 푸른 물가. 은자가 거처하는 곳이다.
3) 澹然(담연) - 담담한 모습.
4) 光景晚(광경만) - 세월이 지나가다. 나이가 들다.
5) 宿昔(숙석) - 조만간. 아주 짧은 시간을 말한다.
   秋顔(추안) - 가을 얼굴. 노쇠해지는 것을 말한다.

805. 金陵江上遇蓬池隱者

금릉 강가에서 봉지의 은자를 만나다

心愛名山遊　　身隨名山遠
羅浮麻姑臺[1]　此去或未返[2]
遇君蓬池隱　　就我石上飯
空言不成歡[3]　強笑惜日晚[4]
綠水向雁門[5]　黃雲蔽龍山[6]
嘆息兩客鳥[7]　徘徊吳越間
共語一執手　　留連夜將久[8]
解我紫綺裘[9]　且換金陵酒
酒來笑復歌　　興酣樂事多
水影弄月色　　清光奈愁何
明晨挂帆席[10]　離恨滿滄波

마음이 명산 노닐기를 좋아하여
몸이 명산 따라 멀리까지 다니니,
나부산의 마고대로
이번에 떠나면 혹 돌아오지 않으리.
그대 봉지의 은자를 만나게 되어

나에게 와서 바위 위에서 밥을 먹는데,
공허한 말로는 즐거움이 없어
억지로 웃으며 지는 해를 아쉬워하네.
푸른 물은 안문산을 향하고
누런 구름은 용산을 덮었는데,
두 마리 나그네 새를 탄식하노라니
오 땅과 월 땅 사이를 배회해서라네.
함께 이야기하며 손을 한번 맞잡는데
아쉬움 속에 밤이 깊어가,
내 자줏빛 비단 갖옷을 벗어
또 금릉의 술로 바꾸었네.
술이 오자 웃고 또 노래하니
흥이 무르익어 즐거운 일 많지만,
물에 비친 달빛을 희롱해 보아도
맑은 빛이 근심을 어찌할 수 있으리오.
내일 새벽에 돛을 달면
이별의 한이 푸른 파도에 가득하리라.

【해제】

제목 아래에 "당시 낙성석 위에서 자줏빛 비단 갖옷을 술로 바꾸어 즐거워하였다.(時於落星石上, 以紫綺裘換酒爲歡.)"라는 주석이 있는데, 낙성석은 금릉성 서쪽에 있다. '금릉金陵'은 지금의 강소성 남경시이고 '봉지蓬池'는 지금의 하남성 개봉시開封市에 있다. '은자隱者'가 누구인지는 알려져 있지 않다. 이 시는 금릉 강가에서 은자를 우연히 만나서 하룻밤을 같이 지새우며 지은 것이다. 둘 다 떠돌아다니는 신세인 것을 한탄하고, 술을 마시며 즐기다가 다음날 헤어지는 것을 아쉬워하였다. 천보 7재(748) 또는 천보 12재(753) 금릉에서 지었다는 설이 있지만 확실치 않다.

【주석】

1) 羅浮(나부) - 지금의 광동성 박라博羅 북서쪽에 있는 산으로 도교의 명산이다.
   麻姑臺(마고대) - 나부산 남쪽 마고봉 위에 있다. '마고'는 여자 신선의 이름이다.
2) 未返(미반) - 돌아오지 않다.
   이상 네 구절은 이백 자신이 산을 좋아하여 여기저기 다녔다는 사실을 말한다. 봉지의 은자를 두고 한 말이라는 설이 있는데 합당하지 않다.
3) 空言(공언) - 공허한 말. 진심이 담겨 있지 않은 말.
4) 强笑(강소) - 억지로 웃다.
   이상 두 구절은 두 사람이 만났지만 아직 서먹해하는 상황이다.
5) 雁門(안문) - 금릉 남동쪽에 있는 산.
6) 龍山(용산) - 금릉 남서쪽에 있는 산.
7) 兩客鳥(양객조) - 두 마리 나그네 새. 이백과 봉지의 은자를 가리킨다.
8) 留連(유연) - 아쉬워하는 모습.
9) 解(해) - 옷을 벗다.
   紫綺裘(자기구) - 자줏빛 비단을 안감으로 한 갖옷.
10) 挂帆席(괘범석) - 돛을 달다. 배를 타고 떠나는 것을 말한다.

806. 月夜聽盧子順彈琴

달밤에 노자순이 금을 타는 것을 듣다

閑夜坐明月　　幽人彈素琴[1]
忽聞悲風調　　宛若寒松吟
白雪亂纖手　　綠水淸虛心[2]
鐘期久已沒[3]　世上無知音

한가한 밤 밝은 달 아래 앉아
은자가 소박한 금을 연주하는데,
갑자기 슬픈 바람의 가락이 들리니
완연히 차가운 소나무 읊조리는 소리라네.
흰 눈이 고운 손에 어지럽게 날리고
푸른 물이 빈 마음을 맑게 씻어주는데,
종자기는 오래전에 이미 죽었으니
세상에 지음이 없구나.

【해제】

'노자순盧子順'에 대해서는 알려져 있지 않다. 이 시는 달밤에 노자순의 금 연주를 들으면서 지은 것으로, 그의 연주 솜씨와 옛 곡조에 탄복하지만 그 음악을 알아주는 이가 없음을 한탄하였다.

【주석】
1) 幽人(유인) - 은자. 노자순을 가리킨다.
   素琴(소금) - 소박한 금. 장식이 없는 금.
2) 忽聞(홀문) 네 구 - 노자순이 금을 연주하는 모습을 표현한 것으로, 〈비풍(悲風)〉, 〈한송(寒松)〉, 〈백설(白雪)〉, 〈녹수(綠水)〉는 모두 곡명이다.
3) 鐘期(종기) - 종자기鐘子期. 그는 백아伯牙의 음악을 듣고 뜻하는 바를 모두 알았다.

807. 青溪半夜聞笛

청계에서 한밤중에 피리소리를 듣다

羌笛梅花引[1]　　吳溪隴水情[2]
寒山秋浦月　　腸斷玉關聲[3]

강족의 피리로 〈매화인〉을 부니
오 땅의 시내에서 농수의 마음이 느껴지네.
차가운 산에 추포의 달이 뜨니
애 끊는 옥문관의 소리라네.

【해제】
'청계靑溪'는 청계淸溪로 추포秋浦(지금의 안휘성 귀지현貴池縣)에 있다. 이 시는 추포에 머물면서 밤중에 누군가 부는 피리소리를 듣고 지은 것인데, 피리가락을 듣고 애달픈 심사가 든 것을 표현하였다. 천보 13재(754) 추포에서 지은 것으로 보인다.

【주석】
1) 羌笛(강적) - 북서쪽 변방민족인 강족이 부는 피리.
　　梅花引(매화인) - 피리곡명으로 〈매화락梅花落〉이라고도 한다.
2) 吳溪(오계) - 오 땅의 강물. 청계가 있는 곳이 오 땅에 속한다.
　　隴水(농수) - 북서쪽 변방인 농두를 흐르는 강으로, 한나라 악부에

〈농두가(隴頭歌)〉가 있는데 "농두에서 흐르는 물 우는 소리 흐느끼고, 멀리 진천을 바라보니 애간장이 끊어지네.(隴頭流水, 鳴聲幽咽. 遙望秦川, 肝腸斷絶.)"라고 하였다.

3) 玉關(옥관) - 북서쪽 변방의 관문인 옥문관玉門關. 당대에 변방으로 수자리 나간 남편을 그리는 노래에 자주 등장한다.

808. 日夕山中忽然有懷

해저물녘에 산에서 갑자기 생각이 나다

久臥靑山雲　　遂爲靑山客
山深雲更好　　賞弄終日夕[1]
月銜樓間峰　　泉漱階下石[2]
素心自此得[3]　眞趣非外借[4]
鼯啼桂方秋[5]　風滅籟歸寂[6]
緬思洪崖術[7]　欲往滄海隔[8]
雲車來何遲[9]　撫己空嘆息[10]

오랫동안 청산의 구름 속에 누워
마침내 청산의 나그네가 되었는데,
산이 깊어 구름이 더욱 좋으니
감상하느라고 하루가 다 가네.
달은 누각 사이의 봉우리를 머금었고
샘물은 계단 아래 돌을 씻는데,
깨끗한 마음을 이로부터 얻었으니
진정한 흥취는 외물에서 구하는 것이 아니라네.
날다람쥐가 우니 계수나무는 바야흐로 가을이고

바람이 사라지니 만물이 적막한데,
홍애의 신선술을 멀리서 그리워하여
푸른 바다 너머로 가고자하지만,
구름수레는 왜 이리 늦는가?
가슴을 어루만지며 괜스레 탄식하네.

【해제】
이 시는 산에 은거하다가 갑자기 든 생각을 적은 것으로, 산에서 살다가 문득 아직 신선술을 이루지 못한 것이 생각나서 그 아쉬움을 표현하였다. 시제 아래 원주에 '여산廬山'이라고 되어있는 판본이 있는데, 이를 따르면 천보 9재(750) 여산에 은거할 때 지은 것으로 추정된다.

【주석】
1) 賞弄(상롱) - 완상하며 즐기다.
   日夕(일석) - 낮과 저녁. 하루.
2) 漱(수) - 씻다. 물이 바위에 부딪히며 흐르는 것을 말한다.
3) 素心(소심) - 소박하고 깨끗한 마음.
4) 眞趣(진취) - 진정한 흥취.
   非外借(비외적) - 외물로부터 얻는 것이 아니다. '借'은 운자로 사용되어 음이 '적'이다.
5) 鼯(오) - 날다람쥐.
6) 籟(뢰) - 바람이 사물에 불어서 나는 소리.
7) 緬思(면사) - 멀리서 그리워하다.
   洪崖術(홍애술) - 신선술. '홍애'는 신선의 이름이다.
8) 滄海(창해) - 푸른 바다. 신선이 사는 곳을 가리킨다.
   이 구절을 창해로 가서 세상과 떨어져 살고 싶다라고 풀이할 수도 있다.
 9) 雲車(운거) - 신선이 타는 수레.
10) 撫己(무기) - 자신을 어루만지다. 마음을 달래다.

809. 夏日山中

여름날 산 속에서

懶搖白羽扇　　裸袒青林中[1]
脫巾挂石壁　　露頂灑松風[2]

흰 깃 부채도 흔들기 귀찮아서
푸른 숲 속에서 옷을 벗었네.
두건을 벗어 석벽에 걸어놓고
머리를 드러내어 솔바람을 쐬네.

【해제】
이 시는 여름의 무더위를 피해 산 속에서 두건과 옷을 벗고 솔바람 맞으며 느낀 상쾌한 기분을 표현하였다.

【주석】
1) 裸袒(나단) - 웃통을 벗다.
2) 露頂(노정) - 머리를 드러내다.

810. 山中與幽人對酌

산에서 은자와 술을 마시다

　　兩人對酌山花開　　一杯一杯復一杯
　　我醉欲眠卿且去¹　　明朝有意抱琴來

두 사람이 술을 마시니 산꽃이 피어
한 잔 한 잔 또 한 잔하네.
나는 취해 자려 하니 그대는 잠시 갔다가
내일 아침 생각이 있으면 금을 안고 오게나.

【해제】
'유인幽人'은 은자인데, 누구인지는 알려져 있지 않다. 이 시는 봄날 산속에서 은자와 함께 술을 마시면서 지은 것으로, 서로 격의 없이 술을 마시는 흥취를 표현하였다.

【주석】
 1) 我醉(아취) 구 - 도연명은 손님이 찾아오면 귀한 사람이나 천한 사람이나 술이 있으면 매번 차렸는데, 도연명이 먼저 취하면 손님에게 "나는 취해서 자려고 하니 그대는 가도 되오.(我醉欲眠, 卿可去)"라고 하였다.(≪송서·도잠전(陶潛傳)≫ 참조)

811. 春日醉起言志

봄날 취했다가 일어나 뜻을 말하다

處世若大夢[1]　胡爲勞其生
所以終日醉　頹然臥前楹[2]
覺來盼庭前[3]　一鳥花間鳴
借問此何時　春風語流鶯[4]
感之欲嘆息　對酒還自傾
浩歌待明月　曲盡已忘情[5]

세상살이 긴 꿈과 같으니
어찌 그 삶을 수고롭게 하리오.
그리하여 온종일 취하여
쓰러져 앞 기둥에 누웠다가,
깨어나 뜰 앞을 힐끗 보니
새 한 마리가 꽃 사이에서 지저귀네.
지금이 어느 때냐고 묻는데
봄바람이 꾀꼬리에게 말하고 있네.
이에 느껴 탄식하고파서
술을 마주하여 또 스스로 기울이고,
크게 노래하며 밝은 달을 기다리다

노래 다하니 벌써 정을 잊었네.

【해제】
이 시는 봄날 취해서 자다가 일어나서 지은 것이다. 허망한 세상에서 수고롭게 살 게 없다고 여겨서 술을 마시고 잠들었다가, 깨어난 뒤 시절이 봄인 것을 알고 지나가는 세월이 허무하여 급시행락及時行樂하려고 다시 술을 마셨는데, 이렇게 노래하다보니 이런저런 심사가 다 없어지고 초연해지게 되었다는 것을 말하였다.

【주석】
1) 處世(처세) - 세상살이.
   大夢(대몽) - 기나긴 꿈. 허무함을 상징한다.
2) 頹然(퇴연) - 술에 취해 쓰러지는 모습.
   前楹(전영) - 건물 앞쪽의 기둥.
3) 盼(반) - 흘낏 보다.
4) 借問(차문) 두 구 - 잠에서 깨어나 몽롱한 상태에서 지금이 어느 때인지 몰랐는데, 봄바람과 꾀꼬리 소리를 듣고는 봄이라는 것을 알았다는 뜻이다.
5) 忘情(망정) - 인간사에 대해 담담해져 희로애락의 정을 잊었다는 뜻이다.

812. 廬山東林寺夜懷

여산 동림사에서 밤에 생각하다

我尋靑蓮宇[1]　　獨往謝城闕[2]
霜淸東林鐘　　水白虎溪月[3]
天香生虛空[4]　　天樂鳴不歇[5]
宴坐寂不動[6]　　大千入毫髮[7]
湛然冥眞心[8]　　曠劫斷出沒[9]

내가 푸른 연꽃이 있는 사찰을 찾아서
성궐을 떠나 홀로 오니,
서리는 동림사 종을 맑게 하고
물에는 호계의 달이 환하며,
하늘의 향기가 허공에서 피어나고
하늘의 음악이 울려 그치지 않네.
편안히 앉아 조용히 움직이지 않으니
대천세계가 모발로 들어와,
고요히 참마음을 깨닫자
억겁의 출몰이 끊어지네.

【해제】
'여산廬山'은 지금의 강서성 구강시九江市 근처에 있으며 '동림사東林寺'는 여산의 사찰이다. 이 시는 동림사를 찾아서 참선을 하면서 쓴 것으로, 속세를 떠나 불법이 가득한 동림사에 와서 참선을 하니 잡념이 사라지고 마음이 깨끗해진다는 것을 표현하였다.

【주석】

1) 靑蓮宇(청련우) - 동림사를 가리킨다. '청련'은 푸른 연꽃으로 불법세계를 상징한다.
2) 謝(사) - 떠나다.
   城闕(성궐) - 성과 궁궐. 여기서는 변화한 도성을 의미한다.
3) 虎溪(호계) - 동림사 앞에 있는 개울.
4) 天香(천향) - 하늘의 향기. 극락세계에서 피어나는 향기이다.
5) 天樂(천악) - 하늘의 음악. 극락세계의 음악이다.
6) 宴坐(연좌) - 편안히 앉다. 선종禪宗에서는 좌선坐禪을 의미한다.
7) 大千(대천) - 대천세계. 불교용어로 광활하고 끝이 없는 세계를 가리킨다.
   毫髮(호발) - 모발.
   이 구절은 광대무변한 세계도 지극히 작은 것에 불과하다는 것을 알게 된다는 뜻이다.
8) 湛然(담연) - 고요한 모습. 또는 깨끗하고 맑은 모습.
   冥(명) - 모르는 사이에 절로 합치되다. 또는 고요하게 하다.
   眞心(진심) - 불교 용어로 진실무망眞實無妄의 마음이다.
9) 曠劫(광겁) - 영겁永劫. '겁'은 불교에서 아주 오랜 시간을 의미한다.
   斷出沒(단출몰) - 출몰하는 일이 끊어지다.
   이 구절은 선정禪定에 들어 영겁의 세월이 출몰하지 않게 되었다는 뜻이다. 선정에 들어 영원히 잡념이 생기지 않게 되었다는 뜻으로 풀이할 수도 있다.

813. 尋雍尊師隱居

옹 존사의 은거지를 찾아가다

群峭碧摩天[1]　逍遙不記年[2]
撥雲尋古道[3]　倚樹聽流泉
花暖青牛臥　松高白鶴眠[4]
語來江色暮　獨自下寒煙

여러 산봉우리의 푸른빛이 하늘을 스치는 곳
소요하다보면 세월을 잊겠네.
구름을 헤치며 오래된 길을 찾아가다가
나무에 기대어 흐르는 샘물 소리를 듣는데,
꽃이 따뜻하여 푸른 소가 누워있고
소나무 높아 흰 학이 자고 있네.
말을 나누다보니 강 빛이 저물어
홀로 차가운 안개 속을 내려오네.

【해제】

'존사尊師'는 도사의 경칭이다. '옹雍' 도사에 대해서는 알려진 것이 없다. 이 시는 옹 도사의 은거지를 찾아갔다가 지은 것으로, 그곳의 선경仙景 같은 풍치를 그렸다.

【주석】
1) 峭(초) - 높은 산봉우리.
   碧(벽) - 산의 푸르른 빛.
   摩天(마천) - 하늘을 만지다. 하늘에 바짝 다가서 있음을 말한다.
2) 逍遙(소요) - 자유롭게 지내는 것을 뜻한다.
   不記年(불기년) - 해를 기억하지 않다. 세월을 헤아리지 않는다는 뜻이다.
   이상 두 구절은 옹 존사가 사는 곳이 하늘 높은 곳에 있어서 신선과 같은 생활을 하기 때문에 세월이 지나가는 것을 잊고 산다는 뜻이다.
3) 撥雲(발운) - 구름을 헤치다. 옹 도사가 있는 곳이 높고 험한 곳임을 표현하였다.
4) 花暖(화난) 두 구 - 옹 도사가 사는 곳의 정경을 묘사하였다. '청우靑牛'와 '백학白鶴'은 신선이 타고 다니는 것이다.

814. 與史郞中欽聽黃鶴樓上吹笛

사흠 낭중과 함께 황학루 위에서 부는 피리소리를 듣다

一爲遷客去長沙[1]　　西望長安不見家
黃鶴樓中吹玉笛　　江城五月落梅花[2]

한번 내쫓긴 나그네가 되어 장사로 떠나니
서쪽으로 장안을 바라보아도 집은 보이지 않네.
황학루에서 옥피리를 부니
강가 성에 오월인데도 매화가 떨어지네.

【해제】
'낭중郞中'은 상서성尙書省의 관원으로 종오품從五品에 해당하고 '사흠史欽'에 대해서는 알려진 것이 없다. '황학루黃鶴樓'는 지금의 호북성 무한武漢의 장강 가에 있는 누각이다. 이 시는 야랑夜郞으로 유배 가던 도중 사흠과 함께 황학루에서 피리소리를 들으면서 지은 것으로 장안을 그리워하는 마음을 표현하였다. 건원 원년(758) 또는 건원 2년(759)에 지은 것으로 보인다.

【주석】
1) 遷客(천객) - 폄적된 사람. 이백을 가리키나 사흠도 같은 처지일 수가 있다.

去長沙(거장사) - 장사로 가다. 가의賈誼는 한나라 문제文帝가 총애한 신하였지만 참언으로 인해 점차 황제로부터 멀어졌으며 결국 장사왕長沙王 태부太傅로 폄적되었다.(≪사기·굴원가생열전(屈原賈生列傳)≫ 참조) 여기서는 이백이 가의처럼 내쫓긴 신세라는 뜻이다.
2) 江城(강성) - 황학루가 있는 무한을 가리킨다.
落梅花(낙매화) - 매화가 떨어지다. 음력 오월이면 한여름이기 때문에 이미 매화꽃은 다 떨어진 이후이지만, 아마도 황학루에서 들은 피리곡이 〈매화락(梅花落)〉이기 때문에 이렇게 연상했을 것이다.

815. 對酒

술을 마주하다

勸君莫拒杯　　春風笑人來[1]
桃李如舊識　　傾花向我開
流鶯啼碧樹　　明月窺金罍
昨日朱顔子[2]　今日白髮催
棘生石虎殿[3]　鹿走姑蘇臺[4]
自古帝王宅[5]　城闕閉黃埃
君若不飮酒　　昔人安在哉[6]

그대에게 권하니 술잔을 거절하지 말게나
봄바람이 사람에게 웃으며 불어오는데.
복숭아나무와 자두나무는 예전부터 알고 지낸 듯
꽃을 기울여 나를 향해 피고,
꾀꼬리는 푸른 나무에서 지저귀며
밝은 달은 금 항아리를 엿보네.
어제는 붉은 얼굴을 한 젊은이였지만
오늘은 흰 머리칼이 재촉하네.
석호의 궁전에는 가시나무가 자라고

고소산의 누대에는 사슴이 뛰어노니,
옛날부터 제왕이 살던 곳이지만
성궐이 누런 먼지 속에 닫혀있네.
그대 만일 술을 마시지 않는다면
옛사람들이 어디 있는지 생각해 보시게.

【해제】

이 시는 술을 마시다가 쓴 것으로, 화창한 봄날이니 급시행락及時行樂하자는 뜻을 표현하였다.

【주석】

1) 笑人(소인) - 사람을 향해 웃다. 사람을 비웃다로 풀이하여 화창한 봄날 술을 마시며 즐기지 않는다면 봄바람이 사람을 비웃는다는 뜻으로 볼 수도 있다.
2) 朱顔子(주안자) - 얼굴이 붉은 사람. 청년을 가리킨다.
3) 石虎殿(석호전) - '석호'의 자는 계룡季龍이고 후조後趙의 임금이었다. 석호가 태무전전太武前殿에서 여러 신하들에게 연회를 베풀고 있었는데, 불도징佛圖澄이 읊조리기를 "궁전이여, 궁전이여, 가시나무가 숲을 이루어 장차 사람들의 옷을 찢겠구나.(殿乎, 殿乎, 棘子成林, 將壞人衣)"라고 하였다. 석호가 궁전의 돌을 덜어내게 하고 그 아래를 보니 가시나무가 자라고 있었다.(≪진서·불도징전≫ 참조)
4) 姑蘇臺(고소대) - 지금의 강소성 소주蘇州에 있는 고소산의 누대. 오나라 왕 부차夫差가 서시西施와 함께 향락을 즐긴 곳으로, 이로 인해 오나라는 멸망의 길로 접어들었다. 오자서伍子胥가 오왕에게 간언을 했는데 받아들여지지 않자, "신은 지금 고소대에 사슴이 뛰어노는 것을 보고 있습니다."라고 했다.(≪한서·오피전(伍被傳)≫ 참조)

5) 帝王宅(제왕택) - 제왕이 사는 곳. 지금의 강소성 남경시인 금릉金陵을 가리킨다. 제갈양이 금릉을 돌아보고 "말릉秣陵(금릉)의 지형을 보면 종산鍾山은 용이 서려있고 석성石城은 호랑이가 웅크리고 있는 형세이니 진정으로 제왕이 도읍으로 삼을만한 곳이다."라고 감탄하였다.(≪태평어람(太平御覽)≫ 권156에 인용된 ≪오록(吳錄)≫ 참조)
6) 昔人(석인) - 옛날의 영웅호걸을 가리킨다.
이상 두 구절은 옛날의 영웅호걸이 지금은 사라지고 없으니 부귀와 명예를 추구하기보다는 술 마시며 봄날을 즐기자는 뜻이다.

816. 醉題王漢陽廳

취하여 왕 한양현령의 청방廳房에 쓰다

我似鷓鴣鳥¹　　南遷懶北飛²
時尋漢陽令　　取醉月中歸³

나는 자고새와 같아서
남으로 가기만 하지 북으로 날지는 않네.
지금 한양의 왕 현령을 찾아가
취하여 달빛 받으며 돌아가네.

【해제】
'한양漢陽'은 지금의 호북성 한양현이며 '왕王'씨에 대해서는 자세히 알려져 있지 않지만 당시 한양현령이었을 것이다. '청청廳'은 관청에 딸린 방을 뜻한다. 이 시는 한양에서 왕 현령과 같이 술을 마시다가 쓴 것으로, 남쪽을 떠도는 자신의 신세를 한탄하고 자신을 환대해준 왕 현령에게 감사하는 내용을 담았다. 야랑夜郎으로 유배 가며 지은 것이라는 설과 유배 가다가 사면되어 돌아오며 지은 것이라는 설이 있다.

【주석】
1) 鷓鴣鳥(자고조) - 자고새. 남방에 주로 산다. ≪금경(禽經)≫의 장화張華 주에 의하면 이 새는 남쪽을 향해서만 날고 북쪽으로는 날지

않는다고 한다. 여기서는 남쪽을 떠도는 이백을 비유한다.
2) 懶北飛(나북비) - 북으로 나는 데는 게으르다.
3) 取醉(취취) - 취하는 것을 얻다. 술을 마시고 취하는 것을 뜻한다.

817. 嘲王歷陽不肯飮酒

왕 역양현령이 술을 마시려 하지 않기에 조롱하다

地白風色寒[1]　雪花大如手
笑殺陶淵明[2]　不飮杯中酒
浪撫一張琴[3]　虛栽五株柳[4]
空負頭上巾[5]　吾於爾何有[6]

땅은 하얗고 바람은 찬데
눈꽃이 손바닥만 하네.
웃겨 죽겠네, 도연명 같은 그대가
잔 속의 술을 마시지 않겠다니.
한 대의 금을 쓸데없이 만지고,
다섯 그루 버드나무도 헛되이 심은 꼴.
공연히 머리 위의 두건만 저버리는 것이니
내가 그대에게 무슨 소용 있겠는가?

【해제】
'역양歷陽'은 지금의 안휘성 화현和縣이며, '왕王'씨에 대해서는 알려진 것이 없다. 왕이정王利貞 역양현승歷陽縣丞이라는 설이 있지만, 지명으로는 현령을 가리키는 상례에 어긋나기 때문에 아닐 것이다. 이 시는 겨울에 왕씨와 술을 마시면서 지은 것인데, 도연명이라 자처하는 왕씨가 술을 마시려고 하지 않기에 도연명과 관련된 여러 사실들을 언급하면서 그를 조롱하였다.

【주석】
1) 地白(지백) - 땅에 눈이 쌓인 것을 뜻한다.
   風色(풍색) - 바람.
2) 陶淵明(도연명) - 여기서는 왕씨를 가리킨다.
3) 浪撫(낭무) - 쓸데없이 만지다.
   一張琴(일장금) - 한 대의 금. '장'은 금을 세는 양사이다. 도연명은 원래 음악을 이해하지 못하면서도 소박한 금 하나를 가졌는데 금에 현이 없었다. 그가 매번 술을 마실 때면 그 금을 어루만지며 자신의 뜻을 기탁하였다.(≪송서·도잠전(陶潛傳)≫ 참조)
4) 五株柳(오주류) - 다섯 그루의 버드나무. 도연명의 집 앞에 있었다고 한다.
5) 頭上巾(두상건) - 머리의 수건. 도연명은 머리의 두건을 벗어서 술을 걸렀다고 한다. 그가 지은 〈음주(飮酒)〉 제20수에서 "만일 또 통쾌하게 마시지 않는다면, 머리 위 두건을 공연히 저버리는 것이다.(若復不快飮, 空負頭上巾.)"라고 하였다.
   이상 세 구절은 모두 도연명의 흥취를 겉으로만 흉내 내는 왕씨를 조롱하는 말이다.
6) 吾於(오어) 구 - 그대가 술을 마시지 않으니 내가 그대에게는 아무런 의미가 없는 사람이라는 뜻이다.

818. 獨坐敬亭山

경정산에 홀로 앉다

衆鳥高飛盡¹　孤雲獨去閑
相看兩不厭²　只有敬亭山

뭇 새들은 높이 날아가 버리고
외로운 구름은 홀로 한가로이 떠가네.
서로 바라보아도 둘 다 싫증나지 않는 것은
오직 경정산뿐이로구나.

【해제】
'경정산敬亭山'은 지금의 안휘성 선주宣州 북서쪽에 있는 산이다. 이 시는 경정산에 앉아 지은 것으로, 몸은 산에 홀로 있지만 마음은 산과 동화되어 혼자가 아니라고 말하여 그 정취를 표현하였다. 천보 12재(753)에 지은 것으로 추정된다.

【주석】
1) 衆鳥(중조) - 명리를 탐하는 세속의 무리를 비유한다는 설이 있다.
2) 厭(염) - 싫어하다. 질리다.

819. 自遣

스스로 위로하다

對酒不覺暝¹　　落花盈我衣
醉起步溪月　　鳥還人亦稀

술을 마주하다보니 어두워지는 줄도 몰랐는데
떨어진 꽃잎이 내 옷에 수북하네.
취해 일어나 개울에 비친 달빛을 따라 걷는데
새는 돌아가고 사람도 드물구나.

【해제】
'자견自遣'은 스스로 마음을 푼다는 뜻이다. 이 시는 술을 마시다 날이 어두워진 뒤 본 경물을 표현하였다.

【주석】
1) 暝(명) - 어두워지다. 해가 지다.

820. 訪戴天山道士不遇

대천산의 도사를 방문했으나 만나지 못하다

犬吠水聲中　桃花帶露濃[1]
樹深時見鹿　溪午不聞鐘
野竹分靑靄[2]　飛泉挂碧峰
無人知所去　愁倚兩三松

물소리 속에 개가 짖고
복숭아꽃은 이슬 머금고 한껏 피었으며,
깊은 숲에는 때로 사슴이 보이는데
정오의 개울에는 종소리가 들리지 않네.
야생 대나무는 푸른 산기운을 가르고
날 듯한 샘물은 푸른 봉우리에 걸려있는데,
아무도 간 곳을 모르니
근심스레 두세 그루 소나무에 기대보네.

【해제】
'대천산戴天山'은 대광산大匡山이라고도 하며 지금의 사천성 강유현江油縣에 있다. 이 시는 대천산의 도사를 만나러 갔지만 만나지 못하고 쓴 것이다. 무릉도원을 연상시키는 고적하고 한가로운 분위기를 통해 도사의 거처를 묘사하였으며, 도사를 만나지 못하여 소나무에 기대본다고 함으로써 아쉬운 심사를 표현하였다. 개원 연간의 젊은 시절 촉 지방에 있을 때 지은 것이다.

【주석】
1) 犬吠(견폐) 두 구 - 마을에 개 짖는 소리가 들리고 복숭아꽃이 피었다는 것은 도연명의 〈도화원기(桃花源記)〉에 나오는 무릉도원을 연상시킨다.
2) 靄(애) - 구름이나 연무. 산에 어린 기운을 뜻한다.

821. 秋日與張少府楚城韋公藏書高齋作
가을날 장 현위와 함께 초성의 위공이 책을 보관했던 높은 서재에서 짓다

日下空亭暮　　城荒古蹟餘
地形連海盡　　天影落江虛
舊賞人雖隔[1]　新知樂未疏[2]
綵雲思作賦[3]　丹壁問藏書[4]
查擁隨流葉[5]　萍開出水魚
夕來秋興滿　　回首意何如[6]

해가 떨어져 빈 정자에 날 저물고
성은 황폐하여 옛 자취만 남았는데,
땅의 형세는 바다로 이어지며 다하고
하늘의 빛은 강에 떨어져 공허하네.
옛날 감상하던 이는 비록 떨어져 있지만
새로 사귄 즐거움이 적지 않으니,
채색 구름에 부 짓기를 생각하고
붉은 벽에 보관되었던 책을 물어보네.
뗏목에는 물결 따라 흐르던 잎이 모여 있고
부평초는 물에서 나온 물고기 때문에 열리네.
저녁이 되어 가을 흥취가 가득하니

고개를 돌릴 때 느낌이 어떠한가?

【해제】

'초성楚城'은 지금의 강서성 구강시九江市이다. '소부少府'는 현위縣尉의 별칭이며, '장張'씨와 '위공韋公'에 대해서는 알려진 것이 없다. 이 시는 장씨와 함께 위공의 서재에 들렀다가 지은 것으로, 앞부분에서는 서재가 위치한 곳의 경물을 묘사하였고 중간부분에서는 새로 사람을 사귀게 된 기쁨과 서재를 구경한 일을 적었고, 뒷부분에서는 저녁의 가을 흥취를 쓰면서 떠나기를 아쉬워하는 마음을 적었다.

【주석】

1) 舊賞(구상) - 옛날에 경물을 감상하다. 위공을 두고 한 말로 보인다.
2) 新知(신지) - 새롭게 사귀다. 여기서는 장씨를 새로 알게 되어 노닌 것을 말한다.
3) 綵雲(채운) - 오색구름.
   이 구절은 저녁노을이 아름다운 것을 보고 부를 지어보려는 마음이 생겼다는 뜻이다.
4) 丹壁(단벽) - 붉은 벽. 위공의 서재를 가리킨다.
5) 査(사) - 뗏목.
6) 回首(회수) - 고개를 돌리다. 이백이 돌아올 때 다시 고개 돌려 위공의 서재가 있는 쪽을 바라보는 것이다. 또는 오늘 있었던 일을 회상하는 것으로 볼 수도 있다.

12
감회 感懷

822. 秋夜獨坐懷故山

가을밤에 홀로 앉아 옛 산을 생각하다

小隱慕安石[1]　　遠遊學子平[2]
天書訪江海[3]　　雲臥起咸京[4]
入侍瑤池宴[5]　　出陪玉輦行[6]
誇胡新賦作[7]　　諫獵短書成[8]
但奉紫霄顧[9]　　非邀靑史名
莊周空說劍[10]　　墨翟恥論兵[11]
拙薄遂疏絶[12]　　歸閑事耦耕[13]
顧無蒼生望[14]　　空愛紫芝榮[15]
寥落暝霞色[16]　　微茫舊壑情[17]
秋山綠蘿月　　今夕爲誰明

산림에 은거하기로는 사안을 흠모하였고
멀리 노닐기로는 상장을 배웠는데,
천자의 조서가 은거한 곳으로 찾아왔기에
구름 위에 누웠다가 장안에서 기용되어,
궁에 들어서는 요지의 연회에서 황제를 모시고
궁을 나서면 황제 가마의 행차를 따랐네.

양웅처럼 오랑캐에게 자랑하려고 새 부도 지었고
사마상여처럼 사냥을 간언하여 짧은 글도 지었지만,
이는 다만 황제의 돌아보심을 받들고자 한 것일 뿐
청사에 이름을 남기려고 해서가 아니었네.
장주의 〈설검〉과 같은 글도 헛된 것이고
묵적처럼 군사를 논한 것도 부끄러울 뿐이니,
내 능력 졸렬하여 끝내 임금님과 소원해져
돌아가 한가롭게 살면서 밭을 갈게 되었으니,
돌아보건대 백성의 촉망을 받지 못하고
영지의 번성함만 헛되이 사랑했네.
저녁 노을빛은 쓸쓸하고
옛 골짜기의 정은 아득한데,
가을 산 푸른 여라에 떠오른 달은
오늘 저녁에 누굴 위해 밝게 빛나는가?

【해제】

이 시는 천보 초년 한림공봉을 그만둘 즈음에 예전에 머물던 산을 그리워하면서 쓴 것이다. 앞부분에서는 은일과 유람을 좋아하다가 천자의 부름을 받아 궁궐에서 봉직하며 문재를 과시했던 일을 말하였고, 이어서 재직 중 별다른 성과가 없었음을 안타까워하며 옛 산에 대한 그리운 정을 표현하였다.

【주석】

1) 小隱(소은) - 산림에 은거하다. 진晉의 왕강거王康琚가 〈은거하는 것에 반대하는 시(反招隱詩)〉에서 "작은 은자[小隱]는 산릉과 호택湖澤에 은거하고 큰 은자[大隱]는 조정이나 저자거리에 은거한다."라고 하

여, 조정에 있으며 은거하는 것을 대은이라고 하고 속세를 떠나 산림에 은거하는 것을 '소은'이라고 하였다. 그 중간 형태로 한직에 있으면서 은거하듯이 사는 것을 중은中隱이라고 한다.
安石(안석) - 동진의 사안謝安으로 그는 조정의 부름을 거절하고 동산에 은거하였다.(≪진서·사안전≫ 참조)
2) 遠遊(원유) - 멀리 떠나 노닐다.
子平(자평) - 동한의 상장向長이며, 자평은 그의 자이다. 그는 평생 은거하면서 벼슬에 나가지 않았으며, 아들과 딸을 결혼시킨 후에는 집을 버리고 오악명산을 떠돌며 유람하였다.(≪후한서·일민전(逸民傳)·상장전≫ 참조) '굴평屈平'으로 된 판본도 있는데, 이는 굴원을 가리킨다. 그의 작품 중에 〈원유(遠遊)〉가 있는데 당시 풍속의 박절함을 슬퍼하면서 멀리 떠나 노닐고자 하는 마음을 표현하였다.
3) 天書(천서) - 천자의 조서.
江海(강해) - 은자가 은거한 곳을 뜻한다.
4) 咸京(함경) - 장안.
5) 瑤池宴(요지연) - 천자가 궁 안에서 베푸는 연회를 가리킨다. '요지'는 곤륜산에 있는 연못으로 서왕모가 사는 곳인데, 여기서는 궁원 안에 있는 아름다운 연못을 가리킨다.
6) 玉輦(옥련) - 천자의 수레.
이상 두 구절은 이백이 궁 안의 연회와 궁 바깥의 행차에서 항상 천자를 모셨다는 뜻이다.
7) 誇胡(과호) - 양웅揚雄이 쓴 〈장양부(長楊賦)〉의 서문에서 "주상께서 금수가 많다고 오랑캐에게 크게 자랑하셨다.(上將大誇胡人以多禽獸)"라고 하였다.
8) 諫獵(간렵) - 사냥에 대해 간언하다. 사마상여司馬相如가 장양長楊에서 사냥을 하는 무제를 따라갔는데, 당시 무제가 손수 곰과 돼지를 때려잡거나 말 타고 들짐승을 모는 것을 좋아하니 그는 사냥을 간

언하는 소疏를 올렸다.

이상 두 구절은 이백이 양웅이나 사마상여처럼 천자를 따라다니며 훌륭한 글을 지었다는 뜻이다.

9) 紫霄(자소) - 자줏빛 하늘. 황궁을 가리킨다.

이하 두 구절은 이백이 부를 짓고 상소한 것이 임금의 돌봐주신 은혜를 받들고자 한 것일 뿐, 명성을 구해서가 아니라는 것을 말한다.

10) 說劍(설검) - 조나라 문왕文王이 검을 좋아하여, 검사 삼천 명이 밤낮으로 서로 싸우다보니 사상자가 해마다 백여 명에 달했다. 삼년 동안 이러한 일이 계속되자 장자는 태자 리悝의 부탁으로 조왕을 설득하기를 "검에는 천자의 검, 제후의 검, 서민의 검이 있는데 조왕이 좋아하는 것은 나랏일에는 아무 소용이 없는 서민의 검입니다"라고 하니, 조왕은 삼개월동안 궁문을 나서지 않았으며, 검사들은 모두 자살하였다.(≪장자·설검편(說劍篇)≫ 참조)

11) 論兵(논병) - 군사 일을 논하다. 전국시대 공수반公輸般이 초나라 왕을 위해 운제(성을 공격하는 설비)를 만들어 송나라를 공격하려고 하자, 묵자가 가서 초나라 왕을 설득하고 아홉 번에 걸친 공수반의 모의 공격을 모두 막아내니 초나라 왕이 송나라를 공격하려는 생각을 포기하였다.(≪여씨춘추(呂氏春秋)≫ 참조)

이상 두 구설은 이백에게 장자나 묵적 같이 나라의 큰일을 위한 책략이 있었지만 쓰이지 않았다는 뜻이다.

12) 拙薄(졸박) - 재능이 졸렬하다.

疏絶(소절) - 천자의 은총이 소원해져 끊어진 것을 뜻한다.

13) 耦耕(우경) - 밭을 갈다.

14) 蒼生望(창생망) - 백성들이 자신들을 구제해주기를 바라는 마음을 의미한다. '창생'은 백성이다.

15) 紫芝榮(자지영) - 자줏빛 영지가 번성하다. '자지'는 자줏빛 영지로 은일생활을 상징한다.

16) 寥落(요락) - 쓸쓸한 모습.
17) 微茫(미망) - 아득하여 희미한 모습.
　　舊壑(구학) - 옛 골짜기. 고향 산천을 가리킨다.

823. 憶崔郎中宗之遊南陽遺吾孔子琴, 撫之潸然感舊

최종지 낭중이 남양을 노닐다가 나에게 공자금을 준 것을 기억하고
그 금을 어루만지다 눈물을 흘리며 옛 일에 감개하다

昔在南陽城　　唯飡獨山蕨[1]
憶與崔宗之　　白水弄素月[2]
時過菊潭上[3]　縱酒無休歇[4]
泛此黃金花[5]　頹然淸歌發[6]
一朝摧玉樹[7]　生死殊飄忽[8]
留我孔子琴　　琴存人已沒
誰傳廣陵散[9]　但哭邙山骨[10]
泉戶何時明[11]　長歸狐兔窟[12]

옛날 남양성에서
오로지 독산의 고사리만 먹었을 때,
최종지와 더불어
백수에서 밝은 달 즐기던 일이 생각나네.
때로는 국화 핀 연못에 들러서
쉬지 않고 마음껏 술을 마시며,

황금 국화를 띄우고는
쓰러지며 맑은 노래를 불렀었지.
하루아침에 옥 나무가 꺾여
삶과 죽음이 순식간에 달라졌으니,
나에게 공자금을 남겨주어
금은 아직 있지만 사람은 이미 사라졌네.
누가 〈광릉산〉을 전할 것인가?
다만 북망산의 뼈를 보며 통곡할 뿐이네.
황천의 문이 언제 밝아지려나?
길이 여우 토끼굴에 돌아갔네.

【해제】

'최종지崔宗之'는 기거랑起居郎, 예부원외랑禮部員外郎, 예부낭중禮部郎中, 우사낭중右司郎中을 역임했으며, 학문을 좋아하고 도량이 넓고 풍격이 소박하고 검소하였다. '낭중郎中'은 상서성尙書省의 관직명으로 종오품從五品에 해당한다. 그는 두보의 〈술에 취한 여덟 신선(飮中八仙歌)〉 중의 한 명으로, 이백과 오랫동안 사귀면서 시로 수창하였는데, 그 중 여러 편이 현재 전해진다. '남양南陽'은 지금의 하남성 남양시이다. '공자금孔子琴'은 부자양금夫子樣琴이라고도 하는데 공자가 사용한 금과 동일한 크기와 모양으로 제작된 금을 말한다. '산연潸然'은 눈물을 흘리는 모습이다. 이 시는 최종지가 죽은 후에 생전에 남양에서 같이 노닐다가 공자금을 선물 받은 일을 회상하면서 지은 것으로 그와 남양에서 호탕하게 술을 마시며 놀던 장면을 묘사한 뒤 창졸간에 삶과 죽음이 나뉘어 그를 다시 볼 수 없는 것을 안타까워하였다. 최종지가 천보 10재(751) 3월에 죽었으니, 이 시는 그 이후에 지어진 것이다.

【주석】

1) 獨山(독산) - 남양 북동쪽에 있는 산.
   蕨(궐) - 고사리.
   이 구절은 이백이 남양에서 곤궁하게 살았다는 뜻이다.
2) 白水(백수) - 남양을 지나가는 강.
3) 菊潭(국담) - 남양의 국담현菊潭縣을 지나는 국수菊水를 가리킨다. 국수는 국담수鞠潭水라고도 하는데 그 물을 마신 사람은 장수한다고 하였다.(≪원화군현지(元和郡縣志)≫ 참조) 이백이 이곳에서 최종지와 놀았는데 최종지는 곧 죽고 말았으니 각별한 감회가 있었을 것이다.
4) 縱酒(종주) - 술을 마음껏 마시다.
5) 黃金花(황금화) - 국화를 가리킨다.
6) 頹然(퇴연) - 술에 취해 쓰러지는 모습.
7) 玉樹(옥수) - 최종지를 가리킨다. 두보의 〈술에 취한 여덟 신선(飮中八仙歌)〉에서 "최종지는 깔끔한 미소년이다. 잔을 들어 백안白眼으로 푸른 하늘을 바라보면, 밝은 것이 바람 앞에 서 있는 옥 나무와 같다.(宗之瀟灑美少年, 擧觴白眼望靑天, 皎如玉樹臨風前)"라고 하였다.
   이 구절은 최종지가 갑작스럽게 죽은 것을 말한다.
8) 飄忽(표홀) - 짧은 시간을 말한다.
9) 廣陵散(광릉산) - 금의 곡명. 혜강嵇康이 동시東市에서 형을 받게 되었는데 그의 신색神色은 변하지 않았다. 금을 달라고 하여 튕기는데 〈광릉산〉을 연주하였다. 곡을 마치고는 말하기를 "원효니袁孝尼가 일찍이 이 곡을 배우고자 하였는데, 내가 아까워서 가르쳐주지 않았으니, 〈광릉산〉이 이제 끊어지게 되었구나."라고 하였다.(≪세설신어(世說新語)·아량(雅量)≫ 참조)
10) 邙山(망산) - 낙양성 북쪽에 있는 산으로 관리나 이름난 인사가 묻히는 곳이었다. 여기서는 최종지가 묻힌 곳을 가리킨다.

11) 泉戶(천호) - 묘문墓門.
　이 구절은 무덤의 문이 열려 밝아질 날이 없을 것이라는 뜻이다.
12) 狐兔窟(호토굴) - 여우와 토끼의 굴이란 뜻으로 황폐한 무덤을 말한다.

824. 憶東山二首 其一

동산을 그리워하다 2수 제1수

不向東山久　　薔薇幾度花
白雲還自散　　明月落誰家[1]

동산으로 안 간지 오래되었으니
장미가 몇 번이나 꽃을 피웠나?
흰 구름은 여전히 절로 흩어질 텐데
밝은 달은 누구 집을 비추려나?

【해제】
'동산東山'은 진晉나라 사안謝安이 회계會稽에서 은거할 때 기녀들을 데리고 놀았던 곳이다. 이 시는 사안이 은거했던 동산을 생각하면서 지은 것이다. 천보 초 한림공봉을 그만두고 떠나려할 즈음에 지은 것이라는 설이 있지만 확실치 않다.
제1수는 동산에 장미와 구름 그리고 밝은 달은 여전하겠지만 이백이 떠나온 뒤 그것을 완상하는 사람이 없을 것을 상상하며 안타까워하였다.

【주석】
1) 薔薇(장미) 세 구 - 사안의 동산 정상에 백운당白雲堂과 명월당明月堂이 있었으며 사안의 고택 옆에 장미동薔薇洞이 있었다고 한다. 현재 동산의 모습을 상상하여 표현하였다.

825. 憶東山二首 其二

동산을 그리워하다 2수 제2수

我今攜謝妓　　長嘯絕人群[1]
欲報東山客[2]　開關掃白雲[3]

내가 지금 사안의 기녀를 데리고
길게 휘파람 불며 사람들과 단절했으니
동산의 객에게 알려
빗장을 열고 흰 구름을 쓸어 놓게 하려네.

【해제】
제2수는 이백이 동산에 가서 은거하려고 하니 현재 동산에 거주하고 있는 사람에게 자신을 맞이할 준비를 하도록 알리겠다는 내용을 담았다.

【주석】
1) 絕人群(절인군) - 세속과 단절했다는 뜻이다.
2) 東山客(동산객) - 현재 동산에 있는 은자를 가리킨다.
3) 開關(개관) - 문을 열어 놓다.
   이 구절은 동산의 은자에게 자신을 맞이할 준비를 하라고 알리겠다는 말이다. 이와 달리 이백이 동산에 이미 은거한 것으로 가정하고 다른 은자를 맞이하겠다는 뜻으로 보는 설이 있지만, 이는 무리한 것으로 보인다.

826. 望月有懷

달을 바라보다 감회가 생기다

淸泉映疏松[1]　　不知幾千古
寒月搖淸波　　流光入窓戶[2]
對此空長吟　　思君意何深
無因見安道[3]　　興盡愁人心

맑은 샘에 성긴 소나무가 비치는데
몇 천 년이나 되었는지 모르겠네.
차가운 달은 맑은 물결에 흔들리고
흐르는 빛은 창문으로 들어오는데,
이를 보면서 괜스레 길게 읊조리니
그대를 그리는 마음이 얼마나 깊은가?
대규를 만날 방도가 없으니
흥이 다하여 사람을 시름겹게 하네.

【해제】
이 시는 밤에 달을 보다가 생긴 느낌을 적은 것으로 친구를 그리워하는 마음을 표현하였다.

【주석】

1) 疏松(소송) - 가지나 잎이 성긴 소나무.
2) 流光(유광) - 흐르는 빛. 물처럼 흐르는 달빛을 가리킨다.
3) 無因(무인) - 방도가 없다.
   安道(안도) - 진晉나라 사람 대규戴逵의 자. 왕휘지가 회계산會稽山 북쪽에 있는 산음山陰에 살 때, 어느 날 밤 눈이 오자 이리저리 배회하며 시를 읊조리다 대규가 생각나서 배를 타고 그가 있던 섬계剡溪로 갔다가 그를 만나지 않고 다시 돌아왔다. 그는 흥취가 나서 찾아갔다가 흥취가 다해 돌아온 것이니 반드시 그를 만나야할 필요는 없다고 하였다.(≪세설신어世說新語·임탄任誕≫ 참조) 여기서는 이백이 그리워하는 친구를 가리킨다.

827. 對酒憶賀監二首 幷序 其一
술을 대하고 하지장 비서감을 그리워하다 2수 및 서문 제1수

太子賓客賀公於長安紫極宮一見余,[1] 呼余爲謫仙人,[2] 因解金龜換酒爲樂.[3] 悵然有懷, 而作是詩.

태자빈객 하공이 장안의 자극궁에서 나를 한 번 보고는 나를 폄적 온 신선이라 부르고, 금 거북을 풀어 술과 바꿔 즐겼다. 서글프게 그에 대한 그리움이 생겨서 이 시를 짓는다.

四明有狂客[4]　風流賀季眞[5]
長安一相見　呼我謫仙人
昔好杯中物[6]　今爲松下塵
金龜換酒處　卻憶淚沾巾

사명산에 미친 나그네가 있었으니
풍류를 아는 하지장이네.
장안에서 한 번 보고는
나를 폄적 온 신선이라 불렀네.
옛날에 잔 속의 술을 좋아하였는데

지금은 소나무 아래의 먼지가 되었구나.
금 거북을 술과 바꾼 곳을
돌이켜 생각하니 눈물이 수건을 적시네.

【해제】

'하賀'씨는 하지장賀知章이며 '감監'은 비서감秘書監으로 종삼품從三品에 해당한다. 그는 천보 초에 태자빈객太子賓客 겸 비서감으로 있다가 천보 3재(744) 봄에 장안을 떠나 고향인 월 땅으로 돌아갔으며 그해 죽었다. 이 시는 회계에 있는 하지장의 고택을 지나면서 지은 것으로 보이며, 천보 6재(747)에 지은 것으로 추정된다.
제1수는 하지장이 장안에서 이백을 만나 적선인이라 부르며 같이 술을 마시던 때를 추억하였다.

【주석】

1) 太子賓客(태자빈객) - 태자를 모시는 동궁관東宮官의 관직명으로 정삼품正三品에 해당한다.
   紫極宮(자극궁) - 장안에 있던 도관의 이름으로 노자의 묘당廟堂이다.
2) 謫仙人(적선인) - 하늘에서 폄적 온 신선. 이백의 신선다운 풍모를 보고 하지장이 붙인 칭호이다.
3) 金龜(금귀) - 아마도 거북 형상으로 된 패물일 것이다.
4) 四明(사명) - 지금의 절강성 영파寧波 남서쪽에 있는 산.
   狂客(광객) - 미친 나그네. 하지장은 행동이 규범에 구속되는 것을 싫어하여 스스로를 '사명광객'이라고 불렀다.
5) 季眞(계진) - 하지장의 자.
6) 杯中物(배중물) - 잔 속에 든 물건. 술을 가리킨다.

828. 對酒憶賀監二首 幷序 其二
술을 대하고 하지장 비서감을 그리워하다 2수 및 서문 제2수

狂客歸四明　山陰道士迎¹
敕賜鏡湖水²　爲君臺沼榮³
人亡餘故宅　空有荷花生
念此杳如夢　悽然傷我情

미친 나그네가 사명산으로 돌아가니
산음의 도사가 맞이하였고,
칙명으로 경호의 물을 하사하시니
그대로 인해 누대와 연못이 영광스러워졌지.
사람은 죽고 옛 집만 남았으니
공연히 연꽃만 피어 있는데,
이를 생각하면 아득하니 꿈만 같아서
처연히 내 마음 아프게 하네.

【해제】
제2수는 하지장이 월 땅에 도착했을 때의 상황을 묘사한 후에 그를 그리워하는 마음을 표현하였다.

【주석】
1) 山陰道士(산음도사) - 왕희지王羲之가 거위를 좋아하였는데, 산음의 한 도사가 거위를 기른다는 소문을 듣고는 그에게 ≪도덕경(道德經)≫을 직접 써주고 거위를 얻었다.(≪진서·왕희지전≫ 참조) 여기서는 하지장이 글씨에 뛰어나 당시 사람들의 애호를 받았기에 왕희지의 고사를 빌어 하지장의 글씨를 찬미하였다.
2) 敕賜(칙사) 구 - 하지장이 천보 초년에 병이 나서, 상제上帝의 거처에서 노니는 꿈을 꾸다가 수일 만에 깨어났다. 이에 도사가 되어 고향으로 돌아가기를 청하자 황제를 조서를 내려 허락하였으며, 경호鏡湖와 섬계剡溪의 강물 한 굽이를 하사하였다. '경호鏡湖'는 지금의 절강성 회계산會稽山 자락에 있는 맑은 호수이다.
3) 臺沼(대소) - 누대와 연못. 하지장이 머물던 곳을 가리킨다.

829. 重憶一首

다시 그리워하다 1수

欲向江東去¹　　定將誰擧杯²
稽山無賀老³　　却棹酒船回

강동으로 가고자 했으니
정녕 누구와 잔을 들어야 하나?
회계산에 하지장이 없으니
다시 노를 저어 술 실은 배를 돌리네.

【해제】
'중억重憶'이라는 제목은 이 시가 앞의 〈술을 대하고 하지장 비서감을 그리워하다 2수 및 서문(對酒憶賀監二首 並序)〉에 이어서 쓴 것이라는 사실을 말하지만, 이는 송대에 이백의 시를 편집한 자가 잘못 붙인 것으로 추측된다. 왜냐하면 배경裵敬이 쓴 〈한림학사 이백의 묘비(翰林學士李公墓碑)〉에 따르면 이 시의 제목이 〈하지장 비서감을 찾아갔으나 만나지 못하다(訪賀監不遇)〉로 되어있기 때문이다. 따라서 이 시는 하지장이 죽기 전에 지은 것으로, 이백이 강동으로 가서 하지장을 만나 술을 마시려 했으나 그를 만나지 못하고 돌아오면서 아쉬운 심사를 표현하였다.

【주석】

1) 江東(강동) - 장강의 하류로 회계會稽 부근을 가리킨다.
2) 將(장) - ~와 함께.
3) 稽山(계산) - 회계산會稽山. 하지장이 관직을 그만두고 돌아간 회계에 있는 산이다.
   賀老(하로) - 하지장.

830. 春滯沅湘有懷山中

봄에 원강과 상강에 머물다가 산중을 그리워하다

沅湘春色還　風暖煙草綠
古之傷心人¹　於此腸斷續
予非懷沙客²　但美採菱曲³
所願歸東山⁴　寸心於此足⁵

원강과 상강에 봄빛이 돌아오니
바람이 따스하여 안개 낀 풀이 푸르네.
옛날 상심한 이들이
이곳에서 애간장이 이어졌다 끊어졌다했겠지.
나는 〈회사〉를 지은 이가 아니라서
다만 마름 따는 노래를 좋아할 뿐이라네.
바라는 바는 동산으로 돌아가는 것이니
내 마음은 이것으로 만족하네.

【해제】

'원沅'강과 '상湘'강은 모두 지금의 호남성에 있으며 동정호洞庭湖로 들어간다. 이 시는 동정호 부근을 노닐다가 옛 산을 그리워하며 지은 것으로, 자신의 지향은 이곳에서 실의하여 목숨을 던진 굴원屈原의 지향과는 달라 다만 아름다운 곳에 은거하며 편히 살고자 하는 마음만 가지고 있을 뿐이라고 하였다. 상원 원년(760)에 지은 것으로 보인다.

【주석】
1) 古之(고지) 구 - 옛날 이 주위를 노닐면서 마음 아파했던 이로는 굴원屈原과 가의賈誼가 있다.
2) 懷沙(회사) - 굴원이 실의하여 지은 글로서 그는 이 글을 짓고는 돌을 껴안고 멱라강汨羅江에 몸을 던졌다.
3) 採菱曲(채릉곡) - 여인들이 마름을 따면서 부르는 노래.
4) 東山(동산) - 동진의 사안謝安이 은거하면서 기녀들과 노닐었던 곳이다.(≪진서·사안전≫ 참조)
5) 寸心(촌심) - 마음.

831. 落日憶山中

해질녘에 산중을 그리워하다

雨後煙景綠¹　　晴天散餘霞²
東風隨春歸　　發我枝上花
花落時欲暮³　　見此令人嗟
願遊名山去　　學道飛丹砂⁴

비온 뒤 연무 낀 풍경이 푸릇하고
갠 하늘에 남은 노을이 흩어진다.
동풍이 봄을 따라 돌아와
우리 가지 위의 꽃을 피웠는데,
꽃잎 떨어져 때가 저물려 하니
이를 보고 탄식하게 되어,
원컨대 이름난 산을 노닐며
도를 배워 단약을 만들고자 하네.

【해제】
이 시는 늦봄에 꽃잎이 떨어지고 해도 지는 모습을 보면서 세월의 무상함을 느껴 장생불사의 신선술을 연마하고자 하는 바람을 표현하였다.

【주석】

1) 煙景(연경) - 비온 뒤 희뿌연 풍경.
2) 餘霞(여하) - 남은 노을.
3) 時欲暮(시욕모) - 때가 저물려 하다. 봄이 다 가려한다는 뜻이다.
4) 飛丹砂(비단사) - 선약을 제조하는 것을 뜻한다. 도가의 단약 중에 '비단飛丹'이 있다.

832. 憶秋浦桃花舊遊, 時竄夜郎

예전에 추포에서 복숭아꽃을 보며 노닐던 일을 회상하다.
이때 나는 야랑으로 유배 가고 있다

桃花春水生¹　　白石今出沒²
搖蕩女蘿枝³　　半挂青天月
不知舊行徑　　初拳幾枝蕨⁴
三載夜郎還⁵　　於茲鍊金骨⁶

복숭아꽃 피어 봄물이 생기니
물속의 흰 돌은 지금도 보였다 사라졌다하며,
하늘거리는 여라 가지는
푸른 하늘의 달을 반쯤 걸고 있겠지.
모르겠네, 옛날 다니던 길에
막 자라 주먹 움켜쥔 고사리가 몇 가지나 있는지.
삼년 후에 야랑에서 돌아오면
그곳에서 신선술을 익히리라.

【해제】
'추포秋浦'는 지금의 안휘성 귀지貴池이며, '야랑夜郎'은 지금의 귀주성 정안현正安縣 북서쪽으로 이백이 영왕永王의 일로 인해 유배 가던 곳이다.

'찬竄'은 쫓겨간다는 뜻이다. 이 시는 유배 가던 도중 추포에서 복숭아꽃을 보며 노닐었던 옛날의 일을 추억하면서 지은 것으로 당시의 풍경을 묘사한 후에 야랑에서 돌아오면 선경과 같은 그곳에서 신선술을 연마하리라는 다짐을 하였다. 건원 원년(758) 또는 건원 2년(759)에 지은 것으로 보인다. 제목에서 '時竄夜郎'이 없는 판본도 있는데, 주석이 제목으로 잘못 들어간 것일 수 있다.

【주석】

1) 桃花(도화) 구 - 도화수桃花水를 의미한다. 음력 2월이면 비가 오기 시작하고 얼음이 녹아 강물이 불어나는데, 이때에 마침 복숭아꽃이 피기 때문에 이를 도화수라고 한다.
2) 白石(백석) 구 - 물속의 흰 돌이 물결이 칠 때마다 보였다 사라졌다 하는 것을 말한다.
3) 搖蕩(요탕) - 바람에 흔들리다.
4) 初拳(초권) - 고사리가 막 생겨날 때 모양이 움켜쥔 주먹 같은 것을 표현하였다.
5) 三載(삼재) - 삼년. 당나라 형법에 따르면 유배간 자는 삼년 후에 석방한다고 되어있다.
6) 茲(자) - 이곳. 추포를 가리킨다.
  鍊金骨(연금골) - 단약을 연마하여 장생불사를 추구하는 것을 말한다.

833. 越中秋懷

월 땅에서 가을에 생각하다

越水遶碧山　　周迴數千里[1]
乃是天鏡中[2]　分明畫相似[3]
愛此從冥搜[4]　永懷臨湍遊[5]
一爲滄波客[6]　十見紅蕖秋[7]
觀濤壯天險[8]　望海令人愁
路遐迫西照　　歲晚悲東流[9]
何必探禹穴[10]　逝將歸蓬丘[11]
不然五湖上[12]　亦可乘扁舟

월 땅의 물이 푸른 산을 두르며
굽이굽이 수천 리를 흐르는데,
하늘의 거울 속에 있는 것이라
또렷한 것이 그림과 같구나.
이러한 것을 좋아하여 그윽한 곳을 찾아다니고
여울에서 노니는 것을 오래도록 마음에 두었으니,
한번 푸른 물결에 노니는 나그네가 되어
붉은 연꽃 피는 가을을 열 번 보았네.

파도를 바라보며 천험의 모습을 대단하게 여겼고
바다를 바라보니 사람을 근심스럽게 하였는데,
길은 멀어 서쪽 노을에 다급해지고
나이가 들어 동쪽으로 흘러가는 물에 슬퍼하네.
우임금의 묘혈을 찾을 필요가 있겠는가?
봉래산으로 돌아가야지.
아니면 오호에서
조그만 배를 타는 것도 괜찮으리라.

【해제】
'월중越中'은 지금의 절강성 소흥紹興 일대를 가리킨다. 이 시는 가을에 월중을 떠돌다가 느낀 감회를 쓴 것이다. 월 땅의 아름다운 산수를 묘사하고는 흘러가는 세월에 노쇠해지는 것을 슬퍼하였다. 지덕 원재(756)에 지은 것으로 보인다.

【주석】
1) 周迴(주회) - 감싸며 돌다.
2) 天鏡(천경) - 하늘의 거울. 물이 거울처럼 맑은 것을 비유한다.
3) 分明(분명) - 물속에 비친 경물이 또렷하다는 뜻이다.
    이상 네 구절은 "바다에 뛰어든 노중련을 생각하고 산을 노닐던 사영운을 흠모하였으니, 구름을 타고서 천 봉우리를 다 오르고 물을 희롱하며 만 골짜기를 건넜네.(踏海思仲連, 遊山慕康樂. 攀雲窮千峰, 弄水涉萬壑.)"로 된 판본도 있다. 노중련魯仲連은 진秦나라의 폭정을 비난하면서 세상을 떠나 바다로 가겠다고 하였고, 사영운謝靈運은 일찍이 이곳을 노닐며 시를 많이 지었다.
4) 從冥搜(종명수) - 그윽한 곳을 찾아다니다.

5) 臨湍遊(임단유) - 판본에 따라 '林湍幽'로 되어있기도 한데, "숲과 여울 그윽한 곳"이란 뜻이다.
6) 滄波客(창파객) - 푸른 물결에서 노니는 나그네. 은일한 자를 뜻한다.
7) 十見(십견) - 열 번 보다. 십년이 되었다는 뜻이지만 대략적인 수치로 보는 것이 합당하다.
紅蕖(홍거) - 붉은 연꽃.
8) 天險(천험) - 하늘이 내린 험악險惡한 것. 절강浙江의 조수를 표현하였다.
9) 歲晩(세만) - 나이가 들다. 한 해가 저물다로 풀이할 수도 있다.
이상 두 구절은 갈 길은 아직 먼데 흘러가는 세월에 사람은 이미 늙어버린 것을 안타까워하였다.
10) 禹穴(우혈) - 우임금이 묻힌 곳. 우임금이 순수하다가 회계會稽에 이르러 붕어하여 그곳에 매장하였다. 위에 구멍이 있었는데 민간에 전해지는 말로는 우임금이 이 구멍으로 들어갔다고 한다.(≪한서·사마천전(司馬遷傳)≫ '우혈'에 대한 장안張晏의 주석 참조) 우혈을 찾아가는 것은 옛 성현을 추앙하는 행위로 경세제민의 뜻을 가지고 있음을 의미한다.
11) 逝(서) - 가다. 또는 발어사.
蓬丘(봉구) - 동해에 신선이 산다는 봉래산蓬萊山.
이 구절은 장생불사를 추구하여 신선세계로 가겠다는 뜻을 말한다.
12) 五湖(오호) - 구체적인 지명에 대한 설이 여러 가지이지만 대체로 강남의 강호를 뜻한다. 월나라의 범려范蠡가 구천句踐을 도와 오나라를 멸망시킨 후 관직을 버리고 조각배를 타고 오호를 떠돌아 다녔다고 한다.(≪사기·월왕구천세가(越王句踐世家)≫ 참조)

834. 效古二首 其一

고시를 본뜨다 2수 제1수

朝入天苑中¹　謁帝蓬萊宮²
靑山映輦道³　碧樹搖煙空
謬題金闈籍⁴　得與銀臺通⁵
待詔奉明主⁶　抽毫頌淸風⁷
歸時落日晩　跕跕浮雲驄⁸
人馬本無意　飛馳自豪雄⁹
入門紫鴛鴦　金井雙梧桐¹⁰
淸歌絃古曲　美酒沽新豐¹¹
快意且爲樂　列筵坐群公¹²
光景不可留¹³　生世如轉蓬
早達勝晩遇¹⁴　羞比垂釣翁¹⁵

아침에 황제의 궁원에 들어
봉래궁에서 황제를 배알하니,
푸른 산은 연도를 비추고
푸른 나무는 안개 낀 하늘에 흔들렸네.
외람되이 금문의 명부에 이름을 적고

은대에 들어갈 수가 있었으니,
조서를 기다리며 밝은 임금님을 받들고
붓을 들어 맑은 바람을 노래하였네.
돌아갈 때는 해 떨어진 저녁
부운마를 타고 가는데,
사람과 말이 모두 본래 무심하여
나는 듯 달리니 절로 호걸스러운 모습.
문으로 들어가니 자줏빛 원앙이 있고
금 장식 우물에는 오동나무 두 그루가 있는데,
맑은 노래에 옛 곡조를 타고
좋은 술은 신풍에서 사온 것이라,
마음은 유쾌하고 즐거우며
늘어놓은 자리에는 여러 공이 앉았네.
시간은 붙들어 둘 수 없고
인생사 구르는 쑥과 같아서,
일찍 출세하는 것이 늙어서 인정받는 것보다 나으니
낚시대를 드리웠던 노인과 비교되는 것을 부끄러워하네.

【해제】
이 시는 〈고시(古詩)〉풍을 본떠서 자신의 심사를 표현하였다. 대체로 천보 초년 한림공봉으로 재직할 때 지은 것으로 보인다.
제1수는 한림공봉으로 재직하면서 낮에는 황제를 가까이에서 모시고 저녁에는 여러 공과 화려하게 노닐었던 것을 말하였는데, 짧은 인생 속에서 일찍 출세하여 즐거움을 누리는 것이 중요하다는 뜻을 표현하였다.

【주석】

1) 天苑(천원) - 황제의 궁원.
2) 蓬萊宮(봉래궁) - 대명궁大明宮을 가리킨다.
3) 輦道(연도) - 궁궐 내에서 수레를 타고 왕래하는 길.
4) 金閨籍(금규적) - 궁궐의 관원 명부. '금규'는 금문金門이다. '적'은 두 자짜리 대나무 조각으로 그 위에 나이, 이름, 용모 등을 적어서 궁문에 걸어두었다가 출입하는 사람과 대조를 하고 통행을 허락하였다. 이 구절은 이백이 한림공봉의 신분으로 궁궐을 출입한 것을 말한다.
5) 銀臺(은대) - 대명궁大明宮 자신전紫宸殿의 동문과 서문을 은대문이라고 하였다. 오른쪽 은대문 안에 한림원이 있었기 때문에 여기서는 이백이 재직했던 한림원을 가리킨다.
6) 待詔(대조) - 천자의 조서를 기다리다. 한림원의 주요 임무였다.
7) 抽毫(추호) - 붓을 뽑아들다. 글을 쓰는 것을 말한다.
   淸風(청풍) - 맑은 기풍. 천자의 교화로 인한 태평성세를 의미한다. ≪시경·대아≫의 〈백성(烝民)〉에 "길보가 송을 지으니 온화하기가 맑은 바람 같네.(吉甫作誦, 穆如淸風.)"라는 말이 있다.
8) 蹀躞(접섭) - 말이 가는 모습.
   浮雲驄(부운총) - 좋은 말의 이름.
9) 人馬(인마) 두 구 - 이백과 말이 호방하게 보이려는 의도가 없어도 절로 그 풍모가 드러난다는 뜻이다.
10) 金井(금정) - 화려한 우물.
11) 新豐(신풍) - 장안의 동쪽에 있으며 술로 유명하다.
12) 列筵(열연) - 연회에 늘어놓은 자리.
13) 光景(광경) - 세월.
14) 早達(조달) - 젊어서 출세하다.
    晩遇(만우) - 늙어서 인정받는 것.
15) 垂釣翁(수조옹) - 강태공姜太公을 가리킨다. 그는 위수渭水에서 낚시

를 하고 있었는데 사냥 나온 주나라 문왕이 그를 발견하고는 스승으로 삼고 재상에 임명했다. 당시 그는 구십 세였다.(≪사기·제태공세가(齊太公世家)≫ 참조)

835. 效古二首 其二

고시를 본뜨다 2수 제2수

自古有秀色[1]　西施與東鄰[2]
蛾眉不可妬　況乃效其矉[3]
所以尹婕妤[4]　羞見邢夫人[5]
低頭不出氣[6]　塞黙少精神[7]
寄語無鹽子[8]　如君何足珍[9]

예부터 빼어난 미인이 있었으니
서시와 동가자라네.
예쁜 눈썹은 질투할 수 없거늘
하물며 그 찡그림을 흉내 낼 수 있으랴?
그래서 윤첩여가
형부인을 보기 부끄러워,
머리를 숙이고 숨을 죽인 채
소리도 못 내며 정신도 못 차렸네.
추녀였던 무염 사람에게 말을 전하노니
그대 같은 이가 무어 진귀할 것이 있겠는가?

【해제】

제2수는 여인의 미모는 질투할 수 없고 함부로 흉내 낼 수도 없다는 사실을 말하여 재능 있는 선비를 함부로 참언해서는 안된다는 뜻을 기탁하였다. 이백이 당시 참언을 받고 있었기에 이 시를 썼다고 추정하는 설이 있다. 이와 달리 외모를 중히 여기고 내면의 덕을 경시하는 세태를 풍자한 것이라는 설도 있다.

【주석】

1) 秀色(수색) - 빼어난 미인.
2) 西施(서시) - 춘추시대의 미녀.
   東鄰(동린) - 동가자東家子, 즉 동쪽 이웃의 여자. 송옥宋玉의 〈등도자호색부(登徒子好色賦)〉에 "천하의 미인으로는 초나라 여인만한 자가 없고, 초나라 미인으로는 저희 동네 여인만한 자가 없으며, 저희 동네 미인으로는 저희 동쪽 집의 여인만한 자가 없습니다."라고 되어있다.
3) 效其矉(효기빈) - 서시西施가 가슴이 아파 얼굴을 찡그리자 그 마을 여인이 그 모습까지도 흉내 내었다고 한다.
4) 尹婕妤(윤첩여) - 한나라 무제의 비빈. '첩여'는 비빈妃嬪의 칭호 중 하나이다.
5) 邢夫人(형부인) - 한나라 무제가 총애했던 비빈. 무제는 윤첩여와 형부인을 동시에 총애하여 그들이 서로 만나지 못하게 하였는데, 윤첩여가 형부인을 만나기를 청하기에 허락하니 형부인의 미모에 압도된 윤첩여는 고개를 숙이고 눈물을 흘리며 자신의 미모가 형부인만 못한 것을 애통해하였다.(≪사기·외척세가(外戚世家)≫ 참조)
6) 不出氣(불출기) - 숨을 내쉬지 못하다. 숨을 죽이다.
7) 塞黙(색묵) - 소리를 내지 않고 침묵하다.
   少精神(소정신) - 정신이 없다.

이상 두 구절은 윤첩여가 형부인의 미모에 압도당한 모습이다.
8) 無鹽子(무염자) - 전국시대 제나라 선왕宣王의 왕후인 종리춘鍾離春을 가리킨다. 그가 무염 사람이었기 때문에 이렇게 불렸다. 그 사람됨이 덕은 있었으나 모습은 매우 흉측했다고 한다.(≪신서(新序)≫ 참조) 여기서는 재능이 없는데도 관직에 올라 참언을 하는 이를 비유한다.
9) 何足珍(하족진) - 재능이 없으면서도 관직에 올라 참언하는 자를 진귀하게 여길 것이 없다는 뜻이다.

836. 擬古十二首 其一

고시를 본뜨다 12수 제1수

青天何歷歷[1]　明星如白石
黃姑與織女[2]　相去不盈尺
銀河無鵲橋　非時將安適[3]
閨人理紈素[4]　遊子悲行役
瓶冰知冬寒[5]　霜露欺遠客[6]
客似秋葉飛　飄颻不言歸
別後羅帶長　愁寬去時衣[7]
乘月託宵夢[8]　因之寄金微[9]

푸른 하늘에는 별빛이 얼마나 또렷한지
밝은 별이 흰 돌과 같네.
견우와 직녀는
떨어진 거리가 한 자도 안 되지만,
은하수에 오작교가 없으니
때가 아니면 어찌 갈 수 있나?
규중의 여인은 흰 비단을 짜고
나그네는 행역을 슬퍼하니,

병속의 얼음으로 겨울이 추움을 알겠는데
서리와 이슬이 멀리 떠난 나그네를 힘들게 하네.
나그네는 날리는 가을 낙엽과 같아서
이리저리 떠돌며 돌아가지 못하는 처지.
이별 후에 여인의 비단 허리띠가 길어지자
떠날 때 입었던 옷이 헐렁해졌을까 근심하네.
달빛 타고 오늘 밤 꿈을 맡기리니
이렇게 하여 금미에 부치리.

【해제】
이 12수의 시는 〈고시(古詩)〉풍을 본떠서 지은 것으로 다양한 내용이 담겨 있다. 편찬자가 같은 제목의 시를 한군데 엮어 놓은 것으로 보이며, 작시 시기도 다를 것으로 추정된다.
제1수는 고향을 떠난 이와 고향에 남아있는 여인이 서로 그리워하는 마음을 표현하였다.

【주석】
1) 歷歷(역력) - 또렷한 모양. 줄지어 있는 모양.
2) 黃姑(황고) - 별 이름으로, '하고河鼓'라고도 하는데, 견우성牽牛星이다.
3) 安適(안적) - 어찌 갈 수 있을까?
4) 閨人(규인) - 규방의 여인.
　理(리) - 무늬를 만들다. 비단을 짜는 것을 말한다.
　紈素(환소) - 흰 비단.
5) 瓶冰(병빙) 구 - ≪회남자(淮南子)·설산훈(說山訓)≫에서 "이파리 하나 떨어지는 것을 보면 해가 장차 저물 것이라는 것을 알고 병속의 얼음을 보면 천하가 추워졌음을 안다."고 하였다.

6) 欺(기) - 괴롭히다. 깔보다.

7) 別後(별후) 두 구 - 이별 후에 규방의 여인이 힘이 들어 수척해져서 허리띠가 남아서 길게 늘어뜨려졌고 이별할 때 임이 입었던 옷도 헐렁해졌을까 걱정한다는 뜻이다.

8) 乘月(승월) - 달빛을 타다. 달빛을 이용하다.

9) 金微(금미) - 왕기본王琦本에 '금휘金徽'로 되어있지만, 주석에서는 이 글자가 마땅히 '금미金微'여야 한다고 하였는데 이를 채택하여 수정하였다. '금미'는 지금의 몽고 지명으로, 행역간 자가 있는 변방을 의미한다.

837. 擬古十二首 其二

고시를 본뜨다 12수 제2수

高樓入靑天　　下有白玉堂[1]
明月看欲墮　　當窓懸淸光[2]
遙夜一美人　　羅衣霑秋霜
含情弄柔瑟　　彈作陌上桑[3]
絃聲何激烈　　風卷繞飛梁[4]
行人皆躑躅[5]　棲鳥去迴翔[6]
但寫妾意苦　　莫辭此曲傷[7]
願逢同心者[8]　飛作紫鴛鴦[9]

높은 누대가 푸른 하늘로 들어가고
그 아래에 백옥당이 있는데,
바라보니 밝은 달이 떨어질 듯
창에 맑은 빛이 걸려있네.
긴 밤 한 아리따운 여인이
비단 옷이 가을 서리에 젖은 채,
감정을 품어 부드럽게 금을 타
〈밭두둑의 뽕나무〉를 연주하네.

현의 소리가 어찌나 격렬한지
바람이 말아가서 날 듯한 대들보를 휘감으니,
지나가던 사람들은 모두 머뭇거리고
깃들려던 새가 가다가 되돌아 날아오네.
다만 첩의 애달픈 뜻을 쏟아 내는 것이니
이 곡이 애달프다고 거절하지 말게.
원컨대 마음 같이 할 이를 만나서
함께 나는 자줏빛 원앙이 되고자 한다네.

【해제】
제2수는 여인이 자신의 짝을 그리워하며 금을 연주하는 모습을 표현하였다. 이는 자신의 재능을 알아주는 사람을 만나고자 하는 이백의 마음이 투영된 것으로 볼 수 있다.

【주석】
1) 白玉堂(백옥당) - 부귀한 집을 뜻한다.
2) 淸光(청광) - 달빛을 가리킨다.
3) 陌上桑(맥상상) - 금의 노래 제목. 같은 제목의 악부시인 이백의 〈밭두둑의 뽕나무〉 시에서는 전국시대 趙조나라 한단邯鄲 지방의 진나부秦羅敷라는 여인의 미모와 품성을 찬미하였다.
4) 繞飛梁(요비량) - 날 듯한 대들보를 휘감다. 옛날에 노래를 잘 부르는 한아韓娥라는 사람이 있었는데, 옹문雍門에 들러 음식을 얻어먹고 노래를 불렀는데, 그 여운이 대들보를 감돌아 3일 동안 없어지지 않았다고 한다.(≪열자(列子)·탕문(湯問)≫ 참조)
5) 躑躅(척촉) - 머뭇거리는 모습.
6) 迴翔(회상) - 날개를 돌리다. 새가 연주를 듣기 위해 가다가 되돌아

오는 것이다.
7) 辭(사) - 거절하다. 사양하다.
이상 두 구절은 금의 곡이 마음을 아프게 하더라도 그것이 여인의 괴로운 심사를 표현하는 것이니 듣기를 싫어하지 말라는 뜻이다.
8) 同心者(동심자) - 마음을 함께 하는 사람. 여인의 곡을 이해하는 사람.
9) 紫鴛鴦(자원앙) - 자줏빛 원앙. 원앙은 암수의 금슬이 좋다고 한다.

838. 擬古十二首 其三

고시를 본뜨다 12수 제3수

長繩難繫日[1]　自古共悲辛
黃金高北斗　不惜買陽春[2]
石火無留光[3]　還如世中人
卽事已如夢[4]　後來我誰身[5]
提壺莫辭貧[6]　取酒會四鄰
仙人殊恍惚[7]　未若醉中眞

긴 줄로도 태양을 묶기는 어려워
옛날부터 다함께 슬퍼하고 괴로워했으니,
황금이 북두성보다 높이 쌓여있어도
봄날의 햇볕을 살 수 있다면 아깝지 않네.
부싯돌의 불꽃은 빛을 남기지 않아
마치 세상의 사람들과 같으니,
눈앞의 일도 이미 꿈과 같거니와
훗날 나는 누구의 몸이 될까?
술병을 들면 가난하다 말하지 말고
술을 가져다 이웃 사람을 모을지니,
신선의 일은 진정 모호한 것이라

취한 가운데 얻은 참됨만 못하리라.

【해제】

제3수는 인생이 짧고 덧없으니 돈을 아끼지 말고 즐겨야 한다는 뜻을 표현하였다.

【주석】

1) 長繩(장승) 구 - 가는 세월을 붙잡아 둘 수 없다는 뜻이다.
2) 陽春(양춘) - 봄날의 햇볕. 청춘을 뜻한다.
3) 石火(석화) - 돌이 부딪혔을 때 생기는 불. 부싯돌의 불.
   이 구절은 돌에서 나는 불은 아주 순식간만 빛나고 사라진다는 뜻으로, 인간의 수명이 아주 짧다는 것을 비유한다.
4) 卽事(즉사) 구 - 지금 눈앞의 일도 꿈속의 일 인양 덧없이 흘러간다는 뜻이다.
5) 後來(후래) 구 - 자신이 죽고 난 뒤에 어떤 사람의 몸이 될까? 자신이 죽고 나면 그 이후의 상태에 대해서는 기약할 수 없다는 뜻이다.
6) 提壺(제호) 구 - 술을 마시게 되면 가난을 핑계로 그만두지 말라는 뜻이다.
7) 殊(수) - 진정.
   恍惚(황홀) - 모호한 모습.

839. 擬古十二首 其四

고시를 본뜨다 12수 제4수

清都綠玉樹[1]　灼爍瑤臺春[2]
攀花弄秀色　遠贈天仙人
香風送紫蕊　直到扶桑津[3]
恥掇世上豔[4]　所貴心之珍
相思傳一笑　聊欲示情親

청도의 푸른 옥 나무가
요대의 봄날에 찬란하겠지.
꽃을 꺾어 빼어난 빛을 즐기다
멀리 천상의 신선에게 주니,
향기로운 바람은 자줏빛 꽃잎을 보내
곧장 부상의 나루에 닿게 하네.
인간세상의 아름다운 꽃 따는 것이 부끄럽지만
귀하게 여기는 바는 마음의 보배라네.
서로 그리워하며 웃음 하나를 전하여
아쉬우나마 친한 정감을 보여주고자 하네.

【해제】
제4수는 인간세계에서 노닐다가 꽃을 꺾어 멀리 천상의 신선세계에 있는 신선에게 띄운다는 내용이다.

【주석】
1) 淸都(청도) - 상제上帝가 사는 곳.
2) 灼爍(작삭) - 빛나는 모습. 아름다운 모습.
   瑤臺(요대) - 곤륜산에 있다는 신선들이 노니는 누대.
3) 扶桑(부상) - 동쪽에 해가 뜨는 곳.
4) 恥(치) - '取取'로 된 판본도 있다.
   이하 두 구절은 인간세상의 꽃을 따서 천상으로 보내는 것은 부끄러운 일이지만 자신의 진정한 마음을 귀하게 여긴다는 뜻이다.

840. 擬古十二首 其五

고시를 본뜨다 12수 제5수

今日風日好　明日恐不如
春風笑於人　何乃愁自居
吹簫舞彩鳳[1]　酌醴鱠神魚[2]
千金買一醉　取樂不求餘
達士遺天地[3]　東門有二疏[4]
愚夫同瓦石[5]　有才知卷舒[6]
無事坐悲苦[7]　塊然洇轍鮒[8]

오늘은 바람과 햇볕이 좋지만
내일은 아마 오늘만 못할 것이니,
봄바람이 내게 미소를 짓는데
어찌하여 시름 속에 스스로 있겠는가?
소를 불어 오색 봉황을 춤추게 하고
좋은 술을 따라 상서로운 물고기 회를 먹으며,
천금으로 한 번 취하는 일을 사서
쾌락을 취할 뿐 다른 것은 구하지 않네.
통달한 선비는 천지를 버려
동문에 소광과 소수가 있었으니,

어리석은 사람은 기왓장과 같지만
재능 있는 자는 물러감과 나아감을 안다네.
공연히 슬퍼하거나 애달파하지 말아야지
물 마른 수레바퀴자국의 쓸쓸한 붕어처럼.

【해제】
제5수는 오늘과 같은 봄날은 다시 오지 않으니 세속의 명예와 부귀를 버리고 마음껏 즐기자는 뜻을 표현하였다.

【주석】
1) 吹簫(취소) 구 - 진秦나라 목공穆公 때 소사簫史라는 자가 있었는데 소簫를 잘 불어 봉황이 날아와 머물렀다고 한다. 후에 목공의 딸인 농옥弄玉과 결혼하여 하늘로 올라갔다고 한다.(≪열선전列仙傳≫ 참조)
2) 酌醴(작례) - 술을 따르다.
   神魚(신어) - 신령스런 물고기. 여기서는 큰 물고기를 뜻한다.
3) 達士(달사) - 광달한 선비.
   遺天地(유천지) - 천지를 버리다. 세속을 초월하다.
4) 東門(동문) 구 - '이소二疏'는 한나라의 소광疏廣과 그의 조카인 소수疏受이다. 두 사람이 태자태부太子太傅와 소부少傅가 되어 부귀와 영예를 다 가졌다. 어느 날 소광이 "공을 이루었으니 지금 물러나지 않으면 나중에 후회할 것이다"라고 말하고는 소수와 함께 관직에서 물러났다. 고향에 내려와서 황제와 황태자로부터 받은 금을 고향사람들을 위해 다 써버리고 여생을 평온하게 보냈다.(≪한서·소광전≫ 참조) '동문'은 그들이 조정을 떠날 때 사람들이 전별연을 베푼 장소이다.
   이상 두 구절은 통달한 선비는 세속의 모든 것에 초월하는데, 그러한 예로 소광과 소수와 같은 사람이 있었다는 뜻이다.
5) 瓦石(와석) - 기왓장. 아무 것도 이해하지 못하는 사람을 비유한다.
6) 卷舒(권서) - 자신의 재능을 거두어 은거하는 것과 재능을 펼쳐 관직에 나아가는 것.
7) 無事(무사) - ~할 필요가 없다.
  坐(좌) - 공연히. 함부로.
8) 塊然(괴연) - 홀로 쓸쓸히 있는 모습.
  涸轍鮒(학철부) - 마른 수레바퀴 자국에 있는 물고기. 장주莊周가 집이 가난하여 감하후監河侯에게 곡식을 빌리러 가니, 백성들에게서 세금을 걷은 뒤 삼백 금을 빌려주겠다고 하였다. 이에 장주는 화를 내면서 말하였다. "오다가 수레바퀴 자국에 있는 물고기를 보았는데, 자신은 동해의 신하라며 약간의 물을 부어주어 살려달라고 했다. 이에 내가 지금 오월 땅으로 가니 장차 서강의 물로 그대를 맞이하겠다고 하니, 물고기는 지금 당장 한 바가지의 물만 있으면 되는데, 그렇게 못한다니 그대는 말라죽은 나를 건어물 전에서 찾는 게 낫겠다고 하였다."(≪장자·외물(外物)≫ 참조) 매우 곤궁한 처지에 있으면서 이를 한탄하는 것을 비유한다.

841. 擬古十二首 其六
고시를 본뜨다 12수 제6수

運速天地閉¹　　胡風結飛霜²
百草死冬月　　六龍頹西荒³
太白出東方⁴　　彗星揚精光⁵
鴛鴦非越鳥　　何爲眷南翔⁶
惟昔鷹將犬　　今爲侯與王
得水成蛟龍　　爭池奪鳳凰⁷
北斗不酌酒　　南箕空簸揚⁸

세월이 빨리 흘러 천지가 닫혀버리니
오랑캐 바람에 서리가 엉겨 날리네.
모든 풀이 겨울에 죽어버리고
육룡은 서쪽 변방에 떨어졌으며,
태백성이 동쪽에 나오고
혜성은 광채를 드날리네.
원앙은 월나라 새가 아닌데
어찌 남쪽으로 날아가고 싶어하는가?
예전의 매와 개와 같던 이들이
지금은 왕과 제후가 되었는데,

물을 얻어 교룡이 되자
봉황의 연못을 다투어 뺏네.
국자모양의 북두는 술을 따르지 못하고
남쪽의 기성은 까부르지 못하는구나.

【해제】
제6수는 자연 현상에 이상 징후가 나타나고 여러 사물이 비정상적인 현상을 보이는 것을 표현하였다. 이를 통해 안녹산이 난을 일으켜 천하가 혼란스러운데도 신하들이 제 역할을 하지 않고 사리사욕만 채우려고 하는 상황을 비유하였다.

【주석】
1) 運速(운속) - 천지의 운행이 빠르다. 세월이 빨리 지나가다.
   天地閉(천지폐) - 천지가 닫히다. ≪예기(禮記)·월령(月令)≫에 따르면, 겨울이 되면 하늘의 기운은 상승하고 땅의 기운은 하강하여 천지가 통하지 않고 막힌다. 그리고 ≪주역·문언(文言)≫에 따르면 천지가 막히면 어진 이들이 숨는다.
2) 胡風(호풍) - 오랑캐 바람. 겨울에 부는 북풍으로 안녹산의 난을 비유하였다.
3) 六龍(육룡) - 하늘의 태양을 실은 수레를 끄는 용으로 태양을 의미하며 천자를 상징한다.
   穨(퇴) - 부서지다.
   西荒(서황) - 서쪽 변방. 서쪽의 먼 지역
   이 구절은 안녹산의 난으로 천자가 촉 땅으로 피한 것을 비유한다.
4) 太白(태백) 구 - 태백성은 금성이다. ≪한서·천문지(天文志)≫에서 "태백성이 서쪽에 나와서 그 운행이 잘못되면 오랑캐가 패하고, 동쪽에 나와서 그 운행이 잘못되면 중원이 패한다."고 하였다.

5) 彗星(혜성) - ≪진서·천문지≫에 따르면, 혜성이 나타나면 전쟁이나 물난리가 일어나며, 이 별은 청소하는 일을 주관하여 옛 것을 없애고 새 것을 편다고 하였다.
이상 두 구절은 천문에 재앙의 징조가 보인다는 뜻이다. 이와 달리 천문을 보니 군대가 일어나 옛 것을 없애고 새 것을 펼 것임을 알 수 있다는 뜻으로 풀이하기도 하는데, 이는 합당하지 않다.
6) 鴛鴦(원앙) 두 구 - 당시 장군들과 관료들이 북쪽에 있는 안녹산의 무리를 물리치러 가는 것이 아니라 자신의 안위를 위해 남쪽으로 가는 것을 비유한다. 또는 당시 이백이 부인 종씨宗氏와 같이 남쪽으로 피해 갔는데 이를 가리킨다는 설도 있다.
7) 奪鳳凰(탈봉황) - 궁궐의 요직을 차지한다는 뜻이다. '봉황지鳳凰池'는 중서성中書省을 가리킨다.
이상 네 구절은 예전에 매나 개와 같이 충성을 다한 이들이 제후나 왕의 지위에 올랐는데, 그들이 물을 얻은 교룡처럼 득세하자 조정의 요직을 다투게 되었다는 것을 말한다.
8) 北斗(북두) 두 구 - ≪시경·소아≫의 〈대동(大東)〉에서 "남쪽에 키 모양의 기성이 있지만 이것으로는 곡식을 까불지 못하고, 북쪽에는 국자모양의 북두성이 있지만 이것으로는 술을 따르지 못하네.(維南有箕, 不可以簸揚, 維北有斗, 不可以挹酒漿.)"라고 하였는데, ≪모시(毛詩)≫의 서序에서 난리를 풍자한 시라고 하였다. 이백은 이 시구를 빌어 혼란스런 세상에 현자가 등용되지 못하고 제 구실을 못하는 이가 관직을 차지하고 있는 현실을 비판하였다.

842. 擬古十二首 其七

고시를 본뜨다 12수 제7수

世路今太行[1]　迴車竟何託
萬族皆凋枯[2]　遂無少可樂
曠野多白骨　　幽魂共銷鑠[3]
榮貴當及時　　春華宜照灼[4]
人非崑山玉　　安得長璀錯[5]
身沒期不朽[6]　榮名在麟閣[7]

세상살이가 지금 태항산과 같으니
수레를 돌리려 해도 결국 어디에 기탁할 수 있을까?
만물은 모두 시들고 말라
즐거운 일이라고는 조금도 없는데,
광야에는 백골이 널려있고
혼백들은 모두 사라져버렸네.
부귀영화는 마땅히 제때에 누려야 하고
봄꽃은 응당 빛나야 하는 법,
사람은 곤륜산의 옥이 아니니
어찌 오래도록 빛날 수 있으리오.
사람이 죽고 나서 썩지 않기를 기약하려면

영광스런 이름이 기린각에 있어야 하리라.

【해제】
제7수는 고달픈 세상살이에 의탁할 곳도 없지만 불후를 기약하기 위해서는 뛰어난 업적을 세워야 한다고 하였다.

【주석】
1) 太行(태항) - 태항산. 산세가 매우 험난하다.
2) 萬族(만족) - 만물.
3) 銷鑠(소삭) - 녹아 없어지다.
4) 春華(춘화) - 젊음을 비유한다.
   照灼(조작) - 밝게 빛나다.
5) 璀錯(최착) - 환하게 빛나는 모습.
6) 不朽(불후) - 썩지 않다. 업적이나 명성이 영원한 것을 뜻한다.
7) 麟閣(인각) - 한나라 때 공신의 초상을 보관한 기린각麒麟閣.

843. 擬古十二首 其八

고시를 본뜨다 12수 제8수

月色不可掃　　客愁不可道
玉露生秋衣[1]　流螢飛百草
日月終銷毀[2]　天地同枯槁[3]
蟪蛄啼靑松[4]　安見此樹老[5]
金丹寧誤俗[6]　昧者難精討[7]
爾非千歲翁　　多恨去世早[8]
飮酒入玉壺[9]　藏身以爲寶[10]

달빛은 쓸어버릴 수가 없고
나그네 시름은 말할 길이 없는데,
옥 같은 이슬은 가을 옷에 내리고
반딧불이는 여러 풀 속을 날아다니네.
해와 달도 끝내는 없어질 것이고
하늘과 땅도 마찬가지로 말라버릴 터,
매미는 푸른 소나무에서 울지만
어찌 이 소나무가 늙는 모습을 볼 수 있겠는가?
금단이 어찌 세속 사람을 현혹시키겠는가?

우매한 사람이 이를 정밀하게 궁구하기 어려울 따름이네.
그대들은 천년을 살 늙은이도 아니면서
대부분 이 세상을 뜨는 것이 이르다고 한탄하니,
술 마시고 옥 술병에 들어가
몸을 숨기는 것이 보배로운 길이라네.

【해제】

제8수는 인생은 덧없으니 술을 마시며 즐겨야 한다는 뜻을 표현하였다.

【주석】

1) 玉露(옥로) - 가을 이슬.
2) 銷毁(소훼) - 사라지다.
3) 枯槁(고고) - 말라버리다.
4) 蟪蛄(혜고) - 매미의 일종.
5) 安(안) - 어찌.
 이상 네 구절은 영원할 것 같은 해와 달, 하늘과 땅도 결국은 소멸하는데 하물며 인간은 소나무에서 울지만 소나무가 늙어가는 것도 채 보지 못하는 매미와 같아서 그 삶이 너무 덧없다는 뜻이다.
6) 金丹(금단) - 단약. 이를 먹으면 장생불사한다고 한다.
7) 精討(정토) - 세심하게 연구하다. 금단을 만드는 이치를 궁구하다.
 이상 두 구절은 금단이라는 것은 진정 존재하는 것인데 세상 사람들이 이를 제대로 연구해 이루지 못하고서 그 존재를 의심한다는 뜻이다. 이와 달리 "금단이라는 것은 정녕 세속 사람을 속이는 것이니, 우매한 사람이 궁구하기 어려운 것이라네."라고 풀이하는 설도 있다.
8) 爾非(이비) 두 구 - 세상 사람들이 금단을 먹고 장생할 수 없으면서

도 일찍 죽는 것을 한탄한다는 뜻이다.
9) 入玉壺(입옥호) - 옥 술병에 들어가다. 후한 때 어느 시장에 약 파는 노인이 있었는데, 장사가 끝나면 가게에 매달아놓은 호리병 안으로 들어갔다. 시장을 관리하던 비장방費長房이 이를 보고 그 노인에게 예를 갖추어 대하자, 노인이 비장방을 데리고 함께 호리병 속에 들어갔는데, 그 안에는 신선세계가 있었다고 한다.(≪후한서·비장방전≫ 참조)

이상 두 구절은 비장방의 고사와 술 마시는 일을 결합하여, 술을 마시면 신선의 세계에 들어가게 되니 신선술을 궁구할 수 없는 우매한 인간은 차라리 술을 마시며 즐기는 편이 낫다는 것을 말하였다.
10) 藏身(장신) - 몸을 숨기다.

844. 擬古十二首 其九

고시를 본뜨다 12수 제9수

生者爲過客　　死者爲歸人[1]
天地一逆旅[2]　同悲萬古塵[3]
月兎空擣藥[4]　扶桑已成薪[5]
白骨寂無言　　靑松豈知春[6]
前後更嘆息[7]　浮榮安足珍[8]

살아있는 자는 길가는 나그네이고
죽은 자는 돌아간 사람이며,
천지가 하나의 객사이니
만고의 먼지가 되는 것을 다함께 슬퍼하네.
달 속의 토끼는 헛되이 불사약을 찧고
부상의 뽕나무는 이미 땔감이 되었는데,
백골은 조용히 말이 없고
푸른 소나무가 어찌 봄을 알리오.
앞뒤에서 번갈아 탄식하게 되니
헛된 영예가 어찌 귀하겠는가?

【해제】

제9수는 인생은 나그네와 같고 천지는 객사와 같아서 모든 것은 사라질 뿐이니 인간사는 헛된 것이라는 생각을 표현하였다.

【주석】

1) 歸人(귀인) - 돌아간 사람. ≪열자(列子)·천서(天瑞)≫에서 "옛날에 죽은 사람을 돌아간 사람이라고 하였다. 죽은 사람을 돌아간 사람이라 했으니 살아있는 사람은 길가는 사람인 것이다.(古者謂死人爲歸人. 夫言死者爲歸人, 則生人爲行人矣.)"라고 하였다.

2) 逆旅(역려) - 객사.

3) 萬古塵(만고진) - 사람이 죽어 영원히 먼지가 되어버린다는 뜻이다.

4) 擣藥(도약) - 약을 찧다. 부현傅玄의 〈하늘에 묻는 글을 본뜨다(擬天問)〉에서 "달에 무엇이 있느냐? 흰 토끼가 약을 찧는다.(月中何有, 白兎擣藥.)"라고 하였다.

5) 扶桑(부상) - 해가 뜨는 동쪽에 있다는 뽕나무.

6) 靑松(청송) 구 - 푸른 소나무 역시 결국은 죽어 사라질 수밖에 없다는 뜻으로 추정되지만 확실치 않다. 아마도 이 구절에 오자나 탈자가 있는 것으로 보인다.

7) 前後(전후) - 전대와 후대.
이 구절은 현재의 사람이 과거 사람의 삶을 보고 탄식하듯이 미래의 사람은 또 현재 사람의 삶을 보고 탄식하여, 앞뒤로 번갈아 인간사가 덧없음을 탄식하게 된다는 뜻이다.

8) 浮榮(부영) - 헛된 영예.

845. 擬古十二首 其十

고시를 본뜨다 12수 제10수

仙人騎彩鳳　　昨下閬風岑[1]
海水三淸淺[2]　桃源一見尋[3]
遺我綠玉杯　　兼之紫瓊琴
杯以傾美酒　　琴以閑素心[4]
二物非世有　　何論珠與金[5]
琴彈松裏風　　杯勸天上月
風月長相知　　世人何倏忽[6]

신선이 오색 봉황을 타고
어제 낭풍산에서 내려왔는데,
바닷물이 세 번 얕아졌다고 말하고는
무릉도원으로 나를 찾아왔네.
나에게 푸른 옥의 잔을 주고
더불어 자줏빛 옥의 금도 주었으니,
술잔으로는 좋은 술을 기울이고
금으로는 소박한 마음을 한가롭게 하는데,
두 물건은 세상의 것이 아니니

어찌 구슬과 황금으로 논하리오.
금으로 소나무 숲의 바람을 타고
술잔으로 하늘의 달에 권하니,
바람과 달은 오랫동안 내가 알고 지냈지만
세상 사람들은 어찌 그리 빨리 사라지는가?

【해제】
제10수는 무릉도원에 있는 자신에게 신선이 찾아와서 옥잔과 금을 주어 술을 마시고 금을 타며 즐기는 것을 노래하였다.

【주석】
 1) 閬風(낭풍) - 곤륜산崐崙山 위에 있는 산.
    岑(잠) - 산.
 2) 海水(해수) - 바닷물.
    淸淺(청천) - 얕다. 한나라 환제桓帝 때 마고麻姑라는 여자 신선이 왕원王遠의 부름을 받고 왔는데, 스스로 말하기를 동해바다가 세 번 얕아져서 뽕밭이 되는 것을 본 적이 있다고 하였다.(≪신선전(神仙傳)≫ 참조) 여기서는 낭풍에서 온 신선이 마고처럼 오래 살았다는 뜻이다.
 3) 桃源(도원) - 도연명의 〈도화원기(桃花源記)〉에 나오는 도원을 가리킨다. 여기서는 이백이 사는 곳을 가리키며, 이를 통해 이백이 세속과 떨어져 살고 있음을 말하였다.
    見尋(견심) - 방문하다.
 4) 素心(소심) - 소박한 마음. 본래의 마음.
 5) 論(론) - 가치를 논하다.
    이 구절은 구슬과 황금으로 비교할 수 없다는 뜻이다.
 6) 倏忽(숙홀) - 순식간에.

이 구절은 바람과 달은 오래도록 함께 할 수 있는데 세상 사람은 수명이 너무 짧다는 뜻이다. 세상 사람은 조변석개朝變夕改하기 때문에 오래 사귈 수 없다는 뜻으로 풀이할 수도 있다.

846. 擬古十二首 其十一

고시를 본뜨다 12수 제11수

涉江弄秋水　愛此荷花鮮
攀荷弄其珠[1]　蕩漾不成圓[2]
佳期綵雲重[3]　欲贈隔遠天
相思無由見[4]　悵望涼風前

강을 건너며 가을 물을 즐기니
이 아름다운 연꽃을 좋아해서라네.
연꽃을 꺾어 그 위의 이슬을 희롱하는데
흔들려서 동그랗게 되지를 않네.
아름다운 기약을 하였으나 오색구름 겹겹이어서
주고 싶어도 먼 하늘 너머라네.
그리워하지만 만날 수가 없어서
서늘한 바람 앞에서 애달피 바라본다네.

【해제】

이 시는 〈연꽃을 꺾어 주다(折荷有贈)〉와 비교해보면 몇 글자만 다를 뿐이어서 동일한 시로 보인다. 가을 물가에서 연꽃을 따다가 좋아하는 여인에게 주려고 하지만 멀리 떨어져 있어 줄 수가 없기에 아쉬워하는 심사를 표현하였다. 재능 있는 자가 참소를 받아 임금에게 충정을 다하지 못하는 심정을 비유한다는 설이 있다.

【주석】
1) 攀荷(반하) - 연꽃을 따다.
   珠(주) - 이슬을 비유한다.
2) 蕩漾(탕양) - 흔들리다.
   不成圓(불성원) - 이슬이 동그랗게 되지 않고 이지러지다. 재능 있는 자가 참언으로 인해 일이 원만하게 되지 못하는 것을 비유하는 것으로 볼 수 있다.
3) 佳期(가기) - 아름다운 기약. 여인을 만나는 기약을 뜻한다.
   綵雲重(채운중) - 연꽃을 주려하는 것을 방해하는 장애물이다. 충언을 하지 못하게 방해하는 간신배들을 비유하는 것으로 볼 수 있다.
4) 無由(무유) - 방도가 없다.

847. 擬古十二首 其十二

고시를 본뜨다 12수 제12수

去去復去去　　辭君還憶君
漢水旣殊流　　楚山亦此分¹
人生難稱意²　　豈得長爲群³
越燕喜海日　　燕鴻思朔雲⁴
別久容華晩⁵　　琅玕不能飯⁶
日落知天昏　　夢長覺道遠
望夫登高山　　化石竟不返

가고 또 가는구나
그대와 헤어지고 또 그대를 그리워하네.
한수는 이미 흐름을 달리하고
초산도 여기서 나뉘지네.
인생은 뜻대로 되기 어려우니
어찌 오래도록 함께 있을 수 있으리오.
월 땅의 제비는 바닷가 태양을 좋아하고
연 땅의 기러기는 북쪽의 구름을 그리워하네.
헤어진 지 오래되어 꽃다운 얼굴도 노쇠해졌으니

낭간 열매조차 먹을 수 없네.
해가 떨어지자 하늘이 어둑해졌음을 알고
꿈이 기니 길이 멀다는 것을 느끼고는,
남편을 보기 위해 높은 산에 올랐다가
돌이 되어 결국 돌아오지 못하네.

【해제】
제12수는 헤어진 남편을 그리워하는 아내의 괴로운 마음을 적은 것이다. 궁궐을 떠나온 뒤에 임금을 연모하는 마음을 비유적으로 그린 것으로 볼 수도 있다.

【주석】
1) 漢水(한수) 두 구 - 남편과 헤어져 물과 산을 달리하게 되었다는 뜻이다.
2) 稱意(칭의) - 마음에 맞다. 뜻대로 되다.
3) 爲群(위군) - 같이 지내다. 무리 짓다.
4) 越燕(월연) 두 구 - 월 땅의 제비는 남쪽의 새로 바닷가 태양을 좋아하고 연 땅의 기러기는 북쪽의 새라서 북쪽의 구름을 그리워하여 각자 좋아하는 것을 찾아 간다는 뜻이다. 하지만 그리운 사람을 찾아 가지 못하여 한탄하는 자신의 심사가 그 이면에 담겨있다.
5) 容華晩(용화만) - '용화'는 꽃다운 얼굴을 의미하며 '만'은 노쇠했음을 뜻한다.
6) 琅玕(낭간) - 봉황이 먹는 열매. 귀한 음식을 비유한다.
   이상 두 구절은 남편과 헤어진 뒤 마음이 상해 얼굴도 늙어버렸으니 아무리 귀한 음식이라도 먹고 싶은 마음이 들지 않는다는 뜻이다.

848. 感興八首 其一

흥취를 느끼다 8수 제1수

瑤姬天帝女[1]　精彩化朝雲[2]
宛轉入夢宵[3]　無心向楚君
錦衾抱秋月[4]　綺席空蘭芬[5]
茫昧竟誰測[6]　虛傳宋玉文[7]

요희는 천제의 딸인데
그 정신이 아침 구름으로 변했네.
이리저리 다니다 밤에 꿈속으로 들어갔지만
초나라 임금에게 향할 마음은 없었다네.
비단 이불에서 가을 달을 안았고
비단 자리에는 난초 향기만 공허했으니,
아득한 일을 도대체 누가 알 수 있을까?
헛되이 송옥의 문장만 전하는구나.

【해제】

이 여덟 수의 시는 주제가 다양하고 작시시기도 일치하지 않는다. 아마 편찬자가 제목이 같은 개별 시를 함께 엮어놓았을 것이다.
제1수는 송옥宋玉의 〈고당부(高唐賦)〉에 나오는 초나라 왕과 무산巫山 신녀 이야기가 허황된 것이라고 하였다.

【주석】

1) 瑤姬(요희) - 적제赤帝의 딸인데, 출가하지 못하고 죽자 무산 남쪽에 묻혔다. 그래서 무산지녀巫山之女라고 한다.(≪양양기구전襄陽耆舊傳≫ 참조)
2) 精彩(정채) - 정신. 영혼.
   朝雲(조운) - 아침 구름. 옛날 초나라 양왕襄王이 송옥과 함께 운몽雲夢의 누대에서 노닐다가 고당高唐의 누대를 바라보니 그 위로 구름기운이 있었다. 양왕이 그것을 보고 송옥에게 "저게 무슨 기운인가?"라고 물으니, "옛날 선왕께서 일찍이 고당에서 노닐 때, 곤해서 낮잠을 주무시는데 꿈에 한 부인이 나타나더니 '저는 무산의 신녀로 고당에 머물고 있는데 임금께서 고당에 놀러 오셨단 말을 듣고는, 잠자리를 시중들까 합니다.'고 하였습니다. 그래서 왕은 그녀를 사랑하셨으며 그녀가 떠날 때 말하기를 '저는 무산 남쪽 고구의 험한 곳에 사는데, 아침에는 구름이 되고 저녁에는 비가 되어 아침저녁마다 양대陽臺 아래에 있겠습니다.'고 하였는데, 아침에 바라보니 과연 여자의 말과 같았습니다."라고 하였다.(〈고당부〉 참조)
3) 宛轉(완전) - 전전하다. 변화하다.
4) 錦衾(금금) - 비단 이불.
   이 구절은 비단 이불에서 사람대신 달을 껴안고 잤다는 뜻이다. 가을 달빛 아래 비단 이불을 껴안았다고 풀이할 수도 있다.
5) 綺席(기석) - 비단 자리.
   이 구절은 비단 자리에 사람은 없고 난초 향기만 있었다는 뜻이다. 이상 두 구절은 〈고당부〉에 나오는 "임금께서 고당에 놀러왔다는 소식을 듣게 되어 잠자리를 시중들까 합니다."라는 신녀의 말을 두고 가상한 것으로 초왕은 신녀와 자지 못하고 혼자 밤을 보냈을 것이라는 뜻이다.
6) 茫昧(망매) - 아득하여 희미한 모습.
7) 宋玉文(송옥문) - 송옥이 지은 〈고당부〉를 가리킨다.

849. 感興八首 其二

흥취를 느끼다 8수 제2수

洛浦有宓妃¹　　飄颻雪爭飛²
輕雲拂素月³　　了可見淸輝⁴
解珮欲西去⁵　　含情詎相違⁶
香塵動羅襪⁷　　淥水不沾衣⁸
陳王徒作賦⁹　　神女豈同歸
好色傷大雅　　多爲世所譏¹⁰

낙수 물가에 복비가 있었는데
경쾌한 자태가 눈이 다투어 날리는 듯하였고,
가벼운 구름이 흰 달을 스치는 것 같아
맑은 광채를 또렷이 볼 수 있었네.
패옥을 풀어 주고는 서쪽에서 떠나고자 하였는데
정을 품고서 어찌 그녀와 헤어질 수 있었으리오?
향내 나는 먼지가 비단버선에 일고
맑은 물이 옷을 적시지도 않았네.
조식이 〈낙신부〉를 지은 것은 헛수고였으니
신녀가 어찌 함께 돌아가리오.
여색을 밝히면 고아함을 해치게 되어

대개 세상 사람들의 조롱거리가 되는 법이라네.

【해제】
제2수는 조식曹植의 〈낙신부(洛神賦)〉에 나오는 조식과 복비宓妃의 사랑을 부정적인 관점에서 논하였다. 조식이 아름다운 신녀에게 사랑을 느꼈지만 같이 갈 수는 없었으니, 만일 같이 갔다면 여색을 밝힌다고 하여 세상의 책망을 들었을 것이라고 하였다.

【주석】
1) 洛浦(낙포) - 낙수洛水의 물가.
   宓妃(복비) - 복희씨伏羲氏의 딸로서 낙수에 빠져 죽은 뒤 낙수의 신이 되었다고 한다.
2) 飄颻(표요) - 여인의 행동거지가 가볍고 날렵한 모습. 〈낙신부〉에서 "경쾌한 자태가 마치 세찬 바람에 눈이 휘돌아가는 것 같네.(飄颻兮若流風之迴雪.)"라고 하였다.
3) 拂(불) - 스치다. 〈낙신부〉에서 "아련한 것이 마치 옅은 구름이 달을 가린 것 같네.(髣髴兮若輕雲之蔽月.)"라고 하였다.
4) 了(료) - 분명하게.
   淸輝(청휘) - 맑은 광채. 복비의 모습을 가리킨다.
5) 解珮(해패) - 패옥을 풀다. 조식이 복비를 보고는 자신의 정을 전하기 위해 그녀에게 선물로 준 것이다. 〈낙신부〉에서 "내 간절한 진심을 먼저 보내고자 패옥을 풀어서 만나자고 요청하였네.(願誠素之先達兮, 解玉佩以要之.)"라고 하였다.
   西去(서거) - 당시 조식은 견성왕甄城王에 봉해졌는데, 그 봉지가 지금의 산동성에 있었다. 따라서 여기서는 서쪽에 있는 낙양을 떠나 견성으로 가는 것이다.
6) 詎(거) - 어찌.

이 구절은 조식이 복비에게 정을 느꼈으니 그녀와 헤어질 수 없다는 뜻이다.

7) 香塵(향진) - 향기 나는 먼지.
이 구절은 복비가 사뿐사뿐 걷는 모습을 묘사한 것으로, 〈낙신부〉에서 "파도를 넘으며 사뿐히 걸으니 비단버선 끝에 먼지가 생기네.(陵波微步, 羅襪生塵.)"라고 하였다.

8) 沾(첨) - 적시다. 〈낙신부〉에서 "환히 빛나는 것이 마치 연꽃이 맑은 물에서 나온 듯하네.(灼若芙蕖出淥波.)"라고 하였다.

9) 陳王(진왕) - 조식.

10) 多(다) - 대개. 또는 '바로'의 뜻으로 볼 수도 있다.

850. 感興八首 其三
흥취를 느끼다 8수 제3수

裂素持作書[1]　　將寄萬里懷
眷眷待遠信[2]　　竟歲無人來[3]
征鴻務隨陽[4]　　又不爲我棲
委之在深篋[5]　　蠹魚壞其題[6]
何如投水中　　流落他人開[7]
不惜他人開　　但恐生是非[8]

비단을 찢어 편지를 써서
만 리 그리운 마음을 부치려 하네.
오롯이 멀리서 온 심부름꾼을 기다렸는데
한 해가 다하도록 아무도 오지 않고,
날아가는 기러기는 열심히 태양을 따르지만
또 내게 와서 머물지는 않네.
상자 깊숙이 그것을 넣어 놓으면
좀이 그 글자를 갉아먹을 터이니,
어찌 물에 던져 놓아
흘러 다니다가 다른 사람이 열어보게 되는 것만 하겠는가?
다른 사람이 열어 보는 건 아쉽지 않은데

다만 구설수에 오를까봐 두렵다네.

【해제】
제3수는 멀리 있는 임에게 편지를 써서 보내려고 하지만 전해줄 사람이 없어 안타까워하는 마음을 표현하였다.

【주석】
1) 裂素(열소) - 비단을 찢다. 편지를 쓰려고 하는 것이다.
2) 眷眷(권권) - 오롯이 마음을 쓰는 모습.
   遠信(원신) - 멀리서 소식을 전하러 온 심부름꾼을 말한다.
3) 竟歲(경세) - 한 해가 다하다.
4) 征鴻(정홍) - 날아가는 기러기. 기러기가 편지를 전해준다고 여겼다.
   隨陽(수양) - 기러기는 태양을 따라서 계절마다 이동한다.
5) 委之(위지) - 편지를 보관하는 것을 뜻한다.
   深篋(심협) - 깊은 상자.
6) 蠹魚(두어) - 좀.
   其題(기제) - 편지 겉에 써놓은 글씨.
7) 流落(유락) - 떠다니다.
   이상 네 구절은 편지가 상자 속에 넣어져 좀이 먹는 것보다는 강물에 던져놓아 흘러 다니다가 다른 사람이 열어보게 하는 것이 낫다는 뜻이다.
8) 生是非(생시비) - 구설수에 오르는 것을 뜻한다.
   이상 두 구절은 만일 다른 사람이 보면 혹시라도 안 좋은 소문이 돌지도 모른다는 뜻이다.

851. 感興八首 其四

흥취를 느끼다 8수 제4수

芙蓉嬌綠波　　桃李誇白日
偶蒙春風榮¹　　生此豔陽質²
豈無佳人色　　但恐花不實³
宛轉龍火飛⁴　　零落互相失⁵
詎知凌寒松⁶　　千載長守一

연꽃은 푸른 물결에 자랑하며 피어있고
복숭아꽃과 자두꽃은 밝은 태양아래 뽐내니,
우연히 봄바람의 도움을 받아
이처럼 아름답게 자란 것이지.
어찌 가인의 모습이 없으련마는
다만 꽃이 열매 맺지 못할까 염려하였는데,
절기가 변하여 화성이 나타나니
시들고 떨어져 서로 잃어버렸네.
어찌 알리오, 추위를 이기는 소나무는
천년동안 길이 하나만을 지키는 것을.

【해제】

제4수는 〈고풍 59수(古風五十九首)〉 중 제47수와 내용이 거의 비슷하다. 우연히 봄바람을 맞아서 꽃을 피워 영화를 누리다가 가을이 되면 일찌감치 사라질 수밖에 없는 연꽃, 복숭아꽃, 자두꽃과 항상 자기 자리를 지키며 추위가 오더라도 푸름을 유지하고 있는 소나무를 비교하면서 항상 지조를 지키며 살아야 한다는 도리를 설파하였다. 이백은 이 시에서 당시 천자의 은총을 받아 권력을 향유한 간신들의 영화가 오래가지 못할 것이라고 비판하고, 자신은 이들과 달리 지조를 굽히지 않고 꿋꿋이 살아가겠다는 의지를 표현하고자 한 것으로 보인다.

【주석】

1) 蒙(몽) - 우연히 만나다. 혜택을 받다.
   榮(영) - 영화. 꽃을 피우는 힘을 뜻한다.
2) 豔陽(염양) - 빛나고 아름답다.
   質(질) - 모습. 외모를 뜻한다.
   이상 네 구절은 간신배들이 우연한 기회에 천자의 은총을 받아서 권세를 누리고 있는 모습을 비유한 것으로 볼 수 있다.
3) 豈無(기무) 두 구 - 아름다운 모습을 가지고 있지만 결실을 맺지 못할 것을 염려한다는 뜻이다.
4) 宛轉(완전) - 순리에 맞추어 변화하다. 절기에 맞추어 만물이 변화하는 것을 가리킨다. 시간이 흐르는 것을 뜻하기도 한다.
   龍火(용화) - 별자리 중의 하나인 심수心宿. 가을이 되면 이 별자리가 남서쪽에 보인다.
5) 零落(영락) - 시들어 떨어지다.
6) 詎(거) - 어찌

852. 感興八首 其五

흥취를 느끼다 8수 제5수

十五遊神仙　　仙遊未曾歇
吹笙吟松風¹　　汎瑟窺海月²
西山玉童子³　　使我鍊金骨⁴
欲逐黃鶴飛　　相呼向蓬闕⁵

십오 세 때 신선세계에서 노닐어
신선 노님을 그만 둔 적이 없었으니,
생을 불면서 솔바람을 읊고
슬을 타면서 바다의 달을 바라보았네.
서산의 옥동자가
내게 신선의 풍골을 단련하게 하고는,
누런 학을 좇아 날며
서로 불러 봉래산으로 가려고 하네.

【해제】
제5수는 어렸을 때부터 신선술을 연마하고자 하였다는 사실을 말하였다.

【주석】
1) 吹笙(취생) - 왕자교王子喬는 생을 불기 좋아했으며 생으로 봉황 울음소리를 냈다. 그는 이수伊水와 낙수洛水 사이를 노닐다가 도사 부구공浮丘公을 만나 숭고산嵩高山으로 올랐다. 그 후에 그는 학을 타고 나타났다가 다시 사라졌다.(≪열선전(列仙傳)≫ 참조)
2) 汎瑟(범슬) - 슬을 타다.
3) 西山(서산) - 조비曹丕의 〈버들을 꺾다(折楊柳行)〉에서 "서산은 얼마나 높은가? 높고 높아서 끝이 없다네. 그 위에 두 선동이 있는데 먹지도 마시지도 않는다네.(西山一何高, 高高殊無極, 上有兩仙童, 不飮亦不食.)"라고 하였다.
  玉童子(옥동자) - 동자 신선을 말한다.
4) 鍊金骨(연금골) - 신선의 풍골로 단련하다. '금골'은 '선골仙骨'이다.
5) 蓬闕(봉궐) - 봉래산蓬萊山의 궁궐. 봉래산은 동해에 있다는 신선들이 사는 산이다.

853. 感興八首 其六

흥취를 느끼다 8수 제6수

西國有美女　結樓靑雲端
蛾眉豔曉月　一笑傾城歡¹
高節不可奪　炯心如凝丹²
常恐彩色晚³　不爲人所觀
安得配君子　共乘雙飛鸞⁴

서쪽 나라에 미녀가 있는데
푸른 구름 끝에 누각을 지었네.
예쁜 눈썹이 새벽달보다 아리따워
한번 웃으면 온 성의 사람이 즐거워한다네.
고고한 절개는 뺏을 수 없어서
빛나는 마음이 붉게 뭉쳤지만,
아름다운 얼굴이 시들어서
사람들이 봐주지 않을까 항상 걱정하니,
어찌하면 군자의 배필이 되어
짝지어 나는 난새를 함께 탈 수 있을까?

【해제】

제6수는 〈고풍 59수(古風五十九首)〉 중 제27수와 내용이 비슷하다. 아름다운 미모를 가지고 있지만 좋은 배필을 만나지 못하고 헛되이 청춘을 보낼까 걱정하는 미인을 묘사한 것으로, 이를 통해 현명한 군주를 만나지 못해 뜻을 펴지 못하는 자신의 심사를 토로하였다.

【주석】

1) 傾城(경성) - 성을 기울이다. 성 안의 모든 사람이 경도되는 것을 뜻한다.
2) 炯心(형심) - 빛나는 마음.
   凝丹(응단) - 붉은 것이 뭉친 것으로, 지조가 굳음을 나타낸다.
3) 彩色晚(채색만) - 용모가 노쇠하다.
4) 鸞(란) - 난새. 봉황의 일종.

854. 感興八首 其七

흥취를 느끼다 8수 제7수

揭來荊山客[1]　　誰爲珉玉分[2]
良寶絶見棄　　虛持三獻君[3]
直木忌先伐[4]　　芬蘭哀自焚[5]
盈滿天所損[6]　　沈冥道所群[7]
東海有碧水　　西山多白雲
魯連及夷齊[8]　　可以躡淸芬[9]

형산의 나그네가 어찌하여 왔던가?
누가 옥돌과 옥을 구분할 것인가?
좋은 보배가 끝내 버려졌다면
세 번이나 임금에게 올린 것은 헛일이었으리.
곧게 뻗은 나무는 먼저 베어질까 꺼리고
향기로운 난초는 자기 몸 태워지는 것을 슬퍼하는 법.
가득 찬 것은 하늘이 덜어내고
깊이 가라앉은 것은 도와 무리가 된다네.
동쪽 바다에는 푸른 물이 있고
서쪽 산에는 흰 구름이 많으니,
노중련과 백이 숙제의

맑고 향기로운 덕을 따를만하네.

【해제】

제7수는 〈고풍 59수(古風五十九首)〉 중 제36수와 내용이 비슷하다. 앞부분에서는 재능이 있는 자들이 오히려 배척당하고 해침을 당하는 세태를 비유를 통해 말하였고, 뒷부분에서는 진나라의 전횡을 피해 동해로 가고자 한 노중련魯仲連과 의리를 저버린 주나라 무왕武王의 행위를 비판하며 수양산首陽山에서 지조를 지키다 죽은 백이伯夷와 숙제叔齊를 찬미하였다.

【주석】

1) 揭來(갈래) - 어찌하여 오는가?
   荊山客(형산객) - 형산에서 박옥璞玉을 캔 화씨和氏를 가리킨다. 초나라 사람인 화씨가 형산에서 박옥을 하나 얻어서 여왕厲王과 무왕武王에게 헌납했지만, 두 번 모두 돌이라고 판명 받아 두 발꿈치가 잘리는 형벌을 받았다. 문왕文王이 즉위했을 때 다시 옥을 바치니 비로소 옥으로 인정받았으며, 이를 다듬어 화씨벽이라고 불렸다. (≪한비자(韓非子)·화씨≫ 참조)
2) 珉玉(민옥) - 옥돌과 옥.
   이상 두 구절은 옥돌과 옥도 구분하지 못하는 세상인데 화씨는 왜 박옥을 바치러 왔는가라는 뜻이다.
3) 良寶(양보) 두 구 - 화씨의 고사에서 문왕에게마저도 그 박옥의 진가를 인정받지 못했다면 결국 화씨의 진정성은 인정받지 못한 채 헛된 수고만 했을 것이라는 뜻으로, 당시 문왕처럼 인재를 알아봐 줄 수 있는 안목을 가진 자가 없음을 표현하였다. '삼三'을 여러 번을 뜻하는 말로 보아 "좋은 보배가 버려졌으니 여러 번 임금에게 올린 것이 헛수고였네"로 풀이 할 수도 있다.

4) 直木(직목) - 곧게 뻗은 나무. 좋은 재능을 가진 인재를 의미한다. ≪장자·산목(山木)≫에서 "곧은 나무가 먼저 잘리고, 물이 단 우물이 먼저 마른다."고 하였다.

5) 芳蘭(방란) - 향기 나는 난초. 좋은 재능을 가진 인재를 의미한다. ≪태평어람(太平御覽)≫에 인용된 ≪금루자(金樓子)≫에서 "방합조개는 진주를 품었기 때문에 쪼개어지고, 난초는 향기를 품었기 때문에 태워진다."고 하였다.

이상 두 구절은 재능을 가진 인재가 도리어 자신의 재능으로 인해 피해를 받는 현실을 비판하였다.

6) 損(손) - 덜어내다. ≪주역·겸괘(謙卦)≫에서 "하늘의 도는 가득 찬 것을 이지러지게 하여, 겸손한 것에 더해준다(天道虧盈而益謙)"고 하였다.

7) 沈冥(침명) - 깊이 가라앉다. 사람이 은거하여 숨어 사는 것을 뜻한다.

8) 魯連(노련) - 노중련魯仲連을 가리킨다. ≪전국책(戰國策)≫에 따르면, 그가 말하기를 "진秦나라가 예의를 버리고 무를 숭상하며 권모술수로 선비를 다루고 백성을 노예처럼 부리고 있다. 이런데도 천하를 다스리게 된다면 나는 진나라의 백성이 될 수 없으니 차라리 동해로 가서 목숨을 버리겠다"고 하였다.

夷齊(이제) - 백이伯夷와 숙제叔齊. 주나라 무왕武王이 은나라를 정복하사 온 천하가 수나라를 받들었는데 백이와 숙제는 이를 부끄럽게 생각하여 주나라의 곡식을 먹지 않겠다고 다짐하고는 수양산首陽山에 들어가 고사리를 캐먹고 살다가 굶어죽었다.(≪사기·백이열전≫ 참조)

9) 躡(섭) - 따르다. 본받다.

淸芬(청분) - 맑고 향기로운 덕.

이상 두 구절은 노중련과 백이 숙제가 모두 나라의 도리가 무너지자 자신의 고고한 인품을 유지하기 위해 나라를 떠난 것이니, 이백 자신도 재능을 알아주는 현명한 이가 없는 이 세상을 떠나 자신의 고고한 절개를 유지하겠다는 의지를 드러낸 것이다.

855. 感興八首 其八

흥취를 느끼다 8수 제8수

嘉穀隱豐草¹　草深苗且稀²
農夫旣不異³　孤穗將安歸⁴
常恐委疇隴⁵　忽與秋蓬飛
烏得薦宗廟⁶　爲君生光輝

좋은 곡식이 많은 잡초에 가려있는데
잡초가 무성해 곡식의 싹은 드문드문하네.
농부가 이미 변별하지 못하니
외로운 벼는 장차 어찌될까?
밭두둑에 버려졌다가
홀연 가을 쑥과 함께 날려갈까 늘 두려워하네.
어찌하면 종묘에 바쳐져서
임금님을 위해 밝은 빛을 발할 수 있을까?

【해제】

제8수는 벼가 잡초 사이에서 제대로 자라지 못하고 버려지는 것을 안타까워하였는데, 이를 통해 인재가 제대로 인정을 받지 못해 버려지는 상황을 비유하였다.

【주석】

1) 嘉穀(가곡) - 벼와 같은 좋은 곡식. 재능을 가진 군자를 비유한다.
   豐草(풍초) - 많은 잡초. 일반인을 비유한다.
2) 苗(묘) - 좋은 곡식의 싹을 가리킨다.
3) 農夫(농부) - 군자의 재능을 판별할 수 있는 군주를 비유한다.
   異(이) - 판별하다.
4) 孤穗(고수) - 외로운 벼. 초야에 있는 군자를 비유한다.
5) 委(위) - 버려지다.
   疇隴(주롱) - 밭두둑.
6) 烏(오) - 어찌.
   薦宗廟(천종묘) - 종묘에 바쳐지다. 제사의 제물로 바쳐지는 것으로 인재가 발탁되어 등용되는 것을 비유한다.

856. 寓言三首 其一

우언 3수 제1수

周公負斧扆¹　成王何夔夔²
武王昔不豫³　剪爪投河湄⁴
賢聖遇讒慝⁵　不免人君疑
天風拔大木　禾黍咸傷萎⁶
管蔡扇蒼蠅⁷　公賦鴟鴞詩⁸
金縢若不啓⁹　忠信誰明之¹⁰

주공이 도끼 무늬 병풍을 등지고 있었으니
성왕이 어찌나 두려워했던가?
무왕이 예전에 중병에 걸렸을 때
주공이 손톱을 깎아 황하에 던졌었지.
어진 성인도 참소를 당하면
임금이 의심을 하게 되니,
하늘의 바람에 큰 나무가 뽑히고
벼와 기장은 모두 시들어 버렸었지.
관숙 선과 채숙 도가 쉬파리를 부채질하니
주공이 〈치효〉시를 지었는데,
금으로 묶은 궤를 만일 열지 않았다면

충성과 신의를 누가 밝혔을까?

【해제】
'우언寓言'은 자기가 하고 싶은 말을 사물에 기탁하여 비유적으로 표현한 것이다. 이 연작시는 한림공봉으로 재직할 때 참언을 받게 되자 자신의 억울한 마음을 표현하기 위해 지은 것으로 보인다.
제1수는 주공周公이 성왕成王을 위해 전심전력을 다했지만 관숙管叔 선鮮과 채숙蔡叔 도度에 의해 참언을 당한 사실을 말하였다.

【주석】
1) 負斧扆(부부의) - 부의를 등지다. '부의'는 병풍과 비슷한 모양의 기물로서 도끼가 그려져 있는데, 묘당에 놓았으며 천자가 이를 등지고 남면南面하여 제후들을 대하였다.
2) 成王(성왕) - 주나라 무왕의 아들. 어릴 때 즉위하여 주공이 섭정을 하였다.
夔夔(기기) - 두려워하는 모습.
이상 두 구절은 주공이 섭정할 때 성왕은 그가 왕권을 찬탈할까 두려워했다는 말이다.
3) 小瘳(물예) - ≪상서·금능(金縢)≫에서 "무왕에게 실병이 생기니 즐겁지 않았다.(王有疾, 弗豫.)"라고 하였다. 이로부터 왕에게 병이 생기는 것을 뜻하게 되었다. 당시 무왕이 병이 들었을 때 주공이 선왕先王에게 기도하고는 축문을 금띠로 묶은 궤에 보관하였다.
4) 剪爪(전조) - 손톱을 자르다. 성왕이 병에 걸리자 주공은 자신의 손톱을 잘라 황하에 던지면서 자신의 몸으로 대신하겠다고 기도하였다. 당시 축문을 사관이 창고 속에 넣어두었다. 성왕이 자라서 나라를 다스릴 수 있게 되었을 때, 어떤 간신이 주공이 반란을 일으킬 것이라고 말하였다. 이에 성왕이 크게 노하니 주공은 초나라로

달아났다. 성왕이 금띠로 묶은 서궤를 조사하다가 주공이 황하에서 기도한 글을 보고는 눈물을 흘리면서 후회하고는 간신을 죽이고 주공을 다시 불러들였다.(≪사기·몽념열전(蒙恬列傳)≫ 참조)
　　이상 두 구절은 주공이 무왕이 병에 걸렸을 때 기도한 일과 성왕을 위해 손톱을 자른 일을 혼합하여 말하였다.

5) 讒慝(참특) - 사악하고 간사한 짓. 참언하여 해치는 짓.
6) 傷萎(상위) - 상하고 시들다. ≪상서·금등≫에 따르면, 무왕이 죽은 뒤 관숙管叔 선鮮 등이 주공에 관해 유언비어를 퍼뜨렸을 때, 가을에 대풍이 들었지만 아직 거두기 전에 하늘에 번개가 치고 바람이 불어 벼가 모두 넘어지고 큰 나무가 뽑혔다고 한다.
　　이상 두 구절은 참언의 위력이 대단한 것을 표현하였다.
7) 管蔡(관채) - 무왕의 동생인 관숙 선과 채숙蔡叔 도度를 가리킨다.
　　扇蒼蠅(선창승) - 쉬파리를 부채질하다. 유언비어를 퍼뜨리는 것을 비유하였다. ≪시경·소아≫의 〈쉬파리(靑蠅)〉에서 "윙윙거리는 쉬파리가 울타리에 앉았네. 점잖은 군자는 모함하는 말을 믿지 말지어다.(營營靑蠅, 止於樊. 豈弟君子, 無信讒言.)"고 하였다.
8) 公(공) - 주공을 가리킨다.
　　鴟鴞詩(치효시) - ≪시경·빈풍(豳風)≫에 있는 시를 말한다. '치효'는 올빼미라는 뜻이며, 이 시는 올빼미의 이야기를 통해 자신의 억울함을 토로하였다. 무왕이 은나라를 물리치고 관숙 선과 채숙 도로 하여금 주왕紂王의 아들인 무경武庚이 다스리는 나라를 감독하도록 보냈다. 이후 무왕이 죽고 성왕이 즉위한 뒤 주공이 섭정하니, 관숙 선과 채숙 도는 무경과 함께 반란을 일으키고는 "주공이 어린 성왕을 이롭지 않게 한다"는 유언비어를 퍼뜨렸다. 후에 주공은 〈치효〉 시를 지어서 자신의 생각을 밝혔다.(≪상서·금등≫ 참조)
9) 金縢(금등) - 금띠로 묶어서 봉하다. 위의 주석에 나온 주공의 축문을 보관한 궤를 말한다.

啓(계) - 열다.

10) 忠信(충신) - 충성과 신의. 주공이 나라를 위하는 마음을 말한다.

857. 寓言三首 其二

우언 3수 제2수

遙裔雙綵鳳¹　　婉孌三靑禽²
往還瑤臺裏³　　鳴舞玉山岑⁴
以歡秦娥意⁵　　復得王母心⁶
區區精衛鳥⁷　　銜木空哀吟

아득히 보이는 두 마리 오색 봉황과
아리따운 세 마리 청조는
요대로 왕래하며
옥산에서 지저귀고 춤을 추어,
농옥의 기분을 즐겁게 하였고
또 서왕모의 마음을 얻었지만,
고생하는 정위새는
나뭇가지를 물고 괜스레 슬피 우는구나.

【해제】
제2수는 봉황과 청조가 농옥弄玉과 서왕모西王母의 마음을 얻은 반면에 정위精衛새는 홀로 고생하며 울고 있는 상황을 가설하였다. 이를 통해 당시 황제나 황후의 마음을 얻으려고 아첨하는 간신배와 홀로 꿋꿋이

나라를 위해 애를 쓰는 충직한 신하의 모습을 대비하면서 당시의 상황에 대한 안타까운 심사를 기탁하였다.

【주석】
1) 遙裔(요예) - 먼 모습. '요遙'는 '요搖'로 된 판본도 있는데, 하늘거리는 모습이다.
2) 婉孌(완련) - 아름다운 모습.
   三靑禽(삼청금) - 세 마리 청조靑鳥. 서왕모의 소식을 전달하는 새.
3) 瑤臺(요대) - 서왕모가 있는 곤륜산崑崙山에 위치한 누대.
4) 玉山(옥산) - 서왕모가 거처하는 곳.
5) 秦娥(진아) - 진 목공穆公의 딸 농옥弄玉. 당시 소簫를 잘 불던 소사簫史라는 사람이 있었는데, 소를 불면 공작과 백학이 내려와 놀았다고 한다. 소사는 농옥과 결혼하여 그녀에게 소 부는 법을 가르쳐주어 봉황소리를 낼 수 있게 되었다. 목공이 이들을 위해 봉대鳳臺를 지어주자 이들은 이곳에서 수년 동안 머물다가 봉황을 따라 하늘로 올라갔다.(≪열선전列仙傳≫ 참조)
6) 王母(왕모) - 서왕모.
   이상 여섯 구절은 요대와 옥산은 궁중을, 진아는 공주를, 왕모는 후비를 각각 비유하여 궁중에 줄입하며 공주나 후비에게 아첨하여 벼슬을 얻으려는 자를 풍자하였다. 채봉綵鳳과 청금靑禽은 조정의 대신을, 요대와 옥산은 조정을, 진아와 왕모는 당시 황제를 비유한 것으로 보아 조정의 대신이 황제의 신임을 얻은 것을 말하는 것으로 볼 수도 있다.
7) 區區(구구) - 분주하게 애쓰는 모습. 마음이 진지한 모습.
   精衛鳥(정위조) - 옛날 염제炎帝의 딸이 동해에 빠져 죽어서 정위精衛새로 변했는데, 그 한을 풀기 위해 동해를 메우려고 서산의 나무와 돌을 물어 날랐다고 한다.(≪산해경山海經≫ 참조) 여기서는 나라를 위해 묵묵히 일하는 충직한 신하를 비유하였다. 이백 자신을 비유한 것으로 볼 수도 있다.

858. 寓言三首 其三

우언 3수 제3수

長安春色歸　先入靑門道[1]
綠楊不自持　從風欲傾倒
海燕還秦宮[2]　雙飛入簾櫳[3]
相思不相見　託夢遼城東[4]

장안에 봄빛이 돌아와
먼저 청문의 거리에 들어오니,
푸른 버들은 스스로 지탱하지 못하여
바람 따라 기울어 넘어질 듯하네.
제비는 진나라 궁궐로 돌아와서
쌍쌍이 창 안으로 날아드는데,
그리워해도 만나지 못하여
꿈속에서 요성 동쪽으로 마음을 부쳐보네.

【해제】

제3수는 봄이 되어서 버들이 바람에 흔들리고 제비도 돌아왔지만 그리운 임이 보이지 않아 꿈속에서라도 그가 있는 먼 곳으로 가려고 하는 애틋한 심사를 읊었다. 이 시는 규원시閨怨詩이지만 이를 통해 충신이 황제를 만나 심정을 전달하지 못하는 안타까움을 표현하였다.

【주석】

1) 靑門(청문) - 장안성 동문 중 남쪽에서 첫 번째 문을 패성문이라 하는데, 그 문이 청색이어서 청문이라고 불렀다.
2) 海燕(해연) - 제비의 별칭. 옛날 사람들은 제비가 남방에서 나서 바다를 건너온다고 생각했기 때문에 '해연'이라고 하였다.
   秦宮(진궁) - 여기서는 당나라 궁궐을 가리킨다.
3) 簾櫳(염롱) - 주렴과 창문.
4) 託夢(탁몽) - 꿈속에서 정을 부치다.
   遼城東(요성동) - 요성 동쪽. 지금의 요녕성 일대로 장안에서 아주 먼 변방이다. 여인의 임은 종군하여 이곳에 있었을 것이다.
   이상 네 구절은 궁궐로 돌아온 제비가 쌍쌍이 나는 것을 보고 임 생각이 났지만 그를 볼 수 없어서 꿈에서라도 찾아가 보려고 한다는 뜻이다.

859. 秋夕旅懷

가을밤 나그넷길에서 생각하다

涼風度秋海　　吹我鄉思飛
連山去無際　　流水何時歸
目極浮雲色[1]　心斷明月暉
芳草歇柔豔[2]　白露催寒衣[3]
夢長銀漢落　　覺罷天星稀[4]
含悲想舊國[5]　泣下誰能揮[6]

서늘한 바람이 가을 바다를 건너와
나의 향수를 불어서 날아가게 하네.
연이은 산은 끝이 없거니와
흐르는 물은 언제나 돌아갈까?
뜬구름 빛을 눈 닿는 데까지 바라보다가
밝은 달빛에 내 마음 끊어지네.
향기로운 풀에는 부드러운 빛이 없어지고
흰 이슬은 겨울옷을 재촉하는데,
꿈은 길어 은하수 떨어지고
깨어보니 하늘의 별이 성기네.
슬픔을 안고 고향을 그리워하여

눈물을 흘리니 누가 떨어줄 수 있을까?

【해제】
이 시는 막막한 여정 중에 가을이 오자 느낀 생각을 적은 것으로 고향이 더욱 그리워지는 심사를 표현하였다. 건원 원년(758) 야랑夜郎으로 유배 가는 도중에 장안을 그리워하며 지은 것으로 보는 설이 있다.

【주석】
1) 目極(목극) - 눈 닿는 데까지 바라보다.
   浮雲(부운) - 뜬구름. 정처 없이 떠도는 자신의 신세를 비유하였다.
2) 歇(헐) - 그만두다. 시든 것을 뜻한다.
   柔豔(유염) - 부드럽고 아름답다.
3) 寒衣(한의) - 겨울옷.
4) 天星稀(천성희) - 하늘의 별이 성기다. 새벽이 되었음을 말한다.
5) 舊國(구국) - 고향. 장안을 가리키는 것으로 볼 수도 있다.
6) 揮(휘) - 떨어내다. 눈물을 훔치는 동작이다.

860. 感遇四首 其一

감우 4수 제1수

吾愛王子晉¹　　得道伊洛濱
金骨旣不毀²　　玉顏長自春³
可憐浮丘公⁴　　猗靡與情親⁵
攀手白日間　　分明謝時人⁶
二仙去已遠⁷　　夢想空殷勤⁸

내가 왕자진을 좋아하는데
그는 이수와 낙수에서 도를 얻었으니,
신선의 풍골이 훼손되지 않아서
옥 같은 얼굴로 오래도록 청춘이었네.
어여쁘게도 부구공이
서로 따르며 함께 정을 돈독히 하였는데,
손을 들고 밝은 대낮에
분명히 세속의 사람들과 이별했다네.
두 신선이 이미 멀리 떠났으니
꿈에서 그리워하며 괜스레 간절해 하네.

【해제】

'감우感遇'는 어떤 처경處境에서 느낀 신세에 대한 감회를 술회한 시이다. 이 네 수의 시는 주제가 다양하고 작시 시기도 다른 것으로 보인다. 아마 편찬자가 제목이 같은 개별 시를 같이 엮어놓았을 것이다.

제1수는 신선인 왕자진王子晉과 부구공浮丘公을 흠모하였지만 그들이 이미 떠나고 없어서 안타까워하는 심사를 표현하였다. 주간朱諫은 평생의 지기인 오균吳筠과 하지장賀知章에 대한 마음을 두 신선 이야기를 빌어 표현한 것이라고 하였다.

【주석】

1) 王子晉(왕자진) - 주周 영왕靈王의 태자로 왕자교王子喬라고도 한다. 그는 생笙을 불기 좋아하여 생으로 봉황 울음소리를 냈으며, 이수伊水와 낙수洛水 사이를 노닐다가 도사 부구공浮丘公을 만나 숭고산嵩高山으로 올랐다. 그 후에 그는 학을 타고 나타났다가 다시 사라졌다. (≪열선전(列仙傳)≫ 참조)
2) 金骨(금골) - 선골仙骨. 신선의 몸을 뜻한다.
3) 玉顔(옥안) - 옥 같은 얼굴. 젊고 고운 얼굴을 가리킨다.
4) 浮丘公(부구공) - 황제黃帝시대의 신선 이름.
5) 猗靡(의미) - 서로 따르는 모습.
6) 謝時人(사시인) - 당시 사람들을 떠나다. 세속을 떠나다.
7) 二仙(이선) - 왕자진과 부구공을 가리킨다.
8) 殷勤(은근) - 간절한 모습.

861. 感遇四首 其二

감우 4수 제2수

可嘆東籬菊　莖疏葉且微¹
雖言異蘭蕙²　亦自有芳菲³
未泛盈樽酒⁴　徒沾淸露輝
當榮君不採⁵　飄落欲何依⁶

안쓰럽게도 동쪽 울타리의 국화는
성긴 가지에 잎도 조그마하네.
비록 난초나 혜초와 다르다고 하지만
그래도 스스로 향기를 가지고 있네.
아직 단지 가득한 술에 떠 있지 못하고
그저 맑은 이슬의 빛에 젖어 있으니,
꽃피어 있을 때 그대가 따지 않으면
날려 떨어진 뒤에는 어디에 의지할 것인가?

【해제】
제2수는 가을에 국화를 보고 느낀 생각을 적었다. 작고 초라한 국화지만 그래도 자신만의 향기를 가지고 있어서 술에 띄워 마실 만한데 누군가가 따가지 않는다면 헛되이 날려 떨어질 뿐이라고 하였다. 국화 이야기를 빌어 재능을 가지고도 아직 인정받지 못한 것에 대한 안타까움을 표현하였고 아울러 제때에 인정받기를 바라는 바람을 드러내었다.

【주석】

1) 莖(경) - 가지.
2) 異蘭蕙(이란혜) - 난초나 혜초와 같은 향초보다는 못하다는 뜻이다.
3) 芳菲(방비) - 향기.
   이상 두 구절은 자신의 재능이 남들만큼은 못되지만 그래도 자부할 만한 것이 있음을 말하였다.
4) 泛(범) - 옛날에 국화를 따서 술 위에 띄워서 마셨다.
5) 當榮(당영) - 꽃이 피어 있을 때.
6) 飄落(표락) - 날려 떨어지다.
   이상 네 구절은 자신의 재능이 인정받지 못하고 있는데, 지금 한창일 때 쓰이지 않으면 나중에 의지할 곳이 없어질 것이라는 뜻이다.

862. 感遇四首 其三

감우 4수 제3수

昔余聞姮娥[1]　竊藥駐雲髮[2]
不自嬌玉顔　方希鍊金骨[3]
飛去身莫返　含笑坐明月
紫宮誇蛾眉[4]　隨手會凋歇[5]

예전에 내가 듣기로는 항아가
불사약을 훔쳐서 구름 같은 머리칼을 유지하였다는데,
이는 스스로 옥 같은 얼굴을 자랑하려는 것이 아니라
신선의 풍골을 단련하기를 정말로 바라서였네.
날아간 뒤 그 몸은 돌아오지 않고
웃음을 띠며 밝은 달 속에 앉아 있는데,
황궁의 여인들은 예쁜 눈썹을 자랑해도
금세 시들어버리겠지.

【해제】
제3수는 불사약을 훔쳐서 달로 올라간 항아姮娥와 황궁에서 미모를 자랑하는 여인의 이야기를 대비하였다. 항아는 불사약으로 신선의 풍골을 이루어 영원한 젊음을 유지하지만, 궁중 여인의 미모는 결국 시들어버릴 것이라고 하여 신선술에 대한 흠모를 표현하였다. 여인의 미색은 오래가지 못하여 믿을 게 못된다는 뜻을 기탁한 시일 수도 있다. 주간 朱諫은 양귀비를 은미하게 풍자한 시로 보았다.

【주석】
1) 姮娥(항아) - 전설에 나오는 신선으로 원래는 후예后羿의 부인이었는데 후예가 서왕모西王母에게서 얻어온 장로불사약을 훔쳐 달로 도망갔다고 한다.(≪회남자(淮南子)·남명훈(覽冥訓)≫ 참조)
2) 駐雲髮(주운발) - 구름 같은 머리칼을 유지하다. 젊음을 유지한다는 뜻이다.
3) 金骨(금골) - 선골仙骨.
이상 두 구절은 항아가 자신의 미모를 자랑하기보다는 선골을 단련하여 장생불사하려고 했다는 뜻이다.
4) 紫宮(자궁) - 천자가 거처하는 곳.
5) 隨手(수수) - 금방. 순식간에.
凋歇(조헐) - 시들다.

863. 感遇四首 其四

감우 4수 제4수

宋玉事楚王¹　　立身本高潔²
巫山賦綵雲³　　郢路歌白雪
擧國莫能和　　巴人皆卷舌⁴
一惑登徒言⁵　　恩情遂中絶⁶

송옥이 초왕을 섬기면서
몸가짐이 본래 고결하였네.
무산에서 비단구름을 읊었으며
영 땅의 길에서 〈백설〉을 노래했을 때,
온 나라에서 이에 화창할 자가 없었고
〈파인〉에 화창한 이들은 모두 혀를 만 채 말을 못했는데,
한번 등도자의 참언에 미혹되자
왕의 은총이 마침내 중도에서 끊어져버렸네.

【해제】
제4수는 송옥宋玉이 고결한 인품과 탁월한 글재주로 초나라 왕의 총애를 받았지만 등도자登徒子의 참언으로 은총이 끊어진 일을 말하였다. 이백이 참언을 받아 현종에게서 버림받은 것에 대한 감회를 기탁하였을 것이다.

【주석】

1) 宋玉(송옥) - 전국시대 초나라 사람으로 유명한 초사 작가이다.
   楚王(초왕) - 초나라 양왕襄王.
2) 立身(입신) - 몸가짐. 사람 됨됨이.
3) 巫山(무산) - 지금의 중경시와 호북성의 경계에 있는 산.
   綵雲(채운) - 아름다운 문장을 비유한다. 송옥은 무산巫山 신녀와 초왕이 만난 이야기인 〈고당부(高唐賦)〉를 지었다.
4) 郢路(영로) 세 구 - 어떤 나그네가 영 땅에서 노래를 불렀는데, 그가 처음에 〈하리(下里)〉와 〈파인(巴人)〉을 부르자 화창 하는 자가 수천 명이었고, 그가 〈양아(陽阿)〉와 〈해로(薤露)〉를 부르자 화창 하는 자가 수백 명이었는데, 그가 〈양춘(陽春)〉과 〈백설(白雪)〉을 부르자 화창 하는 자가 수십 명뿐이어서, 노래의 수준이 높을수록 화창 하는 자가 적었다고 한다.(송옥의 〈초왕의 물음에 답하다(對楚王問)〉 참조) 이를 통해 송옥의 글 솜씨가 뛰어남을 비유하였다.
   擧國(거국) - 온 나라.
   巴人(파인) - 여기서는 〈파인〉과 같은 저급한 노래에 화창 하는 사람을 가리킨다.
   卷舌(권설) - 혀를 말다. 아무 말도 못하다.
5) 登徒(등도) - 초나라 대부인 등도자登徒子. 그가 초나라 왕에게 송옥이 예쁘장한 외모를 하고서 풍자하는 말을 많이 하고 여색을 좋아한다고 참언을 하자, 왕은 송옥을 불러서 해명하게 했다.(〈등도자호색부(登徒子好色賦)〉 참조)
6) 恩情(은정) - 왕의 은택.
   등도자가 참소하자 송옥은 〈등도자호색부〉를 지어서 자신을 해명하였고 초왕의 칭찬을 들었다. 따라서 이상 두 구절은 사실과 다르다. 아마 이백이 자신의 상황을 빗대어 말한 것으로 보인다.

864. 翰林讀書言懷, 呈集賢諸學士
한림원에서 글을 읽다가 감회를 말하여 집현전의 여러 학사에게 드리다

晨趨紫禁中[1]　　夕待金門詔[2]
觀書散遺帙[3]　　探古窮至妙[4]
片言苟會心[5]　　掩卷忽而笑[6]
青蠅易相點[7]　　白雪難同調[8]
本是疏散人[9]　　屢貽褊促誚[10]
雲天屬清朗[11]　　林壑憶遊眺[12]
或時清風來　　閒倚欄下嘯
嚴光桐廬溪[13]　　謝客臨海嶠[14]
功成謝人間[15]　　從此一投釣

새벽에는 궁궐 안을 종종걸음으로 다니고
저녁에는 금문에서 조서를 기다리면서,
책을 보느라 옛 서적을 흩어놓고
옛 일 탐구하여 지극히 묘한 것을 궁구하노라니,
한마디 말이라도 마음에 깨치면
책을 덮고 홀연 미소 짓네.
쉬파리는 오점을 남기기 쉽고

〈백설〉노래는 함께 부르기 어려운 법,
본래 나는 구속에 매이지 않은 사람인데
누차 편협하다는 질책을 받았네.
구름 뜬 하늘은 마침 맑고 상쾌하여
숲과 계곡에서 노닐던 때가 기억나니,
혹 때때로 맑은 바람이 불어오면
한가하게 난간아래 기대어 휘파람을 불어보네.
엄광은 동려의 물가에서 낚시질 하였고
사영운은 임해의 산을 올랐으니,
공을 이루면 인간세상을 떠나서
이제부터 낚싯대를 한번 던져보리라.

【해제】
'한림翰林'은 한림원으로 궁궐내의 문예나 기예 등의 일을 맡아하는 곳이고, 이백은 한림공봉으로 재직한 적이 있다. '집현集賢'은 집현전으로 서적을 교감, 정리, 편찬하는 일을 맡았으며 오품 이상의 관원을 '학사學士'라고 하였다. 이 시는 한림공봉으로 재직하면서 느낀 바를 적어 집현전 학사들에게 준 것이다. 앞부분에서는 자신이 한림원에서 독서에 열중하였음을 서술하였고 중간부분에서는 자신의 성격으로 인해 억울한 질책을 많이 받았음을 지적하였고 뒷부분에서는 공을 이루고서 은일하겠다는 바람을 적었다. 천보 2년(743)이나 천보 3재(744)에 지은 것으로 보인다.

【주석】
1) 趨(추) - 종종걸음으로 다니다. 공손하게 걷는 모습이다.
   紫禁(자금) - 황궁.

2) 金門(금문) - 한나라 궁문인 금마문金馬門으로 학사學士가 조서를 기다리는 곳이다. 여기서는 이백이 있었던 한림원을 가리킨다.
3) 遺帙(유질) - 전인이 남긴 책. '질'은 책을 싸는 헝겊이나 비단.
4) 至妙(지묘) - 지극히 오묘한 도리.
5) 片言(편언) - 짧은 말.
   會心(회심) - 깨치다. 마음에 흡족하다.
6) 掩卷(엄권) - 책을 덮다.
7) 靑蠅(청승) - 쉬파리. 백옥에 때를 끼게 하는 존재로 참언을 비유한다. ≪시경·소아≫의 〈쉬파리(靑蠅)〉에서 "윙윙거리는 쉬파리가 울타리에 앉았네. 점잖은 군자는 모함하는 말을 믿지 말지어다.(營營靑蠅, 止於樊. 豈弟君子, 無信讒言.)"고 하였다.
8) 白雪(백설) - 어떤 나그네가 영郢에서 노래를 불렀는데, 그가 처음에 〈하리(下里)〉와 〈파인(巴人)〉을 부르자 화창 하는 자가 수천 명이었고, 그가 〈양아(陽阿)〉와 〈해로(薤露)〉를 부르자 화창 하는 자가 수백 명이었는데, 그가 〈양춘(陽春)〉과 〈백설(白雪)〉을 부르자 화창 하는 자가 수십 명뿐이어서, 노래의 수준이 높을수록 화창 하는 자가 적었다고 한다.(송옥宋玉의 〈초왕의 물음에 답하다(對楚王問)〉 참조) 이 구절은 뛰어난 사람의 경지를 알아주기가 어렵다는 뜻이다.
   이상 두 구절은 이백 자신의 높은 수준을 알아주는 사람은 없고 참언하는 소인이 많다는 것을 말한다.
9) 疏散(소산) - 구속에 매이지 않다.
10) 貽(이) - 받다.
    褊促(편촉) - 좁고 편협하다.
    誚(초) - 질책.
11) 屬(속) - 마침 ~이다.
    이 구절은 당시 조정이 태평성대를 누리고 있는 것을 비유한다.
12) 遊眺(유조) - 노닐다. 유람하다.

이하 세 구절은 이백이 태평성대를 맞아 옛날 산과 강을 노닐며 은 거하던 때를 회고하면서 당시의 기분을 즐기려하는 모습을 표현하였다.

13) 嚴光(엄광) - 후한 때의 사람으로 광무제光武帝와 어릴 때부터 친했는데, 광무제가 즉위한 뒤 그를 관직으로 불렀지만 사양하고 지금의 절강성 부춘산富春山에 가서 농사를 짓고 동려桐廬의 물가에서 낚시를 하며 은거하였다.(≪후한서·일민전(逸民傳)·엄광전≫ 참조)

桐廬(동려) - 지금의 절강성 동려현으로 부춘산이 그 서쪽에 있다.

14) 謝客(사객) - 사영운謝靈運. 그는 어렸을 때 객아客兒라고 불렸다. 〈임해의 산에 오르려고 당초에 강중을 떠나며 지어서 친척 동생인 사혜련에게 주고는, 양선지羊璿之와 하장유何長瑜를 만났기에 함께 창화하게 하다(登臨海嶠, 初發彊中作, 與從弟惠連, 見羊何共和之)〉를 지은 적이 있다.

臨海嶠(임해교) - 임해의 산. '임해'는 지금의 절강성 임해시.

15) 謝人間(사인간) - 인간세상을 떠나다. '謝人君'으로 된 판본도 있는데, 그러면 임금을 떠나다는 뜻으로 사직하고 궁궐을 떠난다는 의미이다.

865. 尋陽紫極宮感秋作
심양 자극궁에서 가을에 느낀 바가 있어 짓다

何處聞秋聲　　翛翛北窗竹[1]
迴薄萬古心[2]　攬之不盈掬[3]
靜坐觀衆妙[4]　浩然媚幽獨[5]
白雲南山來　　就我簷下宿
嬾從唐生決[6]　羞訪季主卜[7]
四十九年非[8]　一往不可復
野情轉蕭散[9]　世道有翻覆[10]
陶令歸去來[11]　田家酒應熟[12]

어디에서 가을 소리가 들리는가?
쏴쏴하며 흔들리는 북쪽 창의 대나무라네.
순환하며 변화하는 만고의 마음은
움켜쥐어도 손에 차지 않네.
조용히 앉아 온갖 오묘함을 보노라니
호연하게 홀로 고요히 있음을 좋아하는데,
흰 구름이 남쪽 산에서 와서
내가 있는 처마 아래에 머무네.

당거를 찾아가 점을 보는 것도 귀찮고
계주를 찾아 점을 치는 것도 부끄럽나니,
49년 동안 잘못 된 일
한번 지나가면 돌이킬 수 없네.
구속받지 않는 정취는 갈수록 한가롭고 자유로운데
세상의 도리는 엎치락뒤치락하니,
도연명처럼 전원으로 돌아가면
시골집에는 술이 응당 익어있겠지.

【해제】
당 현종이 노자를 현원황제玄元皇帝로 봉하고 개원 29년(741)에 장안과 낙양 및 여러 주에 현원황제묘를 설치했다가, 천보 2년(743)에 장안의 현원묘는 태청궁太淸宮이라고 하고 낙양의 묘는 태미궁太微宮이라 하였으며 그 외 여러 군에 설치된 묘를 '자극궁紫極宮'으로 하였다. '심양尋陽'은 지금의 강서성 구강시九江市이다. 여기에 설치된 자극궁은 후에 천경관天慶觀으로 이름을 바꾸었다. 이 시는 심양의 자극궁에서 가을날 든 감회를 쓴 것이다. 시속에 구속받지 않는 자신의 흥취를 따라서 후회 없는 삶을 살고자 하는 바람을 표현하였다. 이백이 50세인 천보 9재(750)에 지었다는 설이 있지만 확실치는 않다.

【주석】
1) 翛翛(소소) - 바람에 나무가 흔들리는 소리.
2) 迴薄(회박) - 순환하며 변화하다. '동탕動盪'의 뜻으로 보아, 가을의 소리가 사람의 마음을 흔드는 것을 의미하는 것으로 풀이하기도 한다.
3) 攬(남) - 움켜쥐다.
   盈掬(영국) - 손에 차다. 손에 잡히다.

이상 두 구절은 순환하여 변화하는 만고의 마음은 잡으려 해도 잡
히지 않는다는 뜻이다.
4) 衆妙(중묘) - 일체의 현묘하고 심오한 도리. ≪노자(老子)≫에서 "현
묘한 것 중의 현묘한 것, 이것이 모든 오묘한 것의 문이다.(玄之又玄,
衆妙之門)"라고 하였다.
5) 浩然(호연) - 호매豪邁한 모습.
媚(미) - 좋아하다.
幽獨(유독) - 고요히 홀로 있다.
6) 嬾(라) - 게으르다.
唐生(당생) - 전국시대 양나라 사람인 당거唐擧. 그는 관상을 잘 보
았다.(≪사기·채택열전(蔡澤列傳)≫ 참조)
決(결) - 관상을 봐서 인생행로를 결정하거나 의문점을 해결한다는
뜻이다.
7) 季主(계주) - 한나라 때 점을 잘 친 사마계주司馬季主.(≪사기·일자
열전(日者列傳)≫ 참조)
卜(복) - 점을 치다.
이상 두 구절은 자신의 운명에 대해 다른 사람에게 물어서 해결하
고 싶지 않다는 뜻이다.
8) 四十(사십) 구 - ≪회남자(淮南子)·원도훈(原道訓)≫에서 "거백옥蘧伯玉
이 오십 세가 되었을 때 이전 사십구 년이 잘못임을 알았다."라고
하였고, 고유高誘의 주석에서는 거백옥은 위衛나라의 대부였는데,
그가 매년 자신의 행실이 잘못되었음을 반성했다고 하였다. 혹자는
이 구절을 근거로 이백이 50세 때 이 시를 지었다고 하는데 반드시
그렇지는 않다.
9) 野情(야정) - 규범에 얽매이지 않고 자유롭게 사는 마음.
轉(전) - 갈수록. 도리어.
蕭散(소산) - 자유롭고 한가하다.

10) 世道(세도) - 세상의 도리.
  이상 두 구절은 자신은 세속에 얽매이기를 싫어하는 성격인데 세상의 도리는 변하여 믿을 수 없으니 세속을 좇아 살 수가 없다는 뜻이다.
11) 陶令(도령) - 도연명. 그는 팽택령彭澤令을 지냈는데 〈귀거래사(歸去來辭)〉를 짓고는 관직을 버리고 전원으로 돌아갔다.
12) 田家(전가) 구 - 도연명의 문집에 실린 시 〈심부름꾼에게 묻다(問來使)〉에서 "산중으로 돌아가면 산중에는 술이 응당 익어있겠지.(歸去來山中, 山中酒應熟.)"라고 하였다.

866. 江上秋懷

강가에서 가을에 생각하다

餐霞臥舊壑¹　　散髮謝遠遊²
山蟬號枯桑　　始復知天秋
朔雁別海裔³　　越燕辭江樓⁴
颯颯風卷沙⁵　　茫茫霧縈洲
黃雲結暮色　　白水揚寒流
惻愴心自悲⁶　　潺湲淚難收⁷
蘅蘭方蕭瑟⁸　　長嘆令人愁

노을 기운을 마시며 옛 골짜기에 누워
머리 풀어헤치고서 벼슬살이를 마다하네.
산매미가 마른 뽕나무에서 울어
가을이 되었음을 이제 또 알겠으니,
북녘 기러기는 바다 모퉁이와 헤어지고
월 땅의 제비는 강가 누대를 떠나네.
휘이익 바람은 모래를 말아 올리고
아득히 안개는 물 섬을 감쌌으며,
누런 구름은 저녁 빛을 맺었고
맑은 물은 차가운 파도를 날리네.

처량하여 마음 절로 서글프니
줄줄 흐르는 눈물을 거두기 어려운데,
족두리풀과 난초가 이제 시들어
길게 탄식하며 근심스러워하네.

【해제】
이 시는 관직을 그만두고 다시 산에 은거하던 중 가을에 느낀 감회를 쓴 것이다. 가을의 경물에 감촉되어 느끼는 처량한 심사를 표출하였는데, 이를 통해 당시 이백이 관직생활에서 꿈을 이루지 못한 것을 괴로워했음을 짐작할 수 있다.

【주석】
1) 餐霞(찬하) - 노을 기운을 마시다. 신선술을 연마하는 방법 중의 하나이다.
2) 散髮(산발) - 머리를 풀어 헤치다. 관을 쓰지 않은 모습으로 격식에 구애받지 않는 태도를 뜻한다.
   謝(사) - 사양하다.
   遠遊(원유) - 멀리 노닐다. 여기서는 집에서 멀리 떠나 관직 생활에 나아가는 것을 말한다.
3) 海裔(해예) - 바닷가. 여기의 바다는 북쪽에 있는 바다일 것이다.
4) 越燕(월연) - 제비의 일종으로 강남 지역에 주로 서식한다.
5) 颯颯(삽삽) - 바람이 부는 소리.
6) 惻愴(측창) - 서글픈 모습.
7) 潺湲(잔원) - 물이 졸졸 흐르는 모습. 여기서는 눈물이 흐르는 것을 표현하였다.
8) 蘅蘭(형란) - 족두리풀과 난초. 모두 향초인데, 군자를 비유한다.
   蕭瑟(소슬) - 시들다.

867. 秋夕書懷

가을밤에 생각을 쓰다

北風吹海雁[1]　　南渡落寒聲
感此瀟湘客[2]　　悽其流浪情[3]
海懷結滄洲[4]　　霞想遊赤城[5]
始探蓬壺事[6]　　旋覺天地輕[7]
澹然吟高秋　　　閑臥瞻太淸[8]
蘿月掩空幕　　　松霜結前楹
滅見息群動[9]　　獵微窮至精[10]
桃花有源水[11]　　可以保吾生」

북풍이 북쪽 바다의 기러기를 불어보내
남쪽으로 건너며 차가운 소리를 떨구니,
소상의 나그네가 이를 느껴
떠돌아다니는 심사가 처량하네.
바다를 향한 그리움이 창주에 맺히고
노을에 대한 상념이 적성에 노닐어,
비로소 봉래산의 일을 탐구하니
갑자기 천지가 하찮다는 걸 깨닫네.

담담히 높은 가을을 읊조리고
한가하게 누워 맑은 하늘을 바라보니,
여라에 걸린 달빛은 빈 장막을 덮고
소나무의 서리는 앞 기둥에 맺혀있네.
어둠속에서 뭇 사물의 움직임이 사라지고
미묘한 이치를 찾아 지극히 정밀한 도리를 다 알게 되니,
복숭아꽃이 핀 물의 근원지가 있어
내 생을 보존할 수 있으리라.

【해제】
이 시의 제목이 〈가을날 남쪽을 떠돌다 생각한 바를 쓰다(秋日南遊書懷)〉라고 된 판본도 있다. 이 시는 가을날 밤에 든 감회를 쓴 것으로, 나그네 길에서 맞이한 가을날에 처량함을 느꼈다가 이내 세속의 일에 초연히 살기 위해 은거하고자 하는 마음이 들었음을 표현하였다. 건원 2년 (759) 호남 지역을 떠돌 때 지었다는 설이 있다.

【주석】
1) 海雁(해안) - 바다의 기러기. 여기의 바다는 북쪽에 있는 바다일 것이다.
2) 瀟湘客(소상객) - 소상을 떠도는 나그네. 이백 자신을 가리킨다. '소상'은 소수와 상수로 지금의 호남성에 있다.
3) 悽其(처기) - '처연悽然'과 같다. 쓸쓸하다. 처량하다.
   流浪(유랑) - 떠돌아다니다.
4) 滄洲(창주) - 물가. 은자가 거처하는 곳을 의미한다.
5) 赤城(적성) - 전설 속의 선경. 모몽茅蒙은 자가 초성初成인데 화산華山에서 구름을 타고 용을 몰아 태양을 향해 하늘로 올라가면서, "신

선이 된 자는 모초성인데, 용을 몰아 하늘로 올라 태청으로 들어가서는 때때로 현주로 내려와 적성에서 노닌다네.(神仙得者茅初成, 駕龍天昇入泰清, 時下玄洲戱赤城.)"라고 노래하였다고 한다.(≪신선전(神仙傳)≫ 참조)

이상 두 구절은 강해에 살고 싶은 마음에 창주를 생각하게 되었고, 신선 세계에 대한 상념으로 적성을 그리워한다는 뜻이다.

6) 蓬壺(봉호) - 동해에 신선이 산다는 봉래산蓬萊山.
7) 旋(선) - 갑자기.
8) 太淸(태청) - 도교의 삼청三淸 중의 하나로 도덕천존道德天尊이 사는 높은 곳이다. 일반적으로 하늘을 뜻한다.
9) 滅見(멸견) - 보이지 않다. 해가 져서 어두워진 것을 말한다. 보이는 것을 없애다 또는 자신의 총명이나 식견을 버리다는 뜻으로 풀이하기도 한다.
   息(식) - 휴식하다.
   群動(군동) - 여러 사물의 움직임.
   이 구절은 날이 어두워지자 모든 움직이는 것이 활동을 중지했다는 뜻이다. 내 자신의 총명을 버리자 외물도 절로 조용해진다는 뜻으로 풀이하는 설이 있다.
10) 獵微(엽미) - 미세한 것을 잡다. 미묘한 이치를 찾다.
    至精(지정) - 지극히 정밀한 이치.
11) 桃花(도화) 구 - 도연명의 〈도화원기(桃花源記)〉에 나오는 무릉도원을 가리킨다.

868. 避地司空原言懷

사공원으로 난리를 피해 생각한 바를 말하다

南風昔不競[1]　　豪聖思經綸[2]
劉琨與祖逖　　起舞雞鳴晨[3]
雖有匡濟心[4]　　終爲樂禍人[5]
我則異於是　　潛光皖水濱[6]
卜築司空原[7]　　北將天柱鄰[8]
雪霽萬里月　　雲開九江春[9]
俟乎太階平[10]　　然後託微身
傾家事金鼎[11]　　年貌可長新[12]
所願得此道　　終然保淸眞
弄景奔日馭[13]　　攀星戲河津[14]
一隨王喬去[15]　　長年玉天賓[16]

옛날에 남풍이 세지 않아서
호매한 성인은 세상을 잘 다스리기를 생각하였는데,
유곤과 조적은
닭 우는 새벽에 일어나 춤을 추었으니,
비록 나라를 구하고자 하는 마음은 있었지만

끝내 남의 재앙을 즐기는 자가 되어버렸네.
나는 이들과는 달라서
환수의 물가에서 빛을 숨기고는,
사공원에 집터를 정하고
북으로는 천주산과 이웃하였으니,
눈이 그치면 만 리에 달이 비추고
구름이 걷히면 구강의 봄기운이 보이네.
세상이 평안해지길 기다렸다가
그 후에 이 미천한 몸을 기탁하여,
가산을 기울여 단약을 일삼으면
나이와 외모가 늘 새로워질 것이라네.
바라는 바는 이러한 도를 얻어서
끝내는 청진함을 보존하는 것이니,
빛을 희롱하며 태양을 향해 달려가고
별을 부여잡고 은하수에서 장난치다가,
한번 왕자교를 따라 떠나
오래도록 옥청천의 빈객이 되어야지.

【해제】

'피지避地'는 거처를 옮겨 재난을 피하다는 뜻이다. '사공원司空原'은 지금의 안휘성 태호현太湖縣 북쪽에 있는 것으로 추정된다. 이 시는 사공원으로 피신하여 느낀 감회를 쓴 것으로, 나라가 평정되기를 기다려 신선술을 수련하겠다는 바람을 표현하였다. 지덕 2재(757)에 영왕永王 이인李璘의 군대가 패배한 뒤 피신하여 지은 것이라는 설이 있지만, 피신 도중에 집터를 정할 여유가 없었을 것이고 시에 쫓겨 가는 다급한 정조가 없는 것으로 보아 틀린 것으로 보인다. 〈난리를 겪은 후 섬중으로 은거하고자 하여 최흠 선성현령에게 남겨주다(經亂後將避地剡中, 留贈崔宣城)〉와 같은 시기인 지덕 원재(756)에 지은 것으로 추정된다.

【주석】

1) 南風(남풍) 구 - 진晉나라 사람들이 초楚나라 군대가 쳐들어 왔다는 소식을 들었는데, 진나라의 사광師曠이 말하기를 "해롭지 않다, 내가 북풍을 자주 노래하다가 또 남풍을 노래하였는데 남풍은 거세지 않고 쇠미한 소리가 많으니 초나라는 반드시 성공하지 못할 것이다."라고 하였다.(≪좌전·양공(襄公) 18년≫ 참조). 초나라는 남쪽 나라이기 때문에 남풍을 노래한 곡조가 거세지 않다는 것으로 그 위력이 대단치 않음을 판단한 것인데, 이로부터 쌍방의 전력을 비교하여 약한 쪽을 비유하는 말로 사용되었다. 여기서는 북쪽 이민족에게 쫓겨서 강남으로 옮겨간 진晉나라가 국력이 쇠미해졌음을 말하는데, 이를 통해 안녹산의 난으로 당 왕조가 쇠미해진 것을 암시하였다.

2) 豪聖(호성) - 진나라의 황제를 가리키는 말로서 당나라 숙종을 암시한다.

3) 劉琨(유곤) 두 구 - 진晉나라 사람인 유곤과 조적祖逖은 씩씩하고 영명하기로 이름이 알려졌다. 이들이 24세 때 함께 사주司州 주부主簿가 되었는데, 사이가 좋아서 이불을 같이 덮고 잘 정도였다. 한밤중에 때 아닌 닭울음소리를 듣고는 조적이 유곤을 발로 차 깨워서는 "이는 나쁜 소리가 아니다."라고 말하고 춤을 추었다. 조적과 유곤이 빼어난 기운이 있어 매번 세상사에 대해 말하였는데, 혹 한밤중에 일어나 앉아서 서로 말하기를 "만약에 세상에 난리가 나면 호걸들이 함께 일어날 터이니 나와 그대는 중원에서 맞닥뜨리지 말고 서로 피하기만 하면 된다"고 하였다.(≪진서·조적전≫ 참조)

4) 匡濟(광제) - 나라와 백성을 구제하다.
5) 樂禍(낙화) - 재앙을 즐기다. 난리를 기화로 공을 세우고 싶어한다는 뜻이다. ≪진서·조적전≫에서 사신史臣이 평하기를, 조적은 닭 울음소리를 듣고는 몰래 춤을 추었고, 중원이 불타기를 바라고 천하에 어려움이 많기를 바랐으니, 그 본심은 난리를 탐낸 자라고 하였다.
6) 潛光(잠광) - 빛을 숨기다. 재능을 숨긴다는 뜻이다.
   皖水(환수) - 지금의 안휘성 회녕현懷寧縣 북서쪽을 흐르는 강이다.
7) 卜築(복축) - 집터를 점쳐서 정하다.
8) 天柱(천주) - 지금의 안휘성 잠산현潛山縣 북서쪽에 있는 산.
9) 九江(구강) - 심양尋陽(지금의 강서성 구강시)에 아홉 개의 지류가 모여서 파양호로 흘러들어가는데 이를 일러 구강이라 한다.
10) 太階(태계) - 별자리 이름으로 삼태三台라고 하기도 한다. 이 별자리의 별들이 나란히 있으면 음양의 조화가 이루어져 천하가 화평해진다고 한다.
11) 傾家(경가) - 집안의 재산을 다 쓰다. '온 집안'이라는 뜻으로 풀이할 수도 있다.
    金鼎(금정) - 단약을 만드는 솥.
12) 年貌(연모) - 나이와 외모.
13) 景(영) - 태양빛을 말한다.
    日馭(일어) - 태양을 싣고 가는 수레를 모는 사람. 즉 희화羲和를 말한다. 여기서는 태양을 뜻한다.
14) 河津(하진) - 은하수.
15) 王喬(왕교) - 왕자교王子喬. 그는 이수伊水와 낙수洛水 사이를 노닐다가 도사 부구공浮丘公을 만나 숭고산嵩高山으로 올랐다. 그 후에 그는 학을 타고 나타났다가 다시 사라졌다.(≪열선전列仙傳≫ 참조)
16) 玉天(옥천) - 옥청천玉清天. 도교에서 말하는 천상의 신선세계.

869. 上崔相百憂章

최환 재상께 올리는 백가지 근심의 글

共工赫怒[1]　　天維中摧[2]
鯤鯨噴蕩[3]　　揚濤起雷
魚龍陷人[4]　　成此禍胎[5]
火焚崑山[6]　　玉石相磓[7]
仰希霖雨[8]　　灑寶炎煨[9]
箭發石開[10]　　戈揮日迴[11]
鄒衍慟哭[12]　　燕霜颯來
微誠不感[13]　　猶縶夏臺[14]
蒼鷹搏攫[15]　　丹棘崔嵬[16]
豪聖凋枯[17]　　王風傷哀[18]
斯文未喪[19]　　東岳豈頹[20]
穆逃楚難[21]　　鄒脫吳災[22]
見機苦遲　　二公所咍[23]
驥不驟進[24]　　麟何來哉[25]
星離一門[26]　　草擲二孩[27]
萬憤結緝[28]　　憂從中催

金瑟玉壺　　盡爲愁媒[29]
擧酒太息　　泣血盈杯
台星再朗[30]　天網重恢[31]
屈法申恩[32]　棄瑕取材[33]
冶長非罪　　尼父無猜[34]
覆盆儻擧[35]　應照寒灰[36]」

공공이 화를 내어
하늘의 벼리를 중도에 망가뜨리니,
곤과 고래가 물길을 내뿜어
파도를 날리고 우레를 일으켰습니다.
물고기와 용이 사람을 빠트려
이 화의 근원이 되었으니,
불이 곤륜산을 태워
옥과 돌이 서로 부딪쳐 깨졌기에,
우러러 큰비가 내려
보배에 뿌려져 불이 꺼지기를 바랐습니다.
화살을 쏘자 돌이 열리고
창을 휘두르자 태양이 돌아갔으며,
추연이 통곡하자
연나라에 서리가 몰아쳤다는데,
제 미진한 정성은 감동시키지 못해
오히려 하대에 갇혔으니,
푸른 매 같은 관리는 포악하게 굴고

감옥의 붉은 가시는 높았습니다.
호매한 성인이 초췌해졌을 때
〈왕풍〉이 슬펐으나,
예악제도가 아직 없어지지 않았으니
동악이 어찌 무너지겠습니까?
목생은 초나라의 난을 피해 도망갔고
추양도 오나라의 재난을 피했는데,
저는 기미를 보고도 진실로 머뭇거렸으니
두 사람이 비웃을 것입니다.
준마가 빨리 달려 나아가지 않는데
기린이 어째서 왔을까요?
한 집안이 모두 별같이 흩어지고
두 아이는 풀처럼 내쳐졌으니,
온갖 분노가 맺혀 쌓이고
근심이 가슴 속에서 핍박합니다.
금으로 장식한 슬과 옥 술병은
모두 근심을 부를 뿐이라서,
술을 들어 크게 한숨 쉬니
피눈물이 잔에 가득합니다.
재상의 별이 다시 빛나
하늘의 그물이 다시 넓어지리니,
법을 굽히고 은혜를 베풀어
허물을 버려 인재를 취하소서.
공야장이 죄가 없다고
공자님이 의심하지 않으셨듯이,

만일 절 덮고 있는 그릇을 들어 올려주시면
응당 식은 재에 빛이 비춰질 것입니다.

【해제】

제목 아래 원주에서 "당시 심양(지금의 강서성 구강시九江市)의 옥에 있었다.(時在尋陽獄)"라고 하였다. '최'씨는 최환崔渙으로 재상인 황문시랑동중서문하평장사黃文侍郎同中書門下平章事로 있다가 지덕 원재(756)에 강회선유선보사江淮宣諭選補使로 나와 있었다. 이 시는 안녹산의 난리가 나자 자신은 충심으로 영왕永王 이인李璘의 군대에 가담했지만, 그 일로 인해 감옥에 갇히고 가족은 흩어져서 힘든 나날을 보내고 있는데 이제 나라가 안정을 찾았으니 허물을 감싸주어 자신을 석방시켜 달라는 바람을 표현하였다. 지덕 2재(757)에 지은 것으로 보인다.

【주석】

1) 共工(공공) - 고대 전설상의 인물로 그가 전욱顓頊과 황제 자리를 놓고 다투었는데 화가 나서 부주산不周山을 들이받아서 하늘을 받치는 기둥[天柱]이 부러지고 땅을 묶어둔 끈[地維]이 끊어졌다고 한다.(≪회남자(淮南子)·천문훈(天文訓)≫ 참조) 여기서는 안녹산을 비유한다.
赫怒(혁노) - 매우 화난 모습이다.

2) 天維(천유) - 하늘의 벼리. 천하의 기강을 말한다.
中摧(중최) - 중도에 망가지다. 또는 가운데가 부러지다.

3) 鯤鯨(곤경) - 곤과 고래. 여기서는 안녹산의 무리를 비유한다.
噴蕩(분탕) - 물줄기를 내뿜어 진동하다. 마구 날뛰는 모습이다.

4) 魚龍(어룡) - 물고기와 용. 여기서는 당나라 조정의 군신을 암시하는 것으로 보인다.
陷人(함인) - 사람을 빠트리다.

5) 禍胎(화태) - 화를 불러일으키는 근원. 화근禍根.

6) 崑山(곤산) - 곤륜산.
7) 玉石(옥석) - 옥과 돌.
   碎(퇴) - 부딪히다. 부딪혀 깨지는 것을 뜻한다. 깨져서 떨어지는 것을 뜻한다는 설도 있다.
   ≪상서·윤정(胤征)≫에서 "곤륜산崑崙山에 불이 나서 옥과 돌이 모두 타버렸다."라고 하였는데, 이상 두 구절은 이것을 인용하여 안녹산의 난으로 천하가 혼란에 빠졌음을 표현하였다.
8) 霖雨(임우) - 오래도록 내리는 비.
9) 炎燬(염외) - 불꽃이 재가 되다. 불이 꺼지다.
10) 箭發(전발) 구 - 한나라 장군 이광李廣이 사냥을 하다가 호랑이가 누워있는 것을 보고 화살을 쏘았는데, 다가가보니 호랑이 형상의 바위에 화살이 박혀있었다. 물러나 다시 쏴보니 화살이 박히지 않고 부러졌다. 처음 쏠 때는 마음이 아주 다급하여 정성이 지극했기 때문에 화살이 바위에 박힌 것이었다. 이 사실을 두고 양웅揚雄이 "정성이 지극하면 금석도 열린다.(至誠則金石爲開)"고 하였다.(≪서경잡기(西京雜記)≫ 참조)
11) 戈揮(과휘) 구 - 전국시대 초나라 노양을 다스리던 노양공魯陽公이 한韓나라와 원수가 되어 한참 싸우고 있는데, 날이 저물자 창을 잡고 휘두르니 태양이 별자리 세 개 만큼 되돌아가서 계속 전쟁을 할 수 있었다고 한다.(≪회남자(淮南子)·남명훈(覽冥訓)≫ 참조)
12) 鄒衍(추연) - 전국시대 제나라 사람. 그는 연燕나라 혜왕惠王을 충심으로 섬겼는데 다른사람의 참언으로 인해 옥에 갇히자 하늘을 보며 통곡을 하니 한여름에 서리가 내렸다고 한다.(≪논형(論衡)·감허(感虛)≫ 참조)
    이상 네 구절은 정성이 지극하면 무슨 일이든지 가능함을 말한다.
13) 微誠(미성) - 작은 정성. 이백 자신의 정성을 말한다.
14) 繫(집) - 갇히다.

夏臺(하대) - 하나라의 감옥 이름으로, 지금의 하남성 우현禹縣에 있었다. 하夏나라의 걸桀이 탕湯을 하대에 가두었다.(≪사기·하본기(夏本紀)≫ 참조)

15) 蒼鷹(창응) - 푸른 매. 한나라 때 질도郅都가 중위中尉가 되어 법을 혹독하게 집행하자 사람들이 그를 '창응'이라 하였다.(≪한서·질도전≫ 참조)

搏攫(박확) - 다른 새를 쳐서 발톱으로 잡다. 옥리獄吏가 흉포한 것을 비유한다.

16) 丹棘(단극) - 붉은 가시나무. 예전에는 감옥에 가시나무를 심어 사람의 출입을 금하였기에 감옥을 상징한다.

崔嵬(최외) - 높이 솟은 모습.

17) 豪聖(호성) - 호매한 성인. 여기서는 주공을 가리킨다.

凋枯(조고) - 시들다. 초췌하다. 무왕이 은나라를 물리치고 관숙管叔 선鮮과 채숙蔡叔 도度로 하여금 주왕紂王의 아들인 무경武庚이 다스리는 나라를 감독하도록 보냈다. 이후 무왕이 죽고 성왕이 즉위한 뒤 주공이 섭정하니, 관숙 선과 채숙 도는 무경과 함께 반란을 일으키고는 "주공이 어린 성왕을 이롭지 않게 한다"는 유언비어를 퍼뜨렸다. 후에 주공은 〈치효(鴟鴞)〉시를 지어서 자신의 생가을 밝혔다.(≪상서·금등(金縢)≫ 참조) 여기서는 주공이 어려움에 닥친 상황을 의미한다.

18) 王風(왕풍) - ≪시경≫의 15국풍 중의 하나로 그 소리가 슬프다. 이로 인해 왕도가 쇠퇴한 것을 뜻하게 되었다.

19) 斯文(사문) 구 - 공자가 광匡 지방에서 포위를 당해 곤란을 겪고 있을 때, "문왕이 이미 돌아가시고 예악제도가 여기에 있지 않느냐? 하늘이 장차 이 예악제도를 없애려 하였다면 뒤에 죽을 자인 내가 이 예악제도에 참여할 수 없었을 것이다. 하늘이 아직 이 예악제도를 없애지 않았으니, 광 땅의 사람들이 나를 어쩌겠느냐?"라고 하였

다.(≪논어·자한(子罕)≫ 참조) '사문'은 예악교화와 전장典章 제도를 가리킨다.

20) 東岳(동악) 구 - 공자가 "태산이 무너지나, 들보가 부러지나, 철인이 시드나.(泰山其頹乎. 梁木其壞乎. 哲人其萎乎.)"라고 노래를 하였는데, 이후 이레를 앓다가 죽었다.(≪예기(禮記)·檀弓上(단궁상)≫ 참조) '동악'은 태산을 가리킨다. 여기서는 공자가 죽은 고사를 반용하여 낙관적인 뜻을 표현하였다.

21) 穆逃(목도) 구 - 초나라 원왕元王 유교劉交는 노나라 사람 목생穆生을 매우 존중하여, 술을 마시지 않는 그를 위해 매번 연회 때마다 특별히 감주를 준비하였다. 유교의 손자 유무劉戊가 즉위한 뒤 점차 감주 준비하는 것을 잊어버리자, 목생은 왕의 마음이 태만해졌음을 알고는 화를 당할까봐 병을 핑계로 떠나버렸다.(≪한서·초원왕전≫ 참조)

22) 鄒脫(추탈) 구 - 서한의 문학가인 제나라 사람 추양鄒陽은 오나라 왕 유비劉濞를 따르면서 한나라에 반란을 일으키지 말 것을 간언하였으나 유비가 듣지 않자 오나라를 떠나 양나라로 갔다.(≪한서·추양전≫ 참조)

23) 二公(이공) - 목생과 추양을 가리킨다.
哈(해) - 비웃다.

24) 驥(기) - 천리마. 여기서는 이백 자신을 가리킨다.
驟進(취진) - 빨리 나아가다.
이 구절은 이백이 공을 세우려고 급히 서둘지 않았다는 뜻이다.

25) 麟何(인하) 구 - 숙손씨叔孫氏의 거사車士인 자서상子鋤商이 기린을 잡아서 그 왼쪽 앞발을 꺾어서 싣고 돌아왔다. 숙손은 불길하다고 여겨 성곽 밖에 버리고 사람을 시켜 공자에게 알렸다. 공자가 가서 보고는 "기린이구나, 어찌하여 왔느냐?"라고 하고는 눈물을 흘렸다. 자공子貢이 그 이유를 묻자, 공자는 "기린은 현명한 왕을 위해 오는

데, 때가 아닌데도 나와서 해를 입었으니 나는 이 때문에 슬퍼하노라."라고 하였다.(≪공자가어(孔子家語)≫ 참조) 여기서는 이백이 때가 아닌데 나와서 영왕 이인의 군대에 참여한 것을 뜻한다.

26) 星離(성리) - 별같이 흩어지다.
    一門(일문) - 한 가족. 이백의 가족을 가리킨다.
27) 二孩(이해) - 이백의 두 자식인 평양平陽과 백금伯禽을 말한다.
28) 結緝(결집) - 맺혀서 쌓이다.
29) 愁媒(수매) - 근심의 매개물.
30) 台星(태성) - 별자리 이름. 재상을 상징하며 여기서는 최환을 가리킨다.
31) 天網(천망) - 하늘의 그물.
    重恢(중회) - 다시 넓어지다.
    이상 두 구절은 최환이 재상에 있으면서 나라가 잘 다스려지니 형벌의 집행이 관대해지기를 기원하는 말이다.
32) 屈法(굴법) - 법을 굽히다. 법 집행을 관대하게 하는 것을 말한다.
    申恩(신은) - 은혜를 펼치다.
33) 棄瑕(기하) 구 - 조그만 허물에 개의치 않고 인재를 등용하다.
34) 冶長(야장) 두 구 - 공자가 공야장公冶長에 대해 말하기를 "사위 삼을만한 사람이다. 비록 오랏줄에 묶여 있어도 이는 그의 죄가 아니다"고 하고는 그에게 딸을 주어 아내로 삼게 하였다.(≪논어·공야장(公冶長)≫ 참조)
35) 覆盆(복분) - 뒤집어진 그릇. 그 그릇 속에는 햇빛이 비치지 않는다. 이백을 가두고 있는 감옥을 비유한다.
    儻(당) - 만약.
36) 寒灰(한회) - 차갑게 식은 재. 죽을 지경에 처한 이백을 비유한다.

870. 萬憤詞投魏郎中

만 가지 억울한 마음을 써서 위 낭중에게 보내다

海水淳漓[1]　　　　　人罹鯨鯢[2]
蓊胡沙而四塞[3]　　　始滔天於燕齊[4]
何六龍之浩蕩[5]　　　遷白日於秦西[6]
九土星分[7]　　　　　嗷嗷悽悽[8]
南冠君子[9]　　　　　呼天而啼
戀高堂而掩泣[10]　　　淚血地而成泥
獄戶春而不草　　　　獨幽怨而沈迷[11]
兄九江兮弟三峽[12]　　悲羽化之難齊[13]
穆陵關北愁愛子[14]　　豫章天南隔老妻[15]
一門骨肉散百草[16]　　遇難不復相提攜[17]
樹榛拔桂　　　　　　囚鸞寵雞[18]
舜昔授禹　　　　　　伯成耕犁[19]
德自此衰　　　　　　吾將安棲[20]
好我者恤我　　　　　不好我者何忍臨危而相擠[21]
子胥鴟夷[22]　　　　　彭越醢醯[23]
自古豪烈　　　　　　胡爲此繄[24]

蒼蒼之天　　　　高乎視低
如其聽卑　　　　脫我牢狴²⁵
儻辨美玉　　　　君收白珪²⁶

바닷물이 용솟음쳐
사람들이 고래의 재앙을 만났으니,
오랑캐 모래가 모여 사방에 가득하자
연 땅과 제 땅에서 처음 물결이 하늘에 치솟았네.
어찌 그리도 육룡이 떠돌아다녔던가?
밝은 태양을 진나라 서쪽으로 옮기게 되었네.
구주의 땅이 별같이 흩어져
사람들이 슬피 울며 처연해 하였고,
남쪽의 관을 쓴 군자는
하늘을 부르며 울었네.
고당을 그리워하며 얼굴을 가리고 우니
피눈물 흘린 땅은 진흙탕이 되었고,
감옥에는 봄이 와도 풀이 돋지 않아
홀로 원망이 맺혀 정신이 아득하였네.
형은 구강에 있고 아우는 삼협에 있어
날개가 돋아 함께 날기 어려움을 슬퍼하였으며,
목릉관 북쪽으로 사랑스런 아이들을 걱정하고
예장 하늘 남쪽으로 늙은 아내와 떨어져있으니,
한 집안의 혈육이 여러 풀 속으로 흩어져
난리를 만나 다시 같이 지내지 못하였네.

잡목을 심고 계수나무를 뽑았으며
난새를 감옥에 가두고 닭을 총애하네.
옛날 순임금이 우임금에게 선양했을 때
백성자고는 밭을 맸는데,
덕이 이때부터 쇠해졌으니
나는 장차 어디에서 살까?
나를 좋아하는 자는 나를 불쌍히 여기지만
나를 좋아하지 않는 자는 어찌 모질게도 위험한 때에 밀어내는가?
오자서는 가죽 부대에 담겼고
팽월은 소금절임을 당했으니,
예로부터 호걸은
어찌하여 이렇게 되었던가?
푸르디푸른 하늘이여
높은 데서 아래를 보시니,
만일 이 아랫사람의 말을 들으신다면
날 감옥에서 빼내주실 터,
만일 아름다운 옥을 변별할 수 있다면
그대는 백규를 거두어주시라.

【해제】

'위魏'씨에 관해서는 자세히 알려져 있지 않으나 당시 상서성尚書省의 종오품從五品인 좌사낭중左司郎中을 지낸 위소유魏少遊라는 설이 있다. 그는 숙종의 측근이었으며 송약사宋若思와 가지賈至의 동료로 있었기 때문에 이백이 구원요청을 할 만한 인물이었다. 이 시는 영왕永王의 일로 인해 심양尋陽(지금의 강서성 구강시九江市)의 감옥에 갇혀있을 때 자신의 감회를 써서 위 낭중에게 준 것이다. 난리를 당해 나라를 걱정하는 마음과 옥에 갇혀 혈육과 헤어져 지내는 안타까움을 표현하였으며, 부디 자신의 재능을 아껴서 옥에서 풀어주기를 바라는 마음을 토로하였다. 지덕 2재(757)에 지은 것이다.

【주석】

1) 浡潏(발휼) - 파도가 어지럽게 용솟음치는 모습.
2) 罹(리) - 재앙을 만나다. 왕기본王琦本에는 '라(羅)'로 되어있는데 틀린 것이다.
   鯨鯢(경예) - 고래. 대개 흉악한 인물을 비유하며 여기서는 안녹산을 가리킨다.
3) 蓊(옹) - 모이다.
   胡沙(호사) - 오랑캐 모래. 안녹산의 반군을 비유한다.
   四塞(사색) - 사방을 가득 채우다.
4) 滔天(도천) - 하늘까지 물이 그득하다. 대개 홍수와 같은 재난을 의미하는데 여기서는 안녹산의 난을 가리킨다.
   燕齊(연제) - 연 땅과 제 땅. 각각 지금의 하북성과 산동성 일대를 가리킨다. 당시 안녹산의 근거지는 연 땅인데 제 땅이 인근에 있었으므로 병칭한 것으로 보인다.
5) 六龍(육룡) - 태양을 실은 수레를 끌고 가는 여섯 마리 용.
   浩蕩(호탕) - 정해진 곳이 없이 떠돌다.
6) 白日(백일) - 밝은 태양. 여기서는 천자를 의미한다.
   秦西(진서) - 진 땅의 서쪽.
   이상 두 구절은 당시 현종이 장안의 서쪽에 있는 촉 지방으로 피신한 것을 말한다.
7) 九土(구토) - 구주九州. 천하를 말한다.
   이 구절은 온 천하가 난리로 어지러워졌다는 뜻이다.

8) 嗷嗷(오오) - 기러기가 우는 소리인데, 여기서는 백성들이 힘겨워서 우는 소리를 뜻한다.

    棲棲(처처) - 처량한 모습.

9) 南冠君子(남관군자) - 춘추시대 초나라의 악관樂官이었던 종의鍾儀가 진晉나라에 포로가 되었는데 여전히 감옥에서 고국인 초나라의 관을 쓰고 있었다.(≪좌전·성공成公 6년≫ 참조) 대개 감옥에 갇힌 포로를 의미하며 여기서는 심양에 갇힌 이백을 가리킨다.

10) 高堂(고당) - 부모. 이백의 부모는 당시 생존하지 않았지만 힘든 상황이어서 돌아가신 부모에 대한 그리움이 생겼을 것이다. 조정을 의미한다는 설도 있다.

    掩泣(엄읍) - 얼굴을 가리고 눈물을 흘리다.

11) 幽怨(유원) - 마음에 맺힌 근심과 한.

    沈迷(침미) - 정신이 혼미하다.

12) 九江(구강) - 지금의 강서성 파양호鄱陽湖로 들어가는 강물.

    三峽(삼협) - 장강 삼협을 말한다.

    이 구절은 형제들이 동서로 흩어져 있다는 의미이다. 이백의 친형제에 대해서는 그다지 알려진 바가 없는데, 여기서 말한 형과 동생이 친형제인지 종형제인지는 확실치 않다. 이와 달리 형이 이백 자신을 가리킨다는 설이 있다.

13) 羽化(우화) - 날개가 생기다.

    齊(제) - 나란히 하다. 같이 지내다.

14) 穆陵關(목릉관) - 관문의 이름. 지금의 산동성 기수현沂水縣 북쪽에 있다.

    愛子(애자) - 이백의 아들인 백금伯禽을 말하는데, 당시 동로東魯(지금의 산동성 연주시兗州市)에 있었다.

15) 豫章(예장) - 지금의 강서성 남창南昌.

    老妻(노처) - 이백의 아내인 종씨宗氏를 말한다.

16) 一門(일문) - 일가. 한 가족.
17) 提攜(제휴) - 손을 이끌다. 서로 돌봐주는 것을 말한다.
18) 樹榛(수진) 두 구 - 충신을 배척하고 간신들을 총애했다는 뜻이다.
19) 耕犂(경리) - 밭을 갈다.
20) 舜昔(순석) 네 구 - 요가 천하를 다스릴 때 백성자고伯成子高를 제후로 삼았다. 요가 순에게 선양하고, 순이 우에게 선양을 하자 백성자고는 제후직을 사양하고 밭을 갈았다. 우가 가서보니 들에서 밭을 갈고 있었다. 우가 달려서 낮은 자리로 가서 이유를 물으니, "옛날 요가 천하를 다스릴 때는 상을 주지 않아도 백성들이 열심히 일했고 벌을 주지 않아도 백성들이 두려워하였는데, 지금 그대가 상과 벌을 사용해도 백성들이 어질지 않으니 덕이 지금부터 쇠락해지고 형벌이 지금부터 세워지며, 후세의 난리가 지금부터 시작될 것이다"라고 하였다.(《장자·천지(天地)》 참조)
21) 擠(제) - 밀치다.
22) 子胥(자서) - 춘추시대 초楚나라 사람인 오자서伍子胥. 그는 오나라의 부차夫差를 모시다가 모함을 받아 부차가 내린 칼로 자결하였으며, 부차는 그의 시신을 가죽부대에 담아 강에 던져버렸다.(《국어(國語)·오어(吳語)》 및 《설원(說苑)》 참조)
鴟夷(치이) - 가죽 부대.
23) 彭越(팽월) - 한나라의 장군이었는데 유방劉邦에게 죽임을 당한 뒤 시신이 저며졌다.(《사기·경포열전(黥布列傳)》 참조)
醯醢(해혜) - 고기를 소금에 절여 젓을 담그는 것.
24) 繄(예) - 어조사.
25) 牢狴(뇌폐) - 감옥.
26) 白珪(백규) - 흰 옥. 《시경·소아》의 〈억(抑)〉에서 "하얀 옥의 흠은 그래도 갈아낼 수 있다네.(白圭之玷, 尚可磨也.)"라고 하였다. 여기서는 결백한 이백을 비유한다.

871. 荊州賊亂臨洞庭言懷作

형주에 도적이 난리를 일으켜 동정호 가에서 생각을 읊어 짓다

修蛇橫洞庭[1]　　吞象臨江島
積骨成巴陵[2]　　遺言聞楚老
水窮三苗國[3]　　地窄三湘道[4]
歲晏天峥嵘[5]　　時危人枯槁
思歸阻喪亂[6]　　去國傷懷抱[7]
郢路方丘墟[8]　　章華亦傾倒[9]
風悲猿嘯苦　　木落鴻飛早
日隱西赤沙[10]　　月明東城草
關河望已絶[11]　　氛霧行當掃[12]
長叫天可聞　　吾將問蒼昊[13]

긴 뱀이 동정호를 가로지르다
코끼리를 삼키고 강 섬에 있었는데,
그 뼈가 쌓여 파릉이 되었다고
전해지는 말을 초 땅 노인에게 들었네.
물은 삼묘국에서 다하였고
땅은 삼상의 길에서 좁아지는데,

한 해가 저무니 하늘은 매섭고
시절이 위태하니 사람은 마르네.
돌아가려해도 난리에 막혔고
서울을 떠나 마음 아파하는데,
영 땅의 길은 이제 폐허가 되었고
장화대 또한 기울어 무너졌네.
바람 구슬프니 원숭이 괴롭게 울고
낙엽 떨어지니 기러기 일찍 날아가며,
태양은 서쪽 적사호로 숨고
달은 동쪽 성 잡초에 밝네.
관문과 황하는 바라보아도 보이질 않으니
안개는 곧 마땅히 쓸어버려야 할 일,
오래도록 울부짖으면 하늘이 들으실 것이니
내가 장차 푸른 하늘에 물어보리라.

【해제】

'형주荊州'는 지금의 호북성 양양시襄陽市이니라. 선원 2년(759) 8월, 양수襄州의 장군 강초원康楚元과 장가연張嘉延이 난을 일으켜서 형주를 격파하니 형주 절도사 두홍점杜鴻漸은 성을 버리고 달아나고 인근의 관리들도 이 소식을 듣고는 달아나 숨었다. 이후 위륜韋倫이 이들을 토벌하고 형주와 양주 일대가 평정되었다. 이 시는 안녹산의 난이 아직 완전히 평정되지 않았을 때 형주에 난리가 일어나자 이를 염려하면서 지은 것이다. 처음에서 파릉巴陵이 생기게 된 전설을 이야기하여 세상에 난리가 난 상황을 이끌어낸 뒤, 이어서 난리로 인해 돌아가지 못하고 떠돌다 바라본 경물과 하늘에 하소연하고픈 마음을 적었다.

【주석】
1) 修蛇(수사) - 긴 뱀.
2) 積骨(적골) 구 - ≪산해경(山海經)≫에는 파 땅의 뱀이 코끼리를 먹었는데 삼년 후에 그 뼈를 뱉아냈다고 되어있고, ≪회남자(淮南子)·본경훈(本經訓)≫에는 요임금이 예羿로 하여금 백성의 해악 중 하나인 동정호의 긴 뱀을 잘라 죽이게 했다는 기록이 있으며, ≪원화군현지(元和郡縣志)≫에는 예가 동정호에서 파 땅의 뱀을 죽였는데 그 뼈가 언덕과 같아서 파릉이라고 하였다고 되어있다. 여기서 파 땅의 큰 뱀은 강초원과 장가연을 비유한 것이며, 그 이면에는 예 같은 영웅이 나타나 난리가 평정되기를 기원하는 마음이 담겨져 있다. '파릉'은 악주岳州(지금의 호남성 악양시岳陽市)로 형주 부근이다.
3) 三苗國(삼묘국) - 중국 고대의 부족국가로 지금의 호남성과 강서성 일대를 가리킨다.
4) 三湘(삼상) - 지금의 호남성 상강 유역을 가리킨다.
5) 歲晏(세안) - 한 해가 저물다.
   崢嶸(쟁영) - 추위가 매서운 모습. 세월이 흘러가는 모습으로 볼 수도 있다.
6) 思歸(사귀) - 주간朱諫은 장안으로 돌아가고자 한다는 뜻이라고 하였다. 고향으로 돌아가고 싶어하는 것으로 볼 수도 있다.
7) 去國(거국) - 수도인 장안을 떠나다. 고향을 떠나는 것으로 풀이할 수도 있다.
8) 郢(영) - 옛 초나라의 수도로 지금의 호북성 강릉江陵 일대이다.
   丘墟(구허) - 폐허.
9) 章華(장화) - 춘추시대 초나라 이궁離宮의 이름으로 지금의 호북성 감리현監利縣 북서쪽에 있었다.
10) 赤沙(적사) - 지금의 호남성 화용현華容縣 남쪽에 있는 호수의 이름.
11) 關河(관하) - 관문과 황하. 여기서는 장안 일대를 두고 한 말일 것

이다.
12) 氛霧(분무) - 요사한 기운을 의미한다.
13) 蒼昊(창호) - 푸른 하늘.

872. 覽鏡書懷

거울을 보다가 생각을 적다

得道無古今[1]　失道還衰老
自笑鏡中人　白髮如霜草
捫心空嘆息　問影何枯槁
桃李竟何言[2]　終成南山皓[3]

도를 깨치면 세월이란 게 없지만
도를 잃으면 노쇠해지는 법.
거울에 비친 모습을 절로 비웃으니
백발이 서리 맞은 풀과 같네.
가슴을 쓰다듬으며 괜스레 탄식하고
거울 속 모습에게 어찌 이리 말랐는가 물어보네.
복숭아와 자두가 결국 무슨 말을 하겠는가?
끝내는 남산의 머리 흰 노인이 되려네.

【해제】
이 시는 자신의 늙은 모습을 거울에 비쳐보며 든 감회를 적은 것이다. 장생불사하는 도를 깨치지 못해 늙어가는 자신을 탄식하였지만, 결국은 상산사호商山四皓처럼 세속을 떠난 은자가 되리라는 바람을 표현하였다.

【주석】

1) 無古今(무고금) - 옛날과 현재의 구분이 없다. 남백자규南伯子葵가 여우女偊에게 "선생께서는 연세가 많지만 얼굴빛은 어린아이 같으니 어찌된 일입니까?"라고 물으니, "나는 도를 들었다"라고 대답하였다. 남백자규가 "도를 배울 수 있겠습니까?"라고 말하니, 여우가 "그대는 적절한 사람이 아니다. 내가 성인의 재능을 가진 복량의卜梁倚에게 도를 알려주니, 며칠이 지나자 그는 능히 천하를 초월하였고 그 후에 능히 사물을 초월하였으며 능히 사람을 초월하게 되었소. 그 후에 아침 해가 비추듯이 된 뒤 유일한 경지를 볼 수 있었고, 고금의 차별이 없을 수 있었으며, 죽지 않고 살지 않는 경지에 들어갈 수 있었소."라고 하였다.(≪장자·대종사(大宗師)≫ 참조)

2) 桃李(도리) 구 - ≪사기·이광전(李廣傳)≫에 "복숭아와 자두는 말이 없으나 그 아래에 절로 길이 생긴다.(桃李不言, 下自成蹊)"라는 말이 있는데, 이는 복숭아나무와 자두나무가 꽃을 피우고 열매를 맺었을 때, 비록 말을 하지 않아도 사람들이 그 아름다움과 맛있음을 알고 찾아오기 때문에 길이 저절로 생긴다는 뜻이다. 이 구절은 더 이상 말할 게 없다는 뜻이지만, 그 속에는 자신을 복숭아와 자두에 견주어 자부하는 심사가 담겨있다.

3) 南山皓(남산호) - '남산'은 지금의 섬서성 상현商縣 남동쪽에 있는 상산商山을 가리키며, '호'는 머리털과 수염이 하얗다는 뜻이다. 한나라 초기에 상산에 은거했던 동원공東園公, 녹리선생甪里先生, 기리계綺里季, 하황공夏黃公을 상산사호라 하였는데, 이들은 은자의 상징적 인물로 여겨져 왔다.

이 구절은 표면상으로는 백발로 은거하게 될 것임을 말하지만, 그 속에는 자신을 상산사호에 견주어 자부하는 뜻이 담겨있다.

873. 田園言懷

전원에서 생각을 말하다

賈誼三年謫[1]　　班超萬里侯[2]
何如牽白犢[3]　　飮水對淸流

가의는 삼년 동안 폄적되었고
반초는 만 리 밖에서 제후가 되었네.
어찌 흰 소를 끌어서
물 먹이며 맑은 강물을 대하는 것만 하겠는가?

【해제】

이 시는 전원생활을 하면서 든 생각을 적은 것이다. 벼슬생활에서 불우했던 가의賈誼나 출세했던 반초班超가 모두 타향에서 곡절 많은 삶을 살았으니, 차라리 허유許由나 소보巢父처럼 은거하여 홀로 즐기며 살겠다는 생각을 표현하였다.

【주석】

1) 賈誼(가의) - 한나라 문제文帝가 총애한 신하였지만 참언으로 인해 점차 신임을 잃었고 결국 장사왕長沙王 태부太傅로 폄적되었다.(≪사기·굴원가생열전(屈原賈生列傳)≫ 참조)
2) 班超(반초) - 후한 때 반고班固의 동생으로 서역 50여 개국을 평정하

였으며 정원후定遠侯가 되었는데, 관상을 보는 이가 일찍이 그를 보고는 만 리 밖에서 제후가 될 상이라고 하였다.(≪후한서·반초전≫ 참조)

3) 白犢(백독) - 흰 송아지.
요임금이 허유許由에게 양위를 하려고 하자 귀를 더럽혔다고 영수潁水에 귀를 씻었는데, 소보巢父는 그 이야기를 듣고서 자신의 소에게 더러운 물을 먹일 수 없다며 상류로 올라가 물을 먹였다. 이상 두 구절은 이 이야기를 인용하여 관직생활에 관심을 끊고 전원에 은거하고자 하는 뜻을 표현하였다.

874. 江南春懷

강남에서 봄에 생각하다

青春幾何時　黃鳥鳴不歇[1]
天涯失鄕路　江外老華髮[2]
心飛秦塞雲[3]　影滯楚關月[4]
身世殊爛熳[5]　田園久蕪沒
歲晏何所從[6]　長歌謝金闕[7]

푸른 봄은 그 얼마인가?
꾀꼬리가 끊임없이 지저귀는데,
하늘가에서 고향 가는 길을 잃고는
강 밖에서 흰 머리로 늙어가네.
마음은 진 땅 요새의 구름으로 날아가지만
그림자는 초 땅 관문의 달 아래 묶여있어,
내 신세 유달리 떠돌다보니
전원이 오래도록 황폐해졌네.
만년에 무엇을 따르리오?
긴 노래 부르며 궁궐을 떠났는데.

【해제】

이 시는 강남을 떠돌다가 봄에 생각난 바를 적은 것으로, 장안으로 가지 못하고 객지를 떠돌며 늙어가는 신세를 한탄하였다. 상원 원년(760)에 지었다는 설이 있지만 확실치 않다.

【주석】

1) 黃鳥(황조) - 꾀꼬리.
2) 華髮(화발) - 흰 머리칼.
3) 秦塞(진새) - 진 땅의 요새. 여기서는 장안을 가리킨다.
4) 影滯(영체) - 몸이 체류하다.
   楚關(초관) - 초 땅의 관문. 여기서는 이백이 지금 머물고 있는 강남 지역을 가리킨다.
5) 爛熳(난만) - 방랑하다. 또는 어지럽다.
6) 歲晏(세안) - 만년.
   何所從(하소종) - 무엇을 따르랴? 어디로 가랴?
7) 金闕(금궐) - 궁궐을 의미한다.

875. 南奔書懷

남쪽으로 도망가며 감회를 쓰다

遙夜何漫漫¹　空歌白石爛²
甯戚未匡齊³　陳平終佐漢⁴
欃槍掃河洛⁵　直割鴻溝半⁶
曆數方未遷⁷　雲雷屢多難⁸
天人秉旄鉞⁹　虎竹光藩翰¹⁰
侍筆黃金臺¹¹　傳觴青玉案¹²
不因秋風起¹³　自有思歸嘆
主將動讒疑¹⁴　王師忽離叛¹⁵
自來白沙上¹⁶　鼓噪丹陽岸¹⁷
賓御如浮雲¹⁸　從風各消散
舟中指可掬¹⁹　城上骸爭爨²⁰
草草出近關²¹　行行昧前筭²²
南奔劇星火²³　北寇無涯畔²⁴
顧乏七寶鞭　留連道傍翫²⁵
太白夜食昴　長虹日中貫²⁶
秦趙興天兵²⁷　茫茫九州亂²⁸

感遇明主恩　　頗高祖逖言²⁹
過江誓流水　　志在淸中原³⁰
拔劍擊前柱　　悲歌難重論³¹

기나긴 밤이 어찌 이리도 긴가!
괜스레 "하얀 돌이 반들하네"를 불러보니,
영척이 아직 제나라를 구하지 못했지만
진평이 끝내 한나라를 보좌하리.
혜성이 황하와 낙수를 휩쓸어
홍구에서 천하를 반으로 쪼갰으니,
국운이 아직 옮겨간 것이 아닌데도
구름과 우레로 누차 위난이 많았네.
하늘이 내린 분이 소꼬리장식 깃발과 도끼를 잡으니
동호부와 죽사부가 중신을 비추는데,
나는 황금대에서 붓으로 모시어
푸른 옥상에서 술잔을 받았지.
기을바람이 일어난 것도 아닌데
스스로 돌아갈 탄식을 하였거니와,
장군들이 걸핏하면 모함하고 의심하여서
왕의 군대가 홀연 배반하여 떠나갔네.
백사로 오고 나서는
단양 언덕에 북소리가 시끄럽더니,
빈객과 시종들이 뜬구름처럼
바람 따라 뿔뿔이 흩어졌네.
배안에는 잘린 손가락이 움켜질 정도였고

성위에서는 사람 뼈로 다투어 취사를 하기에,
황급히 가까운 관문을 나섰지만
가도 가도 앞길이 감감했네.
남쪽으로 유성보다 급히 달아났지만
북쪽의 도적은 끝이 없고,
돌아보니 칠보로 장식한 채찍이 없어
추격병이 길옆에 머물며 갖고 놀게 할 수도 없었네.
태백성은 밤에 묘성을 침범하고
긴 무지개는 태양 가운데를 관통하였지만,
진나라와 조나라처럼 형제들끼리 군사를 일으켜
아득히 세상이 혼란스럽네.
밝은 임금님의 은혜를 입음에 감격하여
조적의 다짐을 자못 높이 여기고,
강을 건너며 흐르는 물에 맹세하였으니
뜻은 중원을 맑게 하는 데 있었는데,
검을 뽑아 앞의 기둥을 치며
슬피 노래하자니 거듭 논하기 어렵네.

【해제】

이 시의 제목이 〈단양에서 남쪽으로 도망가는 도중에 짓다(自丹陽南奔道中作)〉라고 된 판본도 있다. 이 시는 이백이 영왕永王의 막부에 있다가 영왕의 군사가 패한 뒤 남쪽으로 도망가면서 지은 것이다. 당시의 처참한 상황을 묘사하고 자신이 영왕의 막부에 참여한 것이 반역의 뜻이 아니라 나라를 구하려는 충심이었음을 토로하였다. 소사윤蕭士贇은 이 시의 표현이 너무 난삽하다는 이유로 이백의 작품이 아닐 것이라고 하였다. 지덕 2재(757)에 지은 것이다.

【주석】
1) 遙夜(요야) - 긴 밤.
漫漫(만만) - 더디게 지나가는 모습.
2) 白石爛(백석란) - 춘추시대 위衛나라 사람인 영척甯戚이 제나라 환공桓公을 알현할 방법이 없어서 성문 밖에서 머물러 있다가, 밤에 환공이 성문 밖을 나오자 수레 아래에서 소뿔을 두드리며, "남산의 깨끗한 돌, 하얀 돌이 반들반들하네. 평생 요가 순에게 선양하는 일을 만나지 못하고, 짧고 얇은 베옷은 정강이에 겨우 닿네. 저녁부터 소 먹이다 한밤중에 이르렀는데, 긴 밤 캄캄하니 어느 때에야 날 밝을까?(南山矸, 白石爛. 生不逢堯與舜禪, 短布單衣適至骭, 從昏飯牛薄夜半, 長夜漫漫何時旦.)"라 하니, 제환공이 듣고 기이하게 여겨 중용하였다.(≪사기집해(史記集解)≫ 참조)
3) 匡齊(광제) - 제나라를 구제하다.
4) 陳平(진평) - 한나라 고조 유방劉邦이 중용한 모사 중의 한 명이며, 후에 관직이 승상丞相에 이르렀다.(≪사기·진승상세가(陳丞相世家)≫ 참조) 이상 네 구절은 이백이 현재 영척처럼 등용되지 못하고 밤새우며 노래를 부르고 있지만 언젠가는 진평처럼 관직에 올라 나라를 구하게 될 것이라는 뜻이다.
5) 欃槍(참창) - 혜성. 예로부터 혜성은 불길한 징조로 보았는데 여기서는 안녹산을 비유한다.
6) 鴻溝(홍구) - 지금의 하남성 가로하賈魯河인데 초나라의 항우와 한나라의 유방이 이곳을 기점으로 천하를 양분하기로 맹약한 적이 있다. 여기서는 안녹산이 천하를 반분한 것을 가리킨다.
7) 曆數(역수) - 제왕이 하늘을 대신하여 백성을 다스리는 순서. 여기서는 국운을 의미한다.
8) 雲雷(운뢰) - ≪주역≫에 따르면, 준屯괘의 상괘는 감坎이고 하괘는 진震인데 감은 구름을 의미하고 진은 우레를 의미한다. 음과 양이

서로 사귀어서 구름과 우레를 이루었지만 통창通暢하지 않아서 이 괘가 되었으니 시대에 있어서는 천하가 고난에 허덕여 형통하지 못하는 때이다.

이상 네 구절은 안녹산의 난이 일어나서 천하를 반분하니, 당나라의 국운이 기운 것이 아닌데도 위난이 많다는 뜻이다.

9) 天人(천인) - 하늘의 도를 행하는 사람. 여기서는 영왕을 가리킨다.
旄鉞(모월) - '모'는 깃발의 꼭대기를 소꼬리로 장식한 것을 말하며, '월'은 황금으로 장식한 도끼를 말하는데, 병권을 상징한다.

10) 虎竹(호죽) - 동호부銅虎符와 죽사부竹使符. 나라에서 군대를 파견할 때 나누어주는 부절로서 각각 반으로 나누어 하나는 수도에 두고 하나는 장군이 가지게 하였다. 두 개가 들어맞으면 장군의 요청에 따라 병사와 물자를 징집하여 보내주었다.
藩翰(번한) - 울타리와 기둥으로 왕실을 옹위하는 대신을 가리킨다. 여기서는 영왕을 의미한다.

11) 黃金臺(황금대) - 전국시대 연燕나라 소왕昭王이 누대를 쌓고는 황금 천 냥을 두고서 천하의 어진 선비를 불러 모았다.(≪사기·연소공세가(燕召公世家)≫ 참조) 여기서는 이백 자신이 영왕의 부름을 받아 막부에 들어왔음을 뜻한다.

12) 傳觴(전상) - 술자리에서 잔을 돌려 술을 권하다.
靑玉案(청옥안) - 푸른 옥으로 장식한 상.

13) 秋風起(추풍기) - 진晉나라의 장한張翰이 제나라 왕의 동조연東曹掾으로 초빙되었는데, 가을바람이 이는 것을 보고는 고향의 음식이 그리워져서 "인생에서 귀한 것은 뜻에 맞게 사는 것인데, 어찌 수 천 리 떨어진 곳에서 벼슬살이하면서 명예와 작위를 구하리오!"라고 하고는 관직을 그만두고 돌아갔다.(≪진서·장한전≫ 참조)

14) 主將(주장) - 장군.
讒疑(참의) - 모함과 의심.

15) 王師(왕사) - 왕의 군대.
    離叛(이반) - 떠나 배반하다.
    이상 두 구절은 영왕의 부하장군인 계광침季廣琛을 두고 한 말이다. 회남채방사淮南採訪使 이성식李成式과 하북초토판관河北招討判官 이선李銑이 병사를 합쳐 영왕을 토벌하였는데, 각각 양자揚子(지금의 강소성 양주시)와 과보瓜步(지금의 강소성 육합현六合縣)에 주둔하면서 장강 나루터에 깃발을 널리 배열하였다. 영왕은 그것을 바라보고는 두려운 기색을 보였다. 계광침이 여러 장군을 불러놓고 "우리가 왕을 따라 이곳에 도착하였으나 천명이 아직 이르지 않았고 사람들의 지략이 이미 다하였으니 무기와 칼날이 교차하기 전에 일찍 거취를 도모하는 것만 못하다. 칼끝과 화살촉에 의해 죽으면 영원히 역적이 된다."고 하였는데 장군들이 모두 그렇게 여겼다. 이에 계광침은 휘하의 부하를 데리고 광릉廣陵으로 달아났고 혼회명渾淮明은 강녕江寧으로 달아났으며 풍계강馮季康은 백사白沙로 달아났다.(≪자치통감≫ 권219 참조)
16) 白沙(백사) - 지금의 강소성 의징현儀徵縣 남쪽 장강가에 있다.
17) 鼓噪(고조) - 북소리와 함성. 전쟁을 할 때 북을 치고 함성을 지르는 모습이다.
    丹陽(단양) - 지금의 강소성 강녕현江寧縣.
18) 賓御(빈어) - 빈객과 시종.
19) 舟中(주중) 구 - 춘추시대 때 초나라 진영으로 진晉나라 군대가 접근하자, 초나라는 병력을 내보내 진나라 군대를 습격하였다. 이에 진나라 장수는 어찌할 줄을 모르고 북을 치며 말하기를 "먼저 황하를 건너 후퇴하는 자에게 상을 주겠다"라고 하였다. 그러자 모든 군대가 배에 다투어 올랐는데, 배 안에는 잘린 손가락이 두 손으로 움켜질 정도였다.≪좌전·선공(宣公) 12년≫ 참조)
20) 骸爭爨(해쟁찬) - 사람의 뼈를 장작으로 삼아 다투어 밥을 하다. 초나

라와 송나라가 싸울 때 초나라 군대가 송나라 도성을 삼 개월 이상 포위하자 송나라는 자식을 바꿔 잡아먹고 뼈를 쪼개 땔감으로 삼았다. (≪좌전·선공 15년≫ 참조) 이는 매우 어려운 처지를 나타낸다.
이상 네 구절은 영왕의 군대가 패배한 모습을 묘사하였다.

21) 草草(초초) - 불안한 마음으로 조급한 모습.
22) 前筭(전산) - 앞날에 대한 대책.
23) 星火(성화) - 유성流星. 매우 빠른 것을 비유한다.
24) 無涯畔(무애반) - 끝이 없다.
25) 顧乏(고핍) 두 구 - 진晉나라 왕돈王敦이 반란을 일으킨 후 사람을 보내 명제明帝를 쫓게 했는데, 명제는 도망가면서 말이 똥을 누면 물을 부었다. 도망가다가 한 객점에 들러서 여주인에게 칠보로 장식한 자신의 채찍을 주면서 "뒤에 날 쫓아온 사람이 있으면 이것을 보여주게"라고 하고는 떠났다. 얼마 후 그를 쫓는 사람이 왔는데 여주인이 그 채찍을 보여주며 명제가 떠난 지 오래되었다고 하니, 그 병사들은 칠보 채찍을 신기하게 여기며 가지고 놀았으며, 말똥이 이미 식어버린 것을 보고는 명제가 멀리 도망갔다고 여겨서 더 이상 쫓지 않았다. 이에 명제는 멀리 도망갈 수 있었다.(≪진서·명제기≫ 참조) 여기서는 이백에게 이러한 칠보 채찍이 없어서 자신을 뒤쫓아 오는 병사들을 지체시킬 수가 없는 상황임을 표현하였다.
26) 太白(태백) 두 구 - 이백의 정성이 하늘이 감동시킬 정도라는 뜻이다. ≪한서·추양전(鄒陽傳)≫에 있는 "옛날 형가가 연나라 단 태자의 의로움을 흠모할 때 흰 무지개가 태양을 관통했는데 태자가 그를 두려워하였고, 위선생이 진나라를 위해 장평의 일을 계획할 때 태백성이 묘성을 침범하였는데 소왕이 그를 의심하였다.(昔荊軻慕燕丹之義, 白虹貫日, 太子畏之. 衛先生爲秦畫長平之事, 太白食昴, 昭王疑之.)"라는 구절에 대해, 응소應劭는 "연나라 태자가 형가로 하여금 진시황을 암살하도록 하니 그 정성이 하늘을 감응시켜서 흰 무지개가 태양을

관통한 것이다."라고 하였고, 소림蘇林은 "백기白起가 진秦나라를 위해 조나라를 정벌하면서 장평의 군대를 깨트리고는 조나라를 멸하려고 위선생을 보내 소왕에게 군대와 양식을 보태달라고 말하였지만 응후應侯에게 모함을 당해 그 일이 이루어지지 않았다. 그 정성이 위로 하늘에 미쳤기에 태백성이 묘성을 침범한 것이다. 묘성은 조나라의 분야인데 장차 병사가 가게 될 것이므로 태백이 묘성을 침범한다고 한 것이다."라고 하였다. 이와 달리 두 별자리가 간섭한다는 것은 전란이 일어날 조짐을 의미하고, 무지개가 태양을 관통했다는 것은 좋지 않은 일이 발생할 징조를 의미하는 것으로 보는 설도 있다.

27) 秦趙(진조) - 원래 진나라의 임금과 조나라의 임금은 하나의 선조에서 내려온 형제관계로 모두 비렴飛廉의 후대인데 후에 적국이 되어 싸웠다.

天兵(천병) - 당나라 군대를 뜻한다.

이 구절은 숙종 이형李亨과 영왕 이인李璘이 서로 싸운 것을 가리킨다.

28) 茫茫(망망) - 아득한 모습.

29) 祖逖(조적) - 진晉나라의 장군. 그가 분위장군奮威將軍 및 예주자사豫州刺史가 되었을 때, 장강을 건너다가 삿대를 치며 반드시 중원을 말끔히 정리하겠다는 맹세를 하였는데, 그 말과 표정이 장렬하여 사람들이 모두 탄복하였다.(≪진서·조적전≫ 참조)

30) 淸中原(청중원) - 중원을 맑게 하다.

이상 네 구절은 이백이 영왕의 막부에 들어간 것은 혼란해진 나라를 구하겠다는 조적과 같은 충심의 발로였지 반역의 뜻이 있었던 것은 아니라는 것을 토로하였다.

31) 重論(중론) - 거듭 논하다.

이상 두 구절은 원래의 뜻을 이루지 못한 상태에서 그 뜻을 다시 말하기 어렵다고 탄식한 것이다.

저자소개

- 이백(李白, 701~762)

자는 태백太白이고 호는 청련거사靑蓮居士이며 별칭으로 적선謫仙이라 불리기도 한다. 시선詩仙이라 불리며 시성詩聖인 두보杜甫와 더불어 중국 고전 시가의 최고봉이다. 젊었을 때 유가, 도가, 종횡가, 유협 등을 익혔으며 중국 각지를 유람하며 다양한 지역 문화를 접하였다. 42세 때 현종의 부름을 받아 한림공봉을 하였지만 일 년 남짓 있다가 궁을 떠나 천하를 주유하였다. 자신을 대붕大鵬에 비유하며 기상을 떨치고자 하였지만 결국 실패하고 쓸쓸히 세상을 떠났다. 그의 시에는 호방하고 높은 기상이 빛나며 타고난 상상력으로 불후의 작품을 많이 남겼다. 그가 남긴 시는 중국뿐만 아니라 한국의 문인들에게도 영향을 많이 미쳤으며 지금도 세계의 많은 사람들이 그의 시를 애송하고 있다.

역자소개

- 이영주

서울대학교 중어중문학과를 졸업하고 동 대학원에서 박사학위를 받았다. 현재 서울대 중어중문학과 교수로 재직하고 있으며, 한국중국어문학회장, 한시협회 자문위원 등을 역임하였다. 唐詩를 주로 연구하고 강의하고 있으며 두보 시 전체를 역해하는 작업을 수행하고 있다. 한시 창작에도 관심이 있어 6권의 자작 한시집을 출간하였다. 연구 논문으로는 〈두시장법연구〉, 〈압운과 장법의 상관성 고찰〉, 〈질서와 조화 - 두보 시의 원리〉 등이 있으며, 저서로는 ≪한자자의론≫(서울대학교출판문화원), ≪한국 시화에 보이는 두시≫(서울대학교출판문화원), ≪사불휴 - 두보의 삶과 문학)≫(공저, 서울대학교출판문화원) 등 다수가 있다.

• 임도현

서울대학교 금속공학과를 졸업하고 소재개발 관련 업무를 수행하다가 중문학으로 진로를 바꾸어 서울대학교 중어중문학과에서 박사학위를 취득하였다. 중국 고전 시가를 주로 연구하고 있으며 특히 이백, 두보, 소식, 사영운 등의 시를 많이 보았다. 연구 논문으로는 〈이백의 자아 추구 양상과 문학적 반영〉, 〈이백의 간알시에 나타난 관직 진출 열망〉 등이 있으며 저역서로는 ≪쫓겨난 신선 이백의 눈물≫(근간, 서울대학교출판문화원), ≪이백시선≫(지식을만드는지식), ≪협주명현십초시(夾注名賢十抄詩)≫(공역, 학고방) 등이 있다.

• 신하윤

이화여자대학교 중문과를 졸업하고 北京大學에서 중국고대문학으로 박사학위를 취득하였으며 이화여자대학교 중어중문학전공에서 가르치고 있다. 중국고전문학을 바라보는 다양한 시각에 관심을 가지고 중국고전시가의 예술적 특징, 문화적 가치에 관해 연구를 진행하고 있다. 연구 논문으로는 〈李白시에서의 시공간 이미지에 관한 고찰〉, 〈중국고전시의 理趣〉, 〈徐振「朝鮮竹枝詞」에 나타난 淸人의 朝鮮인식〉 등이 있으며 역서로 ≪영원한 대자연인 이백≫(공역, 이끌리오) 등이 있다.

한국연구재단
학술명저번역총서
[동양편]   614

이태백 시집 李太白 詩集 ❻

1판 1쇄 발행   2015년   3월   30일
1판 2쇄 인쇄   2019년   11월   5일
1판 2쇄 발행   2019년   11월   15일

지   음 | 이 백
역   주 | 이영주 · 임도현 · 신하윤
펴낸이 | 하운근
펴낸곳 | 學古房

주   소 | 경기도 고양시 덕양구 통일로 140 삼송테크노밸리 A동 B224
전   화 | (02)353-9908   편집부(02)356-9903
팩   스 | (02)6959-8234
홈페이지 | http://hakgobang.co.kr/
전자우편 | hakgobang@naver.com,   hakgobang@chol.com
등록번호 | 제311-1994-000001호

ISBN   978-89-6071-484-7   94820
       978-89-6071-287-4   (세트)

값 : 36,000원

■ 이 책은 2011년도 정부재원(교육과학기술부 인문사회기초연구사업비)으로 한국연구재단의 지원을 받아 연구되었음(NRF-2011-421-A00057).
This work was supported by National Research Foundation of Korea Grant funded by the Korean Government(NRF-2011-421-A00057).

이 도서의 국립중앙도서관 출판시도서목록(CIP)은 서지정보유통지원시스템 홈페이지 (http://seoji.nl.go.kr)와 국가자료공동목록시스템(http://www.nl.go.kr/kolisnet)에서 이용하실 수 있습니다.(CIP제어번호: CIP2015008177)

■ 파본은 교환해 드립니다.